中国艺术研究院基本科研业务费项目
（项目编号：2024—02—27）

马克思主义
文艺理论研究
年选

（2023年卷）

杨 娟 卢燕娟 主编

文化艺术出版社
Culture and Art Publishing House

图书在版编目（CIP）数据

马克思主义文艺理论研究年选.2023年卷 / 杨娟，卢燕娟主编. -- 北京：文化艺术出版社，2024.11.
ISBN 978-7-5039-7743-5
Ⅰ.A811.691-53
中国国家版本馆CIP数据核字第2024WJ4989号

马克思主义文艺理论研究年选（2023年卷）

主　　编　杨　娟　卢燕娟
责任编辑　刘利健
责任校对　董　斌
书籍设计　赵　矗
出版发行　文化艺术出版社
地　　址　北京市东城区东四八条52号　（100700）
网　　址　www.caaph.com
电子邮箱　s@caaph.com
电　　话　（010）84057666（总编室）　84057667（办公室）
　　　　　84057696—84057699（发行部）
传　　真　（010）84057660（总编室）　84057670（办公室）
　　　　　84057690（发行部）
经　　销　新华书店
印　　刷　国英印务有限公司
版　　次　2024年12月第1版
印　　次　2024年12月第1次印刷
印　　张　21.75
字　　数　260千字
开　　本　710毫米×1000毫米　1/16
书　　号　ISBN 978-7-5039-7743-5
定　　价　88.00元

版权所有，侵权必究。如有印装错误，随时调换。

2023年度中国马克思主义文艺理论学科发展研究报告

中国艺术研究院马克思主义文艺理论研究所课题组

引言

2023年度,我们共收集到相关论文167篇,其中经典马克思主义文艺理论研究23篇,中国马克思主义文艺理论研究117篇,国外马克思主义文艺理论研究27篇,依然呈现出经典马克思主义文艺理论研究较冷,中国马克思主义文艺理论研究虽然热闹但高质量论文较少,国外马克思主义文艺理论研究不温不火、缺乏整体性的老问题。相关出版物以论文集为主,缺少专题性、综合性著作。整体看,相对表现较平。

但平淡中也有亮点。或许是由于现代科技,特别是新媒体技术的高度发展,在相当程度上拓展乃至改变了文艺的内涵与边界,使得重新认识、界定文艺成为一个重要的理论问题。本年度有多篇论文聚焦马克思的艺术生产理论,对其进行阐释、引申,进而对当下文艺进行度量。在中国马克思主义文艺理论研究中,围绕着"两个结合"、中国式现代化等重大命题,特别是其与中国文艺之关系，出现了一些值得重视的论文。长期以来，国外马克思主义文艺理论的一个重要趋向就是对现代资本主义社会进行批判性研究，以寻求更合理的社会结构、生存方式，并将文化、文艺作为达成目标的抓手之一。本年度，此方面研究亦有推进。

一、从"当代性"出发思考马克思主义的"艺术生产"问题

在历年的"中国马克思主义文艺理论学科发展研究报告"中，我们始终关注"重读马克思"的研究取向及其内在发展趋势变化，以及"当代性"作为研究者重返马克思主义经典的核心内在需求。这是因为在新的社会阶段，文艺也与时俱进，出现一些新形态、新现象，原有的理论话语难以精确诊断当下文艺现状，因而，如要直面当下的文艺问题，就必须从经典马克思主义文论的"真理性内容"中构建出"当代性"的理论工具，"让其与现实碰撞，生发出阐释现实的力道"。[①] 与此同时，从"何处"重返至"何处"，也体现着研究者的问题意识与研究路径。当代性的视角，潜在地影响了中国学界重读马克思主义经典著作的切入点，使研究者形成了具有当下针对性的问题意识。

本年度，有多篇论文立足于当代的艺术生产问题，重释并发展马克思主义的艺术生产理论。近年来，文艺作为一种生产愈发复杂化，其中包括创作者的劳动过程，审美形式的生成过程，文艺作品从形式到内容的多样化，其多媒介的存在形态，其传播、接受、阐释过程，等等。情感劳动、非物质劳动、数字劳动等作为当下的突出问题受到持续关注，最前沿的数字、虚拟现

---

① 中国艺术研究院马克思主义文艺理论研究所课题组：《2020 年度中国马克思主义文艺理论学科发展研究报告》，《文艺理论与批评》2021 年第 2 期。

实技术不断被引入文艺生产。这些都使得"艺术生产"需要被再次"问题化"。在今天,究竟什么是文艺,如何在当下的现实中定位文艺,成为必须被持续追问的问题。可以说,这些研究正在一同尝试勾勒如何重新构造对于当下中国乃至世界的文艺之认识的理论图谱。

李映冰的《"艺术生产论"的发生、形态和问题》梳理了马克思开启从政治经济角度研究艺术问题的"艺术生产论"的开端后,西方与中国新时期在开拓其理论空间方面的种种尝试,指出中国的相关研究中存在三个主要问题:一是一些研究将思考集中在"精神、审美生产"的维度,忽视马克思主义在资本社会的经济基础层面对艺术生产的讨论,而这可能与中国国情有关;二是有将艺术生产与一般生产混淆的倾向;三是资本、技术、市场的介入对现代艺术的新发展及其对艺术与社会的影响缺乏深入思考。[①] 这篇论文虽然只作了初步梳理,却清扫出帮助我们考察当代"艺术生产"理论的路径。

在当代社会,外在于资本主导的生产过程的文艺创作,也就是那种避世的书斋内的"沉思的""天才的"创作,已经越来越不可能,艺术创作早已被吸纳进社会整体的生产体系之中。从这个角度看,文艺作品成为一种"商品"、文艺创作作为一种"生产"意味着什么?张宝贵的《艺术一旦成为商品——〈资本论〉美学思想探绎》从马克思规避将艺术作为其讨论资本主义生产的案例这一做法出发,思考艺术与商品之间的关系。虽然艺术与其他"商品体"一样都作为时空中的"物"而具备"有用性",即使用价值,但真正使其成为一种"商品"的是其特殊的"交换价值",即艺术的"消费"问题。张宝贵进一步分析了艺术交换的尺度,即审美价值的量度,指出艺术品的创作时间、精神之凝结等是无法被均质化与量化的,它们是艺术的本位属

---

① 参见李映冰《"艺术生产论"的发生、形态和问题》,《社会科学论坛》2023年第3期。

性，而可量化的交换价值是艺术的附加属性，即外部属性，如材料、大小、需求等。艺术商品的这两种计量形式难以调和："当艺术成为商品时，价值却无可计量；当其价值可以计量时，却又不是艺术。这就是艺术商品内含的悖论。"① 从当下的诸多文艺乱象中，我们可以看到这种悖论的持续演绎。万娜的《艺术生产论的"受众商品"批判》从加拿大学者达拉斯·斯麦兹的"受众商品"理论切入资本主义艺术生产的特定历史阶段的形态，即文化工业的问题。万娜从马克思的生产理论出发，认为如果艺术生产是一种精神生产的分支，那它也遵循资本主义的生产—消费逻辑，因而"艺术生产中的受众具有文学接受者和艺术消费者的双重身份，前者更多见于传统的艺术创作—接受模式中，后者则更加凸显现代艺术消费的受众身份"。资本利用大众媒介系统将大众转化为消费的受众，将其置于媒介化的社会生产中。"受众商品就是被物化了的接受者／消费者的现实处境，后者只能以被商品化了的受众形态参与社会生产。"艺术生产实践被"实质吸纳"进这一系统中，变得更加复杂，需要以历史唯物主义视野加以阐释。②

从艺术生产的角度思考文艺问题，会使讨论突破文艺作品的边界。姚文放的《从"艺术生产"理论到生产性文学批评——马克思恩格斯文艺理论向批评实践的拓展》分析了马克思关于"艺术生产"的两种理解：前一种"艺术生产"是"人类精神生产方式的一般艺术活动"，而后一种"艺术生产"是"资本主义生产体系中的精神生产部门所进行的生产劳动"。姚文放关注马克思所说的"艺术生产"的论域有多大，而关于生产与消费的辩证关系的讨论为这种界定提供了可能，"那就是将'艺术生产'从处于艺术活动过程前端的生产（创作）活动延伸到后端的消费（阅读和批评）活动，或者说将

---

① 张宝贵：《艺术一旦成为商品——〈资本论〉美学思想探绎》，《首都师范大学学报（社会科学版）》2023年第5期。
② 参见万娜《艺术生产论的"受众商品"批判》，《华中学术》2023年第3期。

阅读和批评也划归'艺术生产'的范畴，从而大大拓宽了'艺术生产'理论的论域"。① 由此出发，他进一步分析了马克思、恩格斯文学批评的实践。张冰的《朝向交流的艺术生产——对马克思美学特质的一种解读》也从这两种"艺术生产"的概念出发，认为其并不完整，要对艺术生产有完整的理解，需要在马克思的生产理论框架中进行。广义的生产是生产的全部环节，而狭义的生产是生产中的一个要素。那么广义上"也存在一个囊括了生产、分配、交换和消费于一体的艺术生产"，即艺术活动本身，和作为单一艺术活动起点的狭义艺术生产是与艺术交换、消费并立的。张冰将这一狭义的艺术生产视为艺术生产的第三种含义。她指出，在艺术生产与艺术消费之间，还存在一个中间环节的艺术交流。艺术生产朝向交流的这一交流意向性，既是手段又是目的，使艺术具有社会性，也塑造了马克思主义美学的特质：它既是介入的，又具有自足性。②

或许最具有"当代性"的，是关于新技术的发展对艺术生产影响的思考，这类研究在近年不断涌现，体现出研究者认知当下世界最新现象的欲望与紧跟世界学术前沿的敏感。刘芳兵的《马克思主义艺术生产论研究在中国之技术转向》就注意到这一点，文章梳理了近年来学界的相关研究，指出这些研究主要采取"工艺学"的考察方式，"遵循的是一种新的理论研究框架：'工艺学（技术）→生产力→生产关系→存在方式'"，"强调技术作为一种生产力要素，如何发挥其对于艺术生产的支配性力量，进而引发艺术生产

---

① 姚文放：《从"艺术生产"理论到生产性文学批评——马克思恩格斯文艺理论向批评实践的拓展》，《山东社会科学》2023年第1期。
② 参见张冰《朝向交流的艺术生产——对马克思美学特质的一种解读》，《中国文学批评》2023年第2期。

机制的一系列变革",并分析了目前研究中的一些不足之处。① 刘方喜的《工艺学、自由时间：人工智能时代马克思文艺思想体系的重构》就是一篇典型的从"工艺学"角度重审艺术生产问题的文章，通过重构马克思的"艺术生产"论，深入分析了人工智能技术的发展对艺术生产的影响。人工智能技术的发展改变了传统自动化机器的工艺学面貌，为文艺创作提供了新的"工艺条件"，改变了文艺创作活动。资本的本性是将人的"自由时间"束缚在其自我增殖的封闭循环中，而在人工智能时代，AI 的发展使生产活动中大量的自由时间被创造并从物质劳动中游离出来，获得了打破资本的封闭循环的可能性，从而推动艺术生产的发展。②

马克思主义文艺理论自诞生之日起就与现实发展保持着紧密的关系，这是其常葆理论活力的关键所在。"重读马克思"既需要回到"文本"以正本清源，也需要更具有"当代性"问题意识的重读。可以说，失去与历史、现实关联的马克思主义，就不再是马克思主义。

二、探索"两个结合"的方法与路径

在庆祝中国共产党成立 100 周年大会上的讲话中，习近平总书记提出"坚持把马克思主义基本原理同中国具体实际相结合、同中华优秀传统文化相结合"③ 的重要命题。在 2023 年 6 月 2 日召开的文化传承发展座谈会上的讲话中，习近平总书记对"两个结合"进行了系统论述。这对马克思主义文

---

① 参见刘芳兵《马克思主义艺术生产论研究在中国之技术转向》，《中州大学学报》2023 年第 1 期。
② 参见刘方喜《工艺学、自由时间：人工智能时代马克思文艺思想体系的重构》，《中国文艺评论》2023 年第 7 期。
③ 习近平：《在庆祝中国共产党成立 100 周年大会上的讲话》，《求是》2021 年第 14 期。

艺理论研究提出了新要求。本年度，有学者从不同角度，力图回应马克思主义文艺理论之"两个结合"问题。

此前，在马克思主义文艺理论中国化研究中，较多探讨的是"第一个结合"——马克思主义文艺理论同中国文艺创作实践、理论观念的具体实际相结合，而对"第二个结合"着力较少。其中一个原因在于，20世纪中国的社会结构、文化形态等都发生了巨变，相应的，20世纪中国文艺的内容、主题及美学形式等都与传统存在明显差别甚至"断裂"。20世纪90年代，学界甚至以"失语症"来描述当时中国文论面临的困境。由是，沟通传统和当代，进行传统话语的当代转换，一度成为文艺理论界的重要议题。从已有研究来看，探讨主要集中在宏观层面，即马克思主义文论与传统文论的相通之处。[①] 就实践层面而言，如何有效结合马克思主义文艺理论基本原理与中国古代文论，构建当代理论形态，乃至运用于文艺批评中，都存在诸多难题。本年度，有学者或从经典马克思主义理论家那里探求结合的方法，或从中国现当代文论教材书写史中梳理结合的脉络，然后展开探究。

马克思主义文艺理论与传统文论结合的瓶颈问题是具体方法与路径。在正面阐释、直接解决有难度的情况下，向经典马克思主义理论家寻求启示，是一种可行的思路。《文艺理论与批评》2023年第5期"特稿"栏目重点推出董学文、李一帅的文章，分别就马克思、列宁如何对待各自所处时代的"传统"进行了深入阐释。董学文的《马克思是如何对待传统文化的？》一文开宗明义："马克思对待传统文化的基本方法论特征，可以概括为一个词，那就是'辩证批判'，或称'创新性批判'。也就是说，无论是面对优秀的传统文化还是平庸乃至低劣的传统文化，无论是面对高级的思维成果还是一般

[①] 例如2023年度江守义的《"文以载道"与中国马克思主义文论的契合》(《求索》2023年第1期)、赖大仁的《马克思主义文论同中华传统文论相结合的理论基点》(《文学评论》2023年第2期)等文章。

的民俗习惯，马克思都是主张通过彻底辩证的批判性分析去加以改造和超越，从而为构建自己的唯物史观、唯物辩证法和社会主义学说服务。"[1]该文不仅总结了马克思对待传统文化的基本态度、方法，而且点明了马克思对待传统的一个根本立足点——"为构建自己的唯物史观、唯物辩证法和社会主义学说服务"[2]，也就是说，从马克思所面对的时代的"具体实际"出发。这也是"第一个结合"的要义。而对于马克思主义创始人来说，"具体实际"的根本指向，是无产阶级解放事业。

习近平总书记在纪念马克思诞辰200周年大会上的讲话中强调："马克思主义博大精深，归根到底就是一句话，为人类求解放。"[3]"为人类求解放"，这是马克思主义创始人的"初心"，也是马克思主义的理论精髓所在。马克思对待传统文化，也是基于"为人类求解放"这一根本立场。《马克思是如何对待传统文化的？》明确指出，"马克思、恩格斯的全部实践和理论活动，都是为了鲜明表达出无产阶级的看法，或者说是为了自觉代表工人阶级和广大劳动群众的根本利益"[4]，由此出发，马克思、恩格斯一方面以批判的眼光，正视传统文化的消极成分，另一方面又看到传统文化所具有的积极因素，特别是其所具备的批判资本主义生产方式和生产关系的功能。以"为人类求解放"为立足点，马克思就不仅是在肯定的意义上阐扬传统文化，而是"自始至终把改造、转化和超越传统文化作为目的"[5]，通过"辩证批判"将传统文化发展到新高度。这种批判的态度既体现在马克思本人的思想发展

---

[1] 董学文：《马克思是如何对待传统文化的？》，《文艺理论与批评》2023年第5期。
[2] 董学文：《马克思是如何对待传统文化的？》，《文艺理论与批评》2023年第5期。
[3] 习近平：《在纪念马克思诞辰200周年大会上的讲话》，新华网，2018年5月4日。
[4] 董学文：《马克思是如何对待传统文化的？》，《文艺理论与批评》2023年第5期。
[5] 董学文：《马克思是如何对待传统文化的？》，《文艺理论与批评》2023年第5期。

上，也体现在马克思对待诸种文化的具体做法上。[①]

如果说马克思主义创始人提供了对待传统文化的基本原理，那么"列宁在对文化的理解上继承了马克思、恩格斯的思想，作为一个实际指导社会主义文化实践的人，他真正把无产阶级文化理论转化成意识形态工作的斗争经验"[②]。李一帅的《列宁"两种民族文化"理论对文化遗产的转化意义》阐释了列宁对待传统文化的理论方法和具体做法。相比于马克思、恩格斯，列宁面临着更为具体也更为迫切的实践需要，他是在处理具体问题，尤其是在与资产阶级争夺文化领导权的斗争中，阐发对"传统文化"的看法的。李一帅指出，在对待文化的基本态度上，列宁坚持唯物辩证法，提出"两种民族文化"理论，即每一种民族文化中都有资产阶级文化和无产阶级文化两种成分存在，需要辩证看待"两种民族文化"中资本主义的部分。他一方面旗帜鲜明地批判为资产阶级服务的文化鼓吹者，另一方面倡导无产阶级文化建设者要对所有人类发展过程中创造的优秀文化，包括资本主义时期的文化，加以改造、转化，为无产阶级文化建设做准备。文章还指出，列宁强调对资本主义文化加以认识，并不代表无产阶级文化和资产阶级文化可以在社会主义建设中共同发展，无产阶级文化建设不仅要加强无产阶级文化意识形态、提高党内队伍的文化素质、培养无产阶级文艺人才队伍，更重要的是批驳资本主义文化的错误思潮。

两篇文章的共同着眼点，是对传统文化的"批判"与"创造"，即一方面要对已有的文化遗产辩证看待、批判继承；另一方面，更应立足具体实际进行能动的改造和转化。如果说在马克思、恩格斯、列宁那里，实现了马克思主义基本原理和其所处时代的优秀传统文化彼此契合、有机融合的话，那

---

① 参见董学文《马克思是如何对待传统文化的？》，《文艺理论与批评》2023年第5期。
② 李一帅：《列宁"两种民族文化"理论对文化遗产的转化意义》，《文艺理论与批评》2023年第5期。

么最重要的一点就在于他们的结合不是毫无保留的回归、不是"原汁原味"的还原,而是始终扎根"具体实际",根据现实需求对"传统文化"进行改造、改进、发展。

本年度,也有学者依据马克思主义经典论述,从马克思主义文论和中华优秀传统文化的特点出发,探究"两个结合"的路径。胡亚敏的《马克思主义文学批评的中国之路》依据马克思对"普遍的形式"的阐发,指出中华优秀传统文化的"普遍的形式"体现为它具有"超越时空的特性",这为"两个结合"提供了前提和可能。文章同时强调中国马克思主义文论"扎根中国大地的实践品格"[①],因此,中华优秀传统文化所具有的"普遍的形式","只有与特定时代的文化环境和文学活动结合,才能获得新的生命"[②]。该文援引马克思对待法国剧作家"三一律"和希腊戏剧传统之关系的观点作为理论依据。在致斐迪南·拉萨尔的信中,马克思指出,法国剧作家的"三一律"是建立在对希腊戏剧"曲解"的基础上的。但马克思赞同这种根据现实需求进行创新的做法,这是因为"他们正是依照他们自己艺术的需要来理解希腊人的","被曲解了的形式正好是普遍的形式,并且在社会的一定发展阶段上是适于普遍应用的形式"[③]。该文据此指出,"不妨把这种根据现在的需要对传统文化的'曲解'理解为'创造性误读'或称为创造性转化"[④]。应该说,马克思主义经典理论家的做法,对我们今天如何进行"两个结合",有着重要的启示。

上述三篇文章是从经典马克思主义理论探求方法与启示。此外,也有学

---

① 胡亚敏:《马克思主义文学批评的中国之路》,《文学评论》2023年第2期。
② 胡亚敏:《马克思主义文学批评的中国之路》,《文学评论》2023年第2期。
③ [德]马克思:《马克思致斐迪南·拉萨尔(7月22日)》,载中共中央马克思恩格斯列宁斯大林著作编译局译《马克思恩格斯全集》第30卷,人民出版社1974年版,第608页。
④ 胡亚敏:《马克思主义文学批评的中国之路》,《文学评论》2023年第2期。

者从中国文艺理论教材建设的历史中总结经验。谭好哲的《教材编著：马克思主义文论同中华传统文论相结合的一条重要路径》[①]将"五四"之后的中国文学理论教材编著分为三个时期：20世纪20年代至40年代、50年代和60年代前期、自新时期至今。在作者看来，自30年代末开始，马克思主义文论同中华优秀传统文论的结合就开始了初步尝试；至五六十年代，两者的结合获得了自觉的理论意识与丰富的内涵；新时期以来，尤其是"马克思主义理论研究和建设工程"教材建设启动以来，教材建设的中国特色、中国风格、中国气派愈加明显。总体来看，马克思主义文学理论同中国文艺实际相结合、同中华优秀传统文论相结合，经历了由不自觉到自觉，由初步探索到逐渐深化，再到实现中国化、时代化、体系性自主理论创新的演进。

应该说，中国的文艺理论一方面在不同时期受到不同国外文论话语的影响，体现了20世纪中国文论置身于多维世界坐标的现实；另一方面，其与传统文论的对话也始终存在，只不过如《教材编著：马克思主义文论同中华传统文论相结合的一条重要路径》所指出的，对这条脉络重视不够。该文梳理出的这条线索，对全面认识中国文艺理论的历史面貌和逻辑演进有所帮助。不过，尽管中国现当代文艺理论一直试图将传统文论纳入自身体系之内，但毋庸讳言，无论是以中国文艺作品作为例证，还是以中国古典文论作为补充、对照，只能是局部的嵌入或者说初步的尝试，很难说是有机的"结合"。如何从"学科体系、学术体系、话语体系"层面，实现马克思主义文论和中国传统文论彼此契合、有机融合，还需要从理论到实践层面持续进行深入的探析。

---

① 谭好哲：《教材编著：马克思主义文论同中华传统文论相结合的一条重要路径》，《济南大学学报（社会科学版）》2023年第6期。

三、中国文艺与"中国式现代化"

习近平总书记在党的二十大报告中提出,中国共产党的中心任务是"以中国式现代化全面推进中华民族伟大复兴"[1]。中国式现代化是马克思主义理论在新时代的重要创新和发展,需认真学习、落实。本年度,在马克思主义文艺理论研究中,中国式现代化也是一个热点。一些学者围绕如何理解中国式现代化、如何理解中国式现代化与中国文艺的关系进行思考,出现了一些值得重视的成果。总的来看,这些研究主要集中在对"中国"与"现代化"两个概念内涵的理解,以及由此生成的二者关系上。以对此的不同理解为出发点,提出关于中国文学——包括中国古典文学史与20世纪中国文学史——的不同阐释构架,以及对当前文艺创作原则和文艺理论各有侧重的观点。

其中最值得注意的一个倾向是强调"中国"作为三千年文明传统的内涵,将中国式现代化理解为以中国传统文明为主体的、从中国自身的文明传统延续至今的、并列于西方资本主义现代化的另一种现代化。由此出发,强调中国式现代化的文艺首先要整理、传承、激活中国古典文艺遗产。王义桅的《中国式现代化的文明逻辑》,站在与西方现代文明对话的角度,系统阐释了中国传统文明内蕴着人类能够更可持续、更和谐发展的智慧,较之西方现代化体系具有诸多超越性,是今天构建人类命运共同体的优质思想资源。[2] 韩高年的《古典文学研究的中国式现代化新进路》将中国古典文化作为中国式现代化中"中国"的主要构成,强调古典文明是今天中国文化自信的主要来源,提出以构建中国古典文学范畴体系凸现中国式现代化的中

---

[1] 习近平:《高举中国特色社会主义伟大旗帜,为全面建设社会主义现代化国家而团结奋斗》,《习近平著作选读》第一卷,人民出版社2023年版,第18页。
[2] 参见王义桅《中国式现代化的文明逻辑》,《探索与争鸣》2023年第12期。

国特色。① 莫砺锋的《普及经典名著，弘扬传统文化》在将"中国"理解为古典中国的基础上，进一步阐发了古典文化的核心是经典典籍中的"观念文化"，中国传统文明中的观念是今天发展中国式现代化的重要精神资源。② 在将"中国"主要理解为中国古典文化的研究中，还有一些研究者从中国古典文明与马克思理论中寻找相通之处。赖大仁的《马克思主义文论同中华传统文论相结合的理论基点》从所观照的社会历史视野、认识文艺本质特性的精神、理解文艺价值功能的理念、看待文艺实践的人学价值等向度上，论述马克思主义文艺理论与中华传统文论存在着内在可相通的理论基础。③ 此外，也有学者关注20世纪现代中国历史在这一表述中的特殊性，对传统文化与20世纪中国文化之间的关系进行了新的探讨。刘跃进的《推动文化传承发展，建设中华民族现代文明》从文化延续而非断裂的角度理解20世纪中国现代文化与传统文化的关系。④ 王一川的《通向中华型传统引导的现代文艺》提出应对当下普遍公认的20世纪中国文学史的起源和流变进行重述，认为中国现代文学并非如今天的主流文学史叙事所说的那样，主要是由于西方文明进入中国而引发的文学的断裂性转型，而是主要由中国传统自己延续、生长出来的。⑤ 将"中国"主要理解为以传统文明为基点，上述文章普遍同意中国式现代化构架中的中国文艺发展需重视中国古典文学、文论传统，以传统典籍为载体，普及中国传统文化，并寻求传统文化在现代世界中传承创新的可能性。

---

① 参见韩高年《古典文学研究的中国式现代化新进路》，《文学评论》2023年第5期。
② 参见莫砺锋《普及经典名著，弘扬传统文化》，《文学评论》2023年第4期。
③ 参见赖大仁《马克思主义文论同中华传统文论相结合的理论基点》，《文学评论》2023年第2期。
④ 参见刘跃进《推动文化传承发展，建设中华民族现代文明》，《文学评论》2023年第4期。
⑤ 参见王一川《通向中华型传统引导的现代文艺》，《中国文艺评论》2023年第3期。

这些观点的创新之处在于从文明延续而非断裂的视野来理解中国古典文明与20世纪现代文化的关系，提出不将传统文化仅仅视为博物馆化的精神遗产，寻求其作为活的理论与文化资源参与当代文化构成的可能性，为中国文学史研究、当代文艺理论与创作提供了新的空间和视野。但马克思主义文艺理论的基本逻辑与中国传统文明的核心精神之间的复杂关系不应止步于寻找一些相似的表述加以对比，而应有深入两种思想体系核心本质中、真正体系性的比较和探讨。中国古典文明与20世纪现代文化之间的关系，也不应止步于简单的非断裂即延续的二元判断。如何回应西方现代文明对20世纪中国的影响，如何解释20世纪中国文明的转型，还需要更严谨、慎重的探讨。

与上述倾向不同，另一些研究者侧重于将"中国"主要理解为20世纪经历现代转型的中国，由此更强调欧洲现代性知识谱系与20世纪中国历史的相遇、冲突、融合、对话，将中国式现代化理解为中国作为后发性现代国家回应着欧洲现代性扩张所带来的全面危机，在20世纪寻找到的以人民为主体、有别于西方资本主义现代化的另一条现代化道路。由此出发，提出20世纪中国文学史要在与欧洲"现代性"知识谱系的对话与反思中找到新的阐释空间，强调文艺的"人民性"是20世纪中国文艺史的重要命题。贺桂梅的《"重写"百年文学史：中国式现代化的理论与实践》是从这一理论立场出发的一篇总纲式的论文。文章论述了中国式现代化将"中国"与"现代化"结合起来，打破了现代化与革命的冷战式二元对立，强调了以革命和社会主义建设的方式规范并完成现代化建设的可能性思想。文章从理论、实践与文学史内容层面阐述了这一问题。在理论层面，该文提出要对有关现代化的社会科学知识谱系进行清理，并明确"中国式"建构的学理基础和创新性内涵。在实践层面，该文指出当前中国处在百年现代化的第四个阶段，这为建构中国自主的现代化理论体系提供了历史条件。在这个坐标体系中，该文提出以中国式现代化视野"重写"20世纪文学史的关键是如何重构人民文艺的总体性。[①] 李云雷的《作为思想方法的"中国式现代化"——对中国现代文学研究的再思考》则注意到了"中国式"与"现代化"在20世纪中国历史中的张力问题，在对张力的辩证讨论中，指出中国式现代化作为思想方法，超越了"传统与现代"这一二元对立叙事，打开了中国现代文学研究的新空间。[②] 还有多位研究者侧重从20世纪转型中理解"中国"的独特性。比如，朱羽的《"中国式现代化"与真理—政教—美学机制的转型》探讨了中国式现代化对传统社会主义文艺理论的突破意义。[③] 张屏瑾的《"中国式现代化"与中国现当代文学一笔谈：现代文学何以"现代"——对中国现代文学研究的一点再思考》从20世纪"现代性"与中国文学的对话中理解20世纪中国文学。[④] 董丽敏的《以"延安文艺"为方法打开中国现代文学经验》[⑤]、谢纳与宋伟的《中国式现代化与文艺人民性的理论逻辑和当代意蕴》[⑥]、倪伟的《人民主体性的重建与当前文学之责任》[⑦]，都注意到"中国"在20世纪的历史道路不同于西方资本主义现代化，强调其马克思主义内蕴、社会主义性质与人民主体性。

---

① 参见贺桂梅《"重写"百年文学史：中国式现代化的理论与实践》，《文学评论》2023年第5期。
② 参见李云雷《作为思想方法的"中国式现代化"——对中国现代文学研究的再思考》，《现代中文学刊》2023年第5期。
③ 参见朱羽《"中国式现代化"与真理—政教—美学机制的转型》，《现代中文学刊》2023年第1期。
④ 参见张屏瑾《"中国式现代化"与中国现当代文学一笔谈：现代文学何以"现代"——对中国现代文学研究的一点再思考》，《现代中文学刊》2023年第4期。
⑤ 参见董丽敏《以"延安文艺"为方法打开中国现代文学经验》，《现代中文学刊》2023年第2期。
⑥ 参见谢纳、宋伟《中国式现代化与文艺人民性的理论逻辑和当代意蕴》，《中国文艺评论》2023年第3期。
⑦ 参见倪伟《人民主体性的重建与当前文学之责任》，《现代中文学刊》2023年第3期。

从关切20世纪中国独特经验的理论基点出发，马克思主义文艺理论的当下化、问题化也成为一个相对集中且值得关注的命题。崔柯的《马克思主义文艺理论的公约数——以"中国式现代化"为依据》梳理了近几年马克思主义文艺理论研究的推进和问题，指出整体上存在着研究议题分散、缺少系统性的问题。就此，该文在中国式现代化的框架中找到"批判资本主义、关注绝大多数人"[①]作为"中国式"马克思主义文艺理论研究的公约数，既针对性地解决马克思主义文艺理论研究的具体问题，也呼应着20世纪中国现代历史的真切经验。季水河的《论马克思主义文学批评标准的中国化与时代化》则立足于"中国"所内含的马克思主义性质，探讨中国文艺与马克思主义文艺批评在新时代的新空间。[②]

将"中国"理解为20世纪独特的后发性现代国家所经历的探索、所选择的道路，将马克思主义与社会主义性质作为"中国"区别于西方资本主义现代化的独特选择，是对中国式现代化颇具当下问题意识的阐释和回应。但在这一向度上，中国式现代化较之传统马克思主义理论与中国现代历史研究的既有结论的理论创新空间尚需进一步打开，将其变为具有现实阐释力的理论框架，仍然道阻且长。

另外一种研究倾向不特别强调是以传统文明还是以20世纪道路来支撑"中国"的主体内涵，而是将"中国"理解为具体时空中的现实国情，强调对在场、在地中国的关切。由此出发，更关注文艺创作与批评的"当下"问题意识，将对现实中国问题的关注与回应作为文艺对"中国式现代化"的响应和回答。卢燕娟的《"中国式现代化"与中国现当代文学的时空问题》

---

① 崔柯：《马克思主义文艺理论的公约数——以"中国式现代化"为依据》，《中国文艺评论》2023年第6期。
② 参见季水河《论马克思主义文学批评标准的中国化与时代化》，《文学评论》2023年第2期。

提出百年中国现代文学乃是对所置身历史境遇的关切、思考与回答，今天的"中国"首先是植根于现实土壤、关乎十四亿人民生活的鲜活现实，文艺首先是在场的、在地的，才是中国式现代化的。① 霍艳的《"中国式现代化"与当下文学生态》关注新时代文学的新质，勾勒政府、作家与民间互动下中国文学与现实的交流融合。② 李玮的《"中国式现代化"与数字时代的文学》则将中国式现代化置于最新的问题空间和话语领域中予以探讨。③

这些研究的突出特征是具有敏锐的当下问题意识。但较之前两个向度，研究成果数量较少，也显得较为单薄。尽管如此，这仍是一个非常重要的向度：如何将中国式现代化这样具有三千年文明史视野、百年现代历史道路内涵的宏阔理论问题放置在当下复杂多变的现实中来理解，如何在二者间建立起联系，不仅是文学研究需要的当下视野，也是中国式现代化在思想文化领域的题中之义。

四、瞿秋白与马克思主义文艺理论中国化

回到马克思，研读马克思主义经典，是马克思主义文艺理论研究中的一个重要维度。在马克思主义文艺理论中国化研究中，也存在同样的维度：马克思主义文艺理论中国化的原点是什么？这是一个值得重视的问题。从20

---

① 参见卢燕娟《"中国式现代化"与中国现当代文学的时空问题》，《现代中文学刊》2023年第1期。
② 参见霍艳《"中国式现代化"与当下文学生态》，《现代中文学刊》2023年第4期。
③ 参见李玮《"中国式现代化"与数字时代的文学》，《现代中文学刊》2023年第2期。

世纪 80 年代起就有学者与瞿秋白研究相联系讨论这一问题。① 到 90 年代，有学者提出瞿秋白"辑成了我国第一部马克思主义文艺论著选集，标志了马克思主义文艺理论在中国的初步确立"②。21 世纪初，有学者将马克思主义文艺理论中国化起点问题与瞿秋白研究直接联系，提出："自瞿秋白始，中国的理论家们终于把目光投向了马克思主义文艺理论的源头，开始了对马克思主义经典文论地位的确立……在中国开始建立真正的马克思主义文艺理论话语体系，奠定了马克思主义文艺理论中国化的第一块坚实基石……"③

据这些研究成果，瞿秋白对马克思主义文艺理论中国化的贡献主要在于：完整、系统、准确地译介了马克思主义经典作家的文艺论著，这在马克思主义文艺理论中国化历史上，是起点，是基础。1932 年，瞿秋白编译了《"现实"——马克斯主义文艺论文集》，以"现实"为关键词，由马克思主义经典原著译文和瞿秋白撰写的阐释论文两部分组成，包括《马克思、恩格斯和文学上的现实主义》《恩格斯论巴尔札克》《恩格斯和文学上的机械论》《恩格斯论易卜生的信》《文艺理论家的普列哈诺夫》《拉法格和他的文艺批

---

① 参见鲁云涛《瞿秋白在建设我国马克思主义文艺理论上的重要贡献》，《西南民族学院学报（哲学社会科学版）》1985 年第 4 期；朱辉军《西风东渐——马克思主义文艺理论在中国》，北京燕山出版社 1994 年版；郄智毅《中国马克思主义文艺理论传播史中的一次关键转折——评瞿秋白对马列文论的译介》，《河北大学学报（哲学社会科学版）》2007 年第 3 期；胡明《经典的当时与未来——重读瞿秋白马克思主义文艺观的译介与诠释》，《清华大学学报（哲学社会科学版）》2007 年第 5 期；杨慧《"现实"的诞生——再论瞿秋白对马克思主义文学理论的译介》，《中国现代文学研究丛刊》2008 年第 3 期；黄念然、王诗雨《瞿秋白与马克思主义文艺理论的中国化探索》，《西北大学学报（哲学社会科学版）》2019 年第 1 期。
② 朱辉军：《西风东渐——马克思主义文艺理论在中国》，北京燕山出版社 1994 年版，第 36 页。
③ 郄智毅：《中国马克思主义文艺理论传播史中的一次关键转折——评瞿秋白对马列文论的译介》，《河北大学学报（哲学社会科学版）》2007 年第 3 期。

评》《左拉的〈金钱〉》等13篇文章和瞿秋白撰写的"后记"。①1935年，瞿秋白牺牲后，鲁迅在病中主持收集、编辑出版了瞿秋白的两卷本文学译文集《海上述林》，将《"现实"——马克斯主义文艺论文集》收入其中，并亲自撰写"序言"及"出版讯息"，高度评价了瞿秋白的翻译："本卷所收，都是文艺论文，作者既系大家，译者又是名手，信而且达，并世无两。其中《写实主义文学论》与《高尔基论文选集》两种，尤为煌煌巨制。此外论说，亦无一不佳，足以益人，足以传世。"②

本年度，这方面研究亦有新收获。魏继才、赵春光的《瞿秋白对马克思主义文艺理论中国化的贡献及其意义探析》③，邢鸿岳、毋育新的《瞿秋白译介马列主义文论的起因、方式及影响》④，潘天成的《"现实"的话语重构——瞿秋白对"现实主义"的译介新论》⑤，蒋相杰的《马克思主义文论在中国的原初镜像及投射——基于瞿秋白文艺思想的考察》⑥，都关注了瞿秋白与马克思主义文艺理论中国化的起点问题。

魏继才、赵春光的《瞿秋白对马克思主义文艺理论中国化的贡献及其意义探析》是一篇论述较为全面的文章，对瞿秋白推进马克思主义文艺理论中国化的条件、贡献及意义进行了综述。该文认为瞿秋白推进马克思主义文艺

---

① 参见瞿秋白《瞿秋白文集 文学编》第4卷，人民文学出版社1986年版。
② 鲁迅：《绍介〈海上述林〉上卷》，载《鲁迅全集》第7卷，人民文学出版社2005年版，第489页。
③ 参见魏继才、赵春光《瞿秋白对马克思主义文艺理论中国化的贡献及其意义探析》，《山西高等学校社会科学学报》2023年第1期。
④ 参见邢鸿岳、毋育新《瞿秋白译介马列主义文论的起因、方式及影响》，《外语教学》2023年第3期。
⑤ 参见潘天成《"现实"的话语重构——瞿秋白对"现实主义"的译介新论》，《江淮论坛》2023年第4期。
⑥ 参见蒋相杰《马克思主义文论在中国的原初镜像及投射——基于瞿秋白文艺思想的考察》，《常州工学院学报（社科版）》2023年第1期。

理论中国化具有客观条件和主观条件，客观条件是俄国十月革命和我国五四运动的推动，以及我国文艺革命实践对新理论的呼唤；主观条件是瞿秋白自身丰厚的马克思主义理论与文艺修养，以及领导我国文艺革命活动积累的丰富经验。其贡献表现在三个方面：一是系统翻译并广泛宣传马克思主义文艺理论，二是提出辩证唯物论的创作方法及走文艺大众化的道路，三是提出掌握文化领导权并推行无产阶级文艺革命的思想。同时，该文还从历史和现实两个方面论述了瞿秋白推进马克思主义文艺理论中国化的意义：从历史意义上讲，瞿秋白开创了马克思主义文艺理论中国化的先河，并为毛泽东文艺思想的形成提供了一定的理论基础；从现实意义上讲，瞿秋白近百年前提出的走文艺大众化的道路，注重意识形态建设和坚持党对文化的领导权，对推动新时代的中国特色社会主义文化建设依然具有指导意义。[1]

邢鸿岳、毋育新的《瞿秋白译介马列主义文论的起因、方式及影响》与潘天成的《"现实"的话语重构——瞿秋白对"现实主义"的译介新论》都高度评价了瞿秋白翻译的《"现实"——马克斯主义文艺论文集》及其现实主义思想。邢鸿岳、毋育新围绕"为何译、译什么、如何译、译何如"四个关键词，对瞿秋白译介马克思主义文艺理论的原因、内容、方式与影响进行研究，指出："事实表明，对马克思主义早期传播文献的译介是马克思主义中国化的起点。《"现实"——马克斯主义文艺论文集》是瞿秋白关于马列主义文论的最重要译著，这在中国马克思主义文艺理论传播史上可以说是一座理论丰碑。"[2] 潘天成对瞿秋白译介的现实主义文论展开分析，认为瞿秋白将"写实主义"改译为"现实主义"，标明了马克思主义的现实主义与自然

---

[1] 参见魏继才、赵春光《瞿秋白对马克思主义文艺理论中国化的贡献及其意义探析》，《山西高等学校社会科学学报》2023年第1期。

[2] 邢鸿岳、毋育新：《瞿秋白译介马列主义文论的起因、方式及影响》，《外语教学》2023年第3期。

主义、经验主义的区别并突破了"新写实主义"存在的教条主义问题。"这一翻译拓展了'现实主义'的理论资源，实现了中国传统文化、中国革命实际、马克思主义之间的有效结合，是马克思主义中国化的成功实践。"这表明瞿秋白"面对当时新潮的、时髦的文艺理论，并没有无所适从、迷失方向，而是结合中国革命的实际需要，站在无产阶级的立场上，融合中国传统文化、革命实践以及马克思主义哲学和政治经济学批判三重话语，为中国的革命实践贡献文艺的力量"。[①]

回顾来路，是为了未来。从这个层面上看，这项工作仍需努力。

五、创伤、债务与"边缘者共同体"的政治潜能

过去一百余年的历史，给人类留下了太多创伤。对于这些创伤，有人忘记，有人回避。但事实证明，避而不谈、假装忘却，或做一些二元对立的简单处理，并不能使人类奔赴光明的未来。正如个体的创伤需要修复，历史的债务也需清偿。否则，无论个体还是集体，恐怕都会在遭遇"创伤经验"的那个发展阶段停滞不前，同样的问题就难免重新上演。本年度国外马克思主义文艺理论研究的一个趋势，就是出现了——以直接或间接的方式——直面创伤、清偿债务的努力。

或许，无论中外，无论从事何种研究，大部分具有左翼立场的知识分子都必须面对这样一个问题：我们应该如何处理苏联，尤其是斯大林时期的苏联留下的历史和文化遗产／债务？但这个问题真正处理起来，是极其困难的。它需要一种面对历史创伤鲜能具备的平和心态；需要一种能够跳出成

---

① 潘天成：《"现实"的话语重构——瞿秋白对"现实主义"的译介新论》，《江淮论坛》2023年第4期。

见、抵达历史现场的突围能力；更需要一种直面困境、知其难言而言之的智慧和勇气。在这方面，本年度有三篇文章值得关注。面对斯大林文艺论说研究的冷清，董学文的《在列宁文艺思想的延长线上——斯大林对马克思主义文艺理论的贡献》梳理了斯大林在探讨无产阶级文艺活动规律、总结社会主义文艺运动经验、提出"社会主义现实主义"创作方法三方面的贡献。[①] 如果了解斯大林的文艺论说曾既被捧上天又被打入地，近年来被忽视乃至漠视的尴尬遭遇，就会理解这一研究的学术价值。与斯大林文艺论说研究冷清同时发生的，是人们对苏联时期留下的思想文化遗产的有意贬低。比如，西方的卢卡奇研究就存在着从天才般的早期到"余烬燃烧"的晚期的"分期说"。似乎早期卢卡奇就是那个写出《历史与阶级意识》、开创了西方马克思主义传统的左翼知识分子，到了晚期则堕落为一名向极权屈服的"斯大林主义者"。针对卢卡奇被遗忘或贬低的"苏联时期"，李灿、张亮在《重访卢卡奇的苏联时期：历史、文本与再评价》一文中，通过历史与文本重访，系统梳理了卢卡奇在苏联时期的实践及其理论发展历程，提出苏联时期之于卢卡奇，不仅意味着共产主义信仰的试炼，更是马克思主义理论探索与实践的重要阶段。卢卡奇在有关马克思主义哲学、美学、文学的关键性讨论中，发挥了积极的引领和建构作用，在不同的理论语境中产生了多重思想史效应。[②]

类似的"简化"和"切割"不仅出现在对思想家的理解中，也出现在对作家作品的理解中。比如，长久以来，大众文化在西方精英话语左右下，往往把奥威尔约等于《一九八四》，而《一九八四》又约等于控诉斯大林。这样一来，奥威尔就被塑造成了"自由主义斗士"，相应的，社会主义阵营的

---

① 参见董学文《在列宁文艺思想的延长线上——斯大林对马克思主义文艺理论的贡献》，《文艺理论与批评》2023年第2期。
② 参见李灿、张亮《重访卢卡奇的苏联时期：历史、文本与再评价》，《世界哲学》2023年第1期。

批评家则把奥威尔诠释成"傲慢的小资产阶级",通过争夺奥威尔形象与资本主义阵营展开文化斗争。那么,奥威尔究竟是谁?我们的答案是否有可能挣脱"冷战意识形态"的束缚?赵柔柔的《流放者的悖论——20世纪50—70年代英国左翼的奥威尔批评》通过梳理50—70年代英国左翼的奥威尔批评,在复杂的历史背景、个体经历和著述脉络中,呈现一个作为"流放者"的奥威尔。流放者无法安置自身,"以拒绝作为自己的唯一立场,他们既显现出介入现实的勇气又对现实充满幻灭感,既批判当下的社会形态与日常经验,又无法想象另类选择或提出总体性的理解",从而"更为清晰地提示着一种20世纪历史中难以挣脱的知识分子困境"[1]。

不难看出,无论是斯大林文艺论说的"冷热待遇"、卢卡奇思想历程的"前后分野",或是奥威尔定位上的"东西差异",这些处理方式共同呈现出一种"二元对立"倾向,即观察视角既被历史债务拖累,又被现实诉求绑架,最终走向一种过度简化的"非黑即白"。今天重访这些议题,其首要意义并不在于为某人翻案,不在于为某文开新,而是试图在更平和的心态下,面对这些文化遗产的内在复杂性与悖谬性,进而推进对它们负载的历史债务的理解。毕竟,只有清偿好历史债务,才能真正地走出历史,健康地面对当下,自信地走向未来。

对问题的简单化处理,不仅可能来自"二元对立"的思维方式,也可能来自对"第一原则"的过分执着。比如,面对人类历史中的众多牺牲,以某绝对原则为出发点的"政治哲学"往往会给出"任何个体牺牲都是不被允许的"断言,似乎这样就能对牺牲者及制造他们的历史做出一种不乏人道主义光辉的"交代"。但这种被包装为"人道主义"的律令,真的能应对复杂的

---

[1] 赵柔柔:《流放者的悖论——20世纪50—70年代英国左翼的奥威尔批评》,《文艺理论与批评》2023年第2期。

人类经验吗？伊格尔顿以一本书的篇幅回应了这个问题，这就是其后期政治哲学著作《论牺牲》。林云柯在《利维坦与替罪羊——以后期伊格尔顿为引导的政治哲学"去历史化"批判》中，对《论牺牲》进行了解读。伊格尔顿批判一切以"去历史化"的第一原则为出发点的纯粹观念。在这个意义上，"牺牲禁令"很可能非但不能清偿历史亏欠的债务，还很可能会剥夺个体革命的可能。换言之，人的身体和生命状态应由自己掌控，怎么活，怎么死，是一种经验性的积累，而非先验性的决断。[①]

与"如何面对牺牲"同样重要的是"如何面对悲剧"。悲剧首先是一种文学体裁，但也不乏历史基础。按照古希腊悲剧传统，悲剧的主角不仅要身居高位，也要道德高尚，才能让观众产生怜悯。但随着神话和英雄时代远去，现代社会创造了以贩夫走卒为主角的"现代悲剧"。这究竟意味着悲剧的终结还是演化，这样的悲剧引发的是怎样的"悲悯"，这样的"悲悯"对于我们又意味着什么？丁尔苏在《悲悯共同体之拓展——伊格尔顿论悲剧英雄》中，借论述伊格尔顿的悲剧思想，回应了上述问题。在他看来，伊格尔顿悲剧观的主要特色一是提出悲剧人物不必让人喜欢，因为我们在令人厌憎的人身上可以发现自己的影子；二是提出具有悲剧性的是事件，而不是人，因为悲剧性的核心在于"整体戏剧行动能否在观众心里唤起怜悯之情。从这个意义上讲，就连希特勒也可以是悲剧人物……但……令人怜悯的不是这个人本身，而是他的邪恶所代表的对人性的浪费和巨大扭曲"[②]。那么，我们与这种"我们不喜欢的人"建立悲悯共同体，究竟有何意义？必须看到，20世纪以来，人类很多悲剧的主角其实并不高尚，甚至十分普通。比如，阿伦特笔下为了服从命令将犹太人送往集中营的纳粹公务员。但只有与这样的悲

[①] 参见林云柯《利维坦与替罪羊——以后期伊格尔顿为引导的政治哲学"去历史化"批判》，《文化艺术研究》2023年第5期。

[②] 丁尔苏：《悲悯共同体之拓展——伊格尔顿论悲剧英雄》，《国外文学》2023年第3期。

剧主角形成"悲悯共同体",我们才能更深刻地理解历史的创伤,才能真正直面时代的问题,才能体验到我们其实和他们,分享着造成悲剧的同一个社会结构。我们其实一不小心也可能成为他们——当意识到无人能够豁免,变革或许才能真正发生。

不难看出,无论是面对牺牲还是处理悲剧,其共同点都不是树立让人膜拜的偶像,而是直面问题的复杂性,凝视历史的创伤,并在这种凝视中,洞察新的可能。这不仅需要直面和谈论创伤的勇气和热情,更需要超越既往谈论定式的智慧和魄力。

无论是奥威尔"流放者"形象的再发现,还是伊格尔顿对"替罪羊"与"悲悯共同体"的强调,实际上都指向对当代发达资本主义社会中新的可能的革命主体的再发现,以及这些革命主体如何可能构成一个不同于固化、压迫性、权力性的资本主义共同体的新共同体形式,实现人类的进一步解放。这也是本年度马克思主义文艺理论研究中一个比较集中的主题。周静的《文学与共同体建制——从后马克思主义理论家对巴特比的解读谈起》,便从后马克思主义理论家对美国作家梅尔维尔发表于1853年的短篇小说《抄写员巴特比——一个华尔街的故事》中主人公巴特比形象的分析出发,梳理出他们对新的反抗主体及其共同体建构问题的三种回答。这三种回答分别是:爱德曼、阿甘本的解构性路径,也即"将巴特比视为作为游走于共同体边缘的绝对他者,通过抵制被共同体收编的可能实现了彻底的反抗";奈格里、哈特和齐泽克的遵循建构性路径,也即"将巴特比视为革命主体的未完成状态",只有"巴特比们"联合成为革命的共同体,才能完成反抗资本主义的历史任务,其中,奈格里和哈特所倡导的是"以诸众反抗帝国",齐泽克则"将巴特比的撤退姿势与构建新共同体秩序的之间的关系表述为'视差之异',巴特比的拒绝不是新共同体要否定的对象,而是新的共同体的建设根基,共同体的建构正是为巴特比的抽象否定性赋形的过程";朗西埃的"感性共同体",也即拒绝共同体的建制化和固定化,使共同体维持在一种"事件"发生后即告解体的"流动的、平等的、众生喧哗的"的状态,而这种共同体是在扰乱资本主义共同体既定的感性分配秩序、使"不可感知之物"浮出地表的基础上生成的。该文指出,这三个答案的共同前提是,"在晚期资本主义阶段,全球化和福利社会成为资本主义国家普遍性的文化事实,大规模的工人运动已经销声匿迹,取而代之的是散点式的文化身份运动……无法动摇资本主义社会的整体根基"①,也即经典马克思主义革命理论中的革命主体——工人阶级共同体——在发达资本主义社会难以自然产生,新的社会运动有赖于对政治主体的重新认定及其新的联合方式的生成。三种答案的差异则与对当前资本主义共同体性质的判定相关。如果将资本主义视为同一、固化的共同体,那么爱德曼和阿甘本倡导的绝对的"非同一性"对同一与整合的彻底排斥策略将是有效的;如果认为资本主义社会已从现代式的中心化共同体转向了后现代的去中心化的共同体,那么革命主体的重新联合就是必要的。②

但无论是哪一种答案,被这些理论家寄予厚望的政治主体都不再是阶级分析理论中的工人阶级,而是像抄写员巴特比这样的边缘者、被排斥者。资本主义共同体中中心与边缘的对立结构由此凸显出来。付子琪在《心灵有罪与人的反抗——雷蒙·威廉斯革命悲剧观探析》中以《现代悲剧》一书为主轴,讨论雷蒙·威廉斯的悲剧观。文中提出,威廉斯认为"在先前的革命中,革命胜利的一方取得统治权后,社会出现了新的基于现有统治的暴力和无序","社会上还有一部分人的'全部人性还没有得到实际的承认'","现有的社会制度以平稳运行的状态掩盖着'暴力与无序',深受这些无序迫害

---

① 周静:《文学与共同体建制——从后马克思主义理论家对巴特比的解读谈起》,《宜宾学院学报》2023年第7期。
② 参见周静《文学与共同体建制——从后马克思主义理论家对巴特比的解读谈起》,《宜宾学院学报》2023年第7期。

的人必须站起来革命"。[1] 在这样的论述中,"得到了完全承认"的中心与"深受无序迫害"的边缘之间的关系也可视作一种债务关系,边缘者被压抑的人性与长期遭受的剥夺需被偿还,这决定了继续革命的必要性。

除了必要性,新的行动主体与政治共同体的形成还需契机与潜能,骈曼的《〈边乡〉的起点与终点——对雷蒙·威廉斯"感觉结构"的考古》[2]与麦永雄、侯银河的《后奥斯维辛反思:阿甘本审美政治探微》[3]两文都着眼于此。骈曼的文章是对雷蒙·威廉斯的自传体小说《边乡》的考察。雷蒙·威廉斯的家乡潘迪是"边乡",同时又是真正"紧要的地方";工人阶级处于"边缘地位",但同时保存着更有价值的文化传统;如今的边缘可能是曾经的中心;对于一些人而言的中心在其他人看来则可能是边缘。论文紧扣这样一组中心—边缘的对立与逆转结构全篇,阐述雷蒙·威廉斯如何基于自己的边乡经验,创造出"文化"与"感觉结构"这两个理论关键词,如何在人生的迁移旅程中意识到"边乡"宝贵的文化传统,并寄希望于边乡的能量在跨越边界的迁徙行动中得以释放:"'边乡'如今遍布各地",而"边界,我认为,就是用来跨越的"。[4] "边乡"遍布各地,意味着受压抑的边缘者、被排斥者广泛存在,而"跨越边界"的迁移则构成行动主体真正生成的契机,边缘与中心的逆转因而成为可能。

麦永雄、侯银河的文章聚焦于阿甘本的审美政治理论,从阿甘本的《例

---

[1] 付子琪:《心灵有罪与人的反抗——雷蒙·威廉斯革命悲剧观探析》,《文教资料》2023年第5期。
[2] 参见骈曼《〈边乡〉的起点与终点——对雷蒙·威廉斯"感觉结构"的考古》,《文艺理论与批评》2023年第2期。
[3] 参见麦永雄、侯银河《后奥斯维辛反思:阿甘本审美政治探微》,《上海大学学报(社会科学版)》2023年第1期。
[4] 骈曼:《〈边乡〉的起点与终点——对雷蒙·威廉斯"感觉结构"的考古》,《文艺理论与批评》2023年第2期。

外状态》《牲人》和《奥斯维辛的剩余》三部著作中提取出"集中营""活死人""见证"三个维度，讨论阿甘本如何以生命政治的路径介入对奥斯维辛与后奥斯维辛时代的反思。"牲人"既是"神圣生命"又是"赤裸生命"的矛盾状态，意味着他既是最彻底的被排斥、剥夺、损害者，同时又因此而蕴含着反抗的潜能——与"边乡"结构恰可参照对应。而在后奥斯维辛时代，对创伤的见证与记忆则发挥着与雷蒙·威廉斯所说的"迁移"相似的功能，成为塑造政治主体的关键行动。该文还将"牲人"这一概念与一系列文学形象、文论话语相联系，更明确地将讨论框定在了"边缘者共同体"的思考框架内。①

尽管这几篇文章讨论的是不同理论家的不同理论思考，却体现出相似的问题意识：在西方发达资本主义社会，基于身份认同政治的零散反抗不断被资本主义意识形态收编，继续革命如何可能，继续革命的主体及其共同体如何生成？无论是"牲人""诸众"还是"边乡"，都将希望的目光投注于资本主义社会共同体结构中的边缘位置，寄希望于边缘人、被排斥者的政治潜能，并强调文学与文化在主体生成与联结过程中的能动作用。这些理论资源的有效性值得思考，但这些理论家们不约而同的问题意识却体现出某种共通的现实感：持续探索更好的社会结构、政治形式与生存方式，是人文研究的责任，也是全人类的共同责任。而第一步，是在社会结构的边缘处看见创伤与匮乏，并拥有清偿历史债务的勇气与责任。毫无疑问，这是个重要问题。

---

① 参见麦永雄、侯银河《后奥斯维辛反思：阿甘本审美政治探微》，《上海大学学报（社会科学版）》2023年第1期。

结语

虽然整体较为平淡，但在本年度的研究中，特别是在那些较为优秀的研究中，却有一种让我们高兴甚至感动的精神与倾向——执拗。这主要表现在两个方面：一是对马克思主义经典理论的执拗，坚持回到马克思，回到马克思主义经典文本，回到马克思主义生成的语境，在对马克思主义文艺理论进行尽量客观、深入理解的基础上予以阐释；二是对现实、对"当代"、对"中国"的执拗，也就是说，诸多理论研究都内含着一种深切的现实关怀、中国情结、当下意识，都立足于为解决中国问题，特别是文化、文艺、思想等问题提供理论借鉴。

正是这两个方面精神的遇合，使我们能够返本归真、汲古开新。也正因为这样，我们希望这种执拗精神在研究界兴旺发达，形成风气。

（原载《文艺理论与批评》2024 年第 3 期）

目录

经典马克思主义文艺理论研究

003　马克思是如何对待传统文化的？　　董学文

029　列宁"两种民族文化"理论对文化遗产的转化意义　　李一帅

057　在列宁文艺思想的延长线上
　　　——斯大林对马克思主义文艺理论的贡献　　董学文

中国马克思主义文艺理论研究

087　中国式现代化的文明逻辑　　王义桅

108　"重写"百年文学史：中国式现代化的理论与实践　　贺桂梅

135　马克思主义文艺理论的公约数
　　　——以"中国式现代化"为依据　　崔　柯

151 作为思想方法的"中国式现代化"

　　——对中国现代文学研究的再思考　　李云雷

167 以"延安文艺"为方法打开中国现代文学经验　　董丽敏

175 "中国式现代化"与真理—政教—美学机制的转型　　朱　羽

183 马克思主义文学批评的中国之路　　胡亚敏

196 "现实"的话语重构

　　——瞿秋白对"现实主义"的译介新论　　潘天成

国外马克思主义文艺理论研究

219 艺术生产论的"受众商品"批判　　万　娜

234 流放者的悖论

　　——20 世纪 50—70 年代英国左翼的奥威尔批评　　赵柔柔

253 《边乡》的起点与终点

　　——对雷蒙·威廉斯"感觉结构"的考古　　骈　曼

278 重访卢卡奇的苏联时期：历史、文本与再评价　　李　灿　张　亮

297 文学与共同体建制

　　——从后马克思主义理论家对巴特比的解读谈起　　周　静

经典马克思主义文艺理论研究

汉语发展史文献资料研究

马克思是如何对待传统文化的？

董学文
北京大学中文系

马克思所面对的传统文化丰赡而复杂，他对待这些传统文化的态度富有个性，极为灵活，秉持的方法论也极其鲜明。马克思对待传统文化的基本方法论特征，可以概括为一个词，那就是"辩证批判"，或称"创新性批判"。也就是说，无论是面对优秀的传统文化还是平庸乃至低劣的传统文化，无论是面对高级的思维成果还是一般的民俗习惯，马克思都是主张通过彻底辩证的批判性分析去加以改造和超越，从而为构建自己的唯物史观、唯物辩证法和社会主义学说服务。本文从以下几个方面来具体论述马克思对待传统文化的方法论特点。

一、正确认识和理解传统文化的价值

重视同传统文化的关系，这不是马克思的专利。任何杰出的思想家和有作为的思想流派，都会把传统文化作为自己重要的思想资源。马克思对待传统文化的特殊之处在于，他总是以历史的眼光、发展的视角来认识某种传统文化的价值，而绝不是仅仅孤立地将其看作一种思想上的闪光点。

马克思说："在人类历史上存在着和古生物学中一样的情形。由于某种判断的盲目性，甚至最杰出的人物也会根本看不到眼前的事物。后来，到了一定的时候，人们就惊奇地发现，从前没有看到的东西现在到处都露出自己的痕迹……于是他们在最旧的东西中惊奇地发现了最新的东西。"①这段话从大跨度、大视野中告诉了我们传统文化可能具有的意义和价值。

马克思对待传统文化是具体问题具体分析的。一方面，马克思正视传统文化的消极成分，他说："一切已死的先辈们的传统，像梦魇一样纠缠着活人的头脑。"②"德国资产者空虚的、浅薄的、伤感的唯心主义，包藏着最卑鄙、最龌龊的市侩精神，隐含着最怯懦的灵魂。"③另一方面，他也指出："古代的观点和现代世界相比，就显得崇高得多，根据古代的观点，人，不管是处在怎样狭隘的、民族的、宗教的、政治的规定上，毕竟始终表现为生产的目的，在现代世界，生产表现为人的目的，而财富则表现为生产的目的。"④通过比较，马克思看到了传统文化有积极的因素，特别是有时有着现实的批判资本主义生产方式和生产关系的功能。马克思说："对社会状况的批判性论述决不仅仅在法国的'社会主义'作家本身那里能够找到，而且在每一个文学领域特别是小说文学和回忆文学的作家那里也能够找到。"⑤不难

---

① ［德］马克思：《致恩格斯（1868年3月25日）》，载中共中央马克思恩格斯列宁斯大林著作编译局编译《马克思恩格斯文集》第10卷，人民出版社2009年版，第284页。
② ［德］马克思：《路易·波拿巴的雾月十八日》，载中共中央马克思恩格斯列宁斯大林著作编译局编译《马克思恩格斯文集》第2卷，人民出版社2009年版，第471页。
③ ［德］马克思：《评弗里德里希·李斯特的著作〈政治经济学的国民体系〉》，载中共中央马克思恩格斯列宁斯大林著作编译局译《马克思恩格斯全集》第42卷，人民出版社1979年版，第240页。
④ ［德］马克思：《政治经济学批判》，载中共中央马克思恩格斯列宁斯大林著作编译局译《马克思恩格斯全集》第46卷上册，人民出版社1979年版，第486页。
⑤ ［德］马克思：《珀歇论自杀》，载中共中央马克思恩格斯列宁斯大林著作编译局译《马克思恩格斯全集》第42卷，人民出版社1979年版，第300页。

发现，马克思把优秀传统文化扩展到了包括文艺在内的更为广泛的领域。

理论是要发展的，不会总局限于眼前的形式。而理论的发展，除了实践的推动外，当然要从已有的传统文化中汲取营养。举例而言，"英国自然神论者和他们的更彻底的继承者法国唯物主义者都是真正的资产阶级哲学家，法国人甚至是资产阶级革命的哲学家。在从康德到黑格尔的德国哲学中始终显现着德国庸人的面孔——有时积极地，有时消极地。但是，每一个时代的哲学作为分工的一个特定的领域，都具有由它的先驱传给它而它便由此出发的特定的思想材料作为前提。因此，经济上落后的国家在哲学上仍然能够演奏第一小提琴"[①]。恩格斯在这里提出的"先驱"和"前提"两个概念很关键，这告诉我们，文化的发展不是从零开始的，它是有先行者（"先驱"）的；文化的发展也不是无条件的，在总结经验的基础上，它须有由此出发的"特定的思想材料"作为"前提"才能前行。从这个意义上讲，重视传统文化，这是人类活动的规律，哪个阶级也不能例外。

二、"批判"是马克思对待传统文化的武器

同样是吸收传统文化，那么马克思有何特殊的地方？或者说马克思的方法论有什么独到之处？我认为，最特殊、最独到的地方，就是马克思始终秉持"批判"和"扬弃"的态度，自始至终把改造、转化和超越传统文化作为目的。这是别的思想家所难以达到的。

为什么这么说呢？因为从根本上讲，这是由马克思、恩格斯的阶级立场以及由此立场所生发出的思想方法论所决定的。在《共产党宣言》中，马克

---

① ［德］恩格斯：《致康拉德·施米特（1890年10月27日）》，载中共中央马克思恩格斯列宁斯大林著作编译局编译《马克思恩格斯文集》第10卷，人民出版社2009年版，第599页。

思和恩格斯宣告："全世界无产者，联合起来！"①恩格斯在另一篇文章中谈道："在共产主义作为理论的时候，那么它就是无产阶级立场在这个斗争中的理论表现，是无产阶级解放的条件的理论概括。"②显然，马克思、恩格斯是站在无产阶级立场上去看待传统文化和思考文化问题的。常识告诉我们，每一个人开始他的社会活动，都是生活在不是由自己选择而是由前代人创立的社会关系和文化传统之中的，他必须在这种给定的社会条件和文化传承中从事活动。而他究竟怎样通过实践来改变社会、改变自身的社会关系，这就形成了他的立场。所以说，立场是一个社会范畴，是由人在一定社会关系中的位置决定的。人们对待传统文化的立场同样如此。毫无疑问，马克思、恩格斯的全部实践和理论活动，都是为了鲜明地表达出无产阶级的看法，或者说是为了自觉代表工人阶级和广大劳动群众的根本利益。没有这种鲜明的立场，没有这种亘古未有的理论站位，他们不可能对传统文化采取如此彻底的"批判"态度，也不可能如此主动地、辩证地对待传统文化和前人思想材料。这是我们判断马克思主义创始人同其他思想家在对待传统文化态度为何不一样时得出的第一个答案。

马克思明确说过："正如经济学家是资产阶级的学术代表一样，社会主义者和共产主义者是无产者阶级的理论家。"③恩格斯也说，科学越是毫无顾忌和大公无私，越符合工人的利益和愿望。而马克思的历史观，"一开始就

---

① ［德］马克思、恩格斯：《共产党宣言》，载中共中央马克思恩格斯列宁斯大林著作编译局编译《马克思恩格斯文集》第2卷，人民出版社2009年版，第66页。
② ［德］恩格斯：《共产主义者和卡尔·海因岑》，载《马克思恩格斯全集》第4卷，人民出版社1958年版，第312页。
③ ［德］马克思：《哲学的贫困》，载中共中央马克思恩格斯列宁斯大林著作编译局编译《马克思恩格斯文集》第1卷，人民出版社2009年版，第616页。

主要是面向工人阶级的,并且从工人阶级那里得到了同情"[1]。正因如此,他们两位才有勇气和权利宣称:毫不奇怪,共产主义革命"在自己的发展进程中要同传统的观念实行最彻底的决裂"[2]。这里的"决裂"当然不是"决绝",也不是"断裂",而是为了实现对传统观念改造和变革的"扬弃"和"批判"。"批判"对于他们来说,不仅是一种思想斗争的"工具"和"武器",而且可以说是他们思想方法的本质和理论的灵魂。用马克思本人的话讲,他的理论"按其本质来说,它是批判的和革命的"[3]。所以,对待传统文化,倘若没有"批判"精神,那就一点儿马克思主义的味道也没有了。"批判"是判断马克思主义对待传统文化方法论特征的关键词。

三、拯救"辩证法"是马克思"批判"的核心

没有谁会不承认马克思对待传统文化的批判精神,尽管在当时的德国思想界,"批判"已是一个普遍的现象。但是,我们有必要弄清楚马克思"批判"的特点与核心是什么,弄清楚他的这种"批判"到底具有怎样的功能。

我认为,马克思对传统文化"批判"的核心,如果用一句话概括,那就是拯救彻底的——或曰历史的——唯物论,拯救科学的——或曰唯物的——辩证法。它不仅实现了一次方法论的革命,而且极大推动了人类思维方式发展的进程。为了表述得生动一些,这里不妨借用马克思自己的语言,把这

---

[1] [德]恩格斯:《路德维希·费尔巴哈和德国古典哲学的终结》,载中共中央马克思恩格斯列宁斯大林著作编译局编译《马克思恩格斯文集》第4卷,人民出版社2009年版,第313页。

[2] [德]马克思、恩格斯:《共产党宣言》,载中共中央马克思恩格斯列宁斯大林著作编译局编译《马克思恩格斯文集》第2卷,人民出版社2009年版,第52页。

[3] [德]马克思:《〈资本论〉第二版跋》,载中共中央马克思恩格斯列宁斯大林著作编译局编译《马克思恩格斯文集》第5卷,人民出版社2009年版,第22页。

种"批判"形象地称为"对批判的批判所做的批判"①。马克思对待传统文化是坚定秉持历史原则和总体性原则的，是做到了逻辑分析与历史分析相一致的。在马克思看来，"那种排除历史过程的、抽象的自然科学的唯物主义的缺点，每当它的代表越出自己的专业范围时，就在他们的抽象的和意识形态的观念中显露出来"②。

诚然，马克思不是天生的唯物辩证大师。他是通过对黑格尔和费尔巴哈的批判，继承并改造他们的遗产，经历从唯心主义到唯物主义再到辩证唯物主义和历史唯物主义的转变，才走到马克思主义的境界的。青年时代的马克思曾一度是"青年黑格尔"派，甚至在19世纪70年代德国知识界有人全盘否定黑格尔的时候，马克思还是公开承认黑格尔是自己的老师。他曾说："朗格先生同样感到很惊奇，在毕希纳、朗格、杜林博士、费希纳等人早就一致认为，他们早已把可怜虫黑格尔埋葬了以后，恩格斯和我以及其他一些人竟还严肃地对待死狗黑格尔。"③恩格斯同样十分推崇黑格尔的自觉的辩证法，认为这是黑格尔哲学中的合理内核及革命的方面，他说："同18世纪的法国哲学并列和继它之后，近代德国哲学产生了，并且在黑格尔那里完成了。它的最大的功绩，就是恢复了辩证法这一最高的思维形式。"④黑格尔哲学的真实意义和革命性质，"正是在于它彻底否定了关于人的思维和行动

---

① 马克思和恩格斯合著《神圣家族》一书的全称，就是《神圣家族，或对批判的批判所做的批判 驳布鲁诺·鲍威尔及其伙伴（节选）》，载中共中央马克思恩格斯列宁斯大林著作编译局编译《马克思恩格斯文集》第1卷，人民出版社2009年版，第249页。

② [德]马克思:《资本论》，载中共中央马克思恩格斯列宁斯大林著作编译局编译《马克思恩格斯文集》第5卷，人民出版社2009年版，第429页。

③ [德]马克思:《致路德维希·库格曼（1870年6月27日）》，载中共中央马克思恩格斯列宁斯大林著作编译局编译《马克思恩格斯文集》第10卷，人民出版社2009年版，第338页。

④ [德]恩格斯:《反杜林论》，载中共中央马克思恩格斯列宁斯大林著作编译局编译《马克思恩格斯文集》第9卷，人民出版社2009年版，第22页。

的一切结果具有最终性质的看法"①。恩格斯说:"当然,我已经不再是黑格尔派了,但是我对这位伟大的老人仍然怀着极大的尊敬和依恋的心情。"②在《反杜林论》"引论"的草稿中,他还写道:"古希腊的哲学家都是天生的自发的辩证论者,亚里士多德,古代世界的黑格尔,就已经研究了辩证思维的最主要的形式。"③这里,恩格斯认为"辩证法"是"最高的思维形式",同时认为从古代的亚里士多德到近代的黑格尔,辩证思维的主要形式是相通的。这就揭示了优秀传统文化是马克思的辩证法产生的土壤和条件。

但是,特别值得注意的是,马克思郑重申明:

> 我的辩证方法,从根本上来说,不仅和黑格尔的辩证方法不同,而且和它截然相反。在黑格尔看来,思维过程,即甚至被他在观念这一名称下转化为独立主体的思维过程,是现实事物的创造主,而现实事物只是思维过程的外部表现。我的看法则相反,观念的东西不外是移入人的头脑并在人的头脑中改造过的物质的东西而已。

> 将近30年以前,当黑格尔辩证法还很流行的时候,我就批判过黑格尔辩证法的神秘方面。但是,正当我写《资本论》第一卷时,今天在德国知识界发号施令的、愤懑的、自负的、平庸的模仿者们④,

---

① [德]恩格斯:《路德维希·费尔巴哈和德国古典哲学的终结》,载中共中央马克思恩格斯列宁斯大林著作编译局编译《马克思恩格斯文集》第4卷,人民出版社2009年版,第269页。
② [德]恩格斯:《致弗里德里希·阿尔伯特·朗格(1865年3月29日)》,载中共中央马克思恩格斯列宁斯大林著作编译局编译《马克思恩格斯文集》第10卷,人民出版社2009年版,第227页。
③ [德]恩格斯:《反杜林论》,载中共中央马克思恩格斯列宁斯大林著作编译局编译《马克思恩格斯文集》第9卷,人民出版社2009年版,第22页。
④ 指德国资产阶级哲学家路·毕希纳、弗·阿·朗格、欧·杜林、古·泰·费希纳等人。

却已高兴地像莱辛时代大胆的莫泽斯·门德尔松对待斯宾诺莎那样对待黑格尔，即把他当做一条"死狗"了。因此，我公开承认我是这位大思想家的学生，并且在关于价值理论的一章中，有些地方我甚至卖弄起黑格尔特有的表达方式。辩证法在黑格尔手中神秘化了，但这决没有妨碍他第一个全面地有意识地叙述了辩证法的一般运动形式。在他那里，辩证法是倒立着的。必须把它倒过来，以便发现神秘外壳中的合理内核。[①]

马克思申明，他的"辩证方法"与黑格尔的"辩证方法"不同，不仅不同，而且"截然相反"。这是因为，黑格尔认为"世界历史无非是'自由'意识的进展"[②]，其整个哲学体系描述的是人类精神的发展史或认识史，所以要把这"倒立着的"辩证法再"倒过来"，实现转化中的发展和发展中的转化。由此观之，除了在"批判"中创立和发展唯物辩证法，是没有别的办法能完成拯救"神秘外壳中的合理内核"的任务的。

恩格斯说，"还有一点不应当忘记：黑格尔学派虽然解体了，但是黑格尔哲学并没有被批判地克服。施特劳斯和鲍威尔各自抓住黑格尔哲学的一个方面，在论战中互相攻击。费尔巴哈打破了黑格尔的体系，简单地把它抛在一旁。但是简单地宣布一种哲学是错误的，还制服不了这种哲学。像对民族的精神发展有过如此巨大影响的黑格尔哲学这样的伟大创作，是不能用干脆置之不理的办法来消除的。必须从它的本来意义上'扬弃'它，就是说，要

---

① ［德］马克思：《〈资本论〉第二版跋》，载中共中央马克思恩格斯列宁斯大林著作编译局编译《马克思恩格斯文集》第5卷，人民出版社2009年版，第22页。
② ［德］黑格尔：《历史哲学》，王造时译，上海书店出版社1999年版，第19页。

批判地消灭它的形式，但是要救出通过这个形式获得的新内容"[1]。请注意这段话里恩格斯的用词，其中透露的方法论信息很多：其一，对传统文化不是要一般地"继承"或"修改"，而是要"批判地克服"。其二，要"制服"对民族精神发展影响大的学说（思想、观念），靠"抛在一旁"或"置之不理"是无济于事的。其三，应该"扬弃"[2]它，而这种"扬弃"，又是从其"本来"的意义上而不是从演化的意义上实现的。"扬弃"就是辩证法，就是"关于外部世界和人类思维的运动的一般规律的科学"[3]。其四，要处理好"内容"与"形式"的关系，批判地消灭它的"形式"，"救出"通过这个形式获得的"新内容"。这可以看作对马克思如何对待传统文化方法论的完整表述。

马克思坚持认为，黑格尔《精神现象学》的最后成果，就是"否定的辩证法"。在他眼里，"两个相互矛盾方面的共存、斗争以及融合成一个新范

---

[1] ［德］恩格斯：《路德维希·费尔巴哈和德国古典哲学的终结》，载中共中央马克思恩格斯列宁斯大林著作编译局编译《马克思恩格斯文集》第4卷，人民出版社2009年版，第276页。

[2] "扬弃"（英语Sublation；德语Aufheben）："包含抛弃、保留、发扬和提高的意思，意即辩证的否定。'扬弃'一词最早见于康德的体系，费希特在著作中也常使用这一词，但多是在该词的否定意义上使用。在黑格尔哲学中，则明确把'扬弃'作为同时具有否定与肯定双重含义的概念加以使用。他指出：'扬弃在语言中，有双重意义，它既意谓保存、保持，又意谓停止、终结。'（《逻辑学》）这双重意义互相联结，就是'既被克服又被保存'……黑格尔用'扬弃'来阐明一概念向另一概念的过渡，具有辩证法因素，但是唯心主义的。辩证唯物主义使用'扬弃'一词，指的是新事物对旧事物的否定。但这种否定不是简单地抛弃，而是克服，抛弃旧事物中消极的东西，保留和继承以往发展中对新事物有积极意义的东西，并把它发展到新的阶段……又使新旧事物联系起来成为有机的整体而向前发展"。参见金炳华等编《哲学大辞典（修订本）》下，上海辞书出版社2001年版，第1762—1763页。

[3] ［德］恩格斯：《路德维希·费尔巴哈和德国古典哲学的终结》，载中共中央马克思恩格斯列宁斯大林著作编译局编译《马克思恩格斯文集》第4卷，人民出版社2009年版，第298页。

畴，就是辩证运动"①。他说："一旦我卸下经济负担，我就要写《辩证法》。辩证法的真正规律在黑格尔那里已经有了，当然是具有神秘的形式。必须去除这种形式。"②马克思对待传统文化运用的就是这种方法论。

四、完成对"现实的人"及其历史发展的阐释

马克思汲取并发展了同中世纪封建势力和僧侣势力斗争的 18 世纪的精神，以及 19 世纪初哲学家和历史学家的经济主义、唯物主义和辩证法，在这条与传统文化打交道的路上，向前跨出几大步，实现了理论飞跃。让我们来看看马克思是怎样对待费尔巴哈的。

马克思认为，费尔巴哈的《未来哲学》和《信仰的本质》，"尽管篇幅不大，但它们的意义却无论如何要超过目前德国的全部著作"③。马克思还说："和黑格尔比起来，费尔巴哈是极其贫乏的。但是，他在黑格尔以后起了划时代的作用，因为他强调了为基督教意识所厌恶而对于批判的发展却很重要的某几个论点，而这些论点是被黑格尔留置在神秘的 clair–obscur（朦胧状态）中的。"④恩格斯则说："要完全承认，在我们的狂飙突进时期，费尔巴

---

① ［德］马克思：《哲学的贫困》，载中共中央马克思恩格斯列宁斯大林著作编译局编译《马克思恩格斯文集》第 1 卷，人民出版社 2009 年版，第 605 页。
② ［德］马克思：《致约瑟夫·狄慈根（1868 年 5 月 9 日）》，载中共中央马克思恩格斯列宁斯大林著作编译局编译《马克思恩格斯文集》第 10 卷，人民出版社 2009 年版，第 288 页。
③ ［德］马克思：《致路德维希·费尔巴哈（1844 年 8 月 11 日）》，载中共中央马克思恩格斯列宁斯大林著作编译局编译《马克思恩格斯文集》第 10 卷，人民出版社 2009 年版，第 13 页。
④ ［德］马克思：《论蒲鲁东（给约·巴·施韦泽的信）》，载《马克思恩格斯全集》第 16 卷，人民出版社 1964 年版，第 29 页。

哈给我们的影响比黑格尔以后任何其他哲学家都大。"①费尔巴哈的《基督教的本质》，直截了当地使唯物主义重新登上王座，受到热烈欢迎："美文学的、有时甚至是夸张的笔调赢得了广大的读者，无论如何，在抽象而费解的黑格尔主义的长期统治以后，使人们的耳目为之一新。"②

但是，马克思、恩格斯明确指出，费尔巴哈的唯物主义是有严重缺陷的。费尔巴哈认为，人是理性存在物，作为人的绝对本质就是"理性、意志、心"③。马克思则不同，认为"通过实践创造对象世界，改造无机界，人证明自己是有意识的类存在物"④。当费尔巴哈仅仅把"感性对象性"原则设定为"感觉"和"直观"，用"感性对象性"将人类感性实体化的时候，马克思吸收费尔巴哈的合理成分，又把这一原则提升到了"感性对象性活动"的更高层次。马克思说："整个所谓世界历史不外是人通过人的劳动而诞生的过程，是自然界对人来说的生成过程……所以关于某种异己的存在物、关于凌驾于自然界和人之上的存在物的问题，即包含着对自然界的和人的非实在性的承认的问题，实际上已经成为不可能的了。"⑤

费尔巴哈曾说："人的本质只是包含在团体之中，包含在人与人的统一

---

① ［德］恩格斯：《路德维希·费尔巴哈和德国古典哲学的终结》，载中共中央马克思恩格斯列宁斯大林著作编译局编译《马克思恩格斯文集》第4卷，人民出版社2009年版，第266页。
② ［德］恩格斯：《路德维希·费尔巴哈和德国古典哲学的终结》，载中共中央马克思恩格斯列宁斯大林著作编译局编译《马克思恩格斯文集》第4卷，人民出版社2009年版，第275页。
③ ［德］路德维希·费尔巴哈：《基督教的本质》，载《费尔巴哈哲学著作选集》下卷，荣震华、王太庆、刘磊译，商务印书馆1984年版，第27—28页。
④ ［德］马克思：《1844年经济学哲学手稿》，载中共中央马克思恩格斯列宁斯大林著作编译局编译《马克思恩格斯文集》第1卷，人民出版社2009年版，第162页。
⑤ ［德］马克思：《1844年经济学哲学手稿》，载中共中央马克思恩格斯列宁斯大林著作编译局编译《马克思恩格斯文集》第1卷，人民出版社2009年版，第196—197页。

之中。"① 但马克思、恩格斯在《德意志意识形态》中指出，费尔巴哈的"我与你的统一"，本质上还是一种一成不变的自然关系。在现实历史的场合，费尔巴哈从来不谈人的世界，每次都求救于外部自然界，而且是尚未置于人的统治之下的自然界。不过，"费尔巴哈没有走的一步，必定会有人走的。对抽象的人的崇拜，即费尔巴哈的新宗教的核心，必定会由关于现实的人及其历史发展的科学来代替。这个超出费尔巴哈而进一步发展费尔巴哈观点的工作，是由马克思于1845年在《神圣家族》中开始的"②。

针对费尔巴哈的《未来哲学原理》，马克思指出："费尔巴哈对感性世界的'理解'一方面仅仅局限于对这一世界的单纯的直观，另一方面仅仅局限于单纯的感觉。费尔巴哈设定的是'人'，而不是'现实的历史的人'。"③ 恩格斯从旁加边注道："注意：费尔巴哈的错误不在于他使眼前的东西即感性外观从属于通过对感性事实作比较精确的研究而确认的感性现实，而在于他要是不用哲学家的'眼睛'，就是说，要是不戴哲学家的'眼镜'来观察感性，最终会对感性束手无策。"④ 在马克思、恩格斯看来，只要按照事物的真实面目及其产生情况来理解事物，任何深奥的哲学问题都可以十分简单地归结为某种经验的事实。他们认为"实践"这个中介是非常重要的，"这种活动、这种连续不断的感性劳动和创造、这种生产，正是整个现存的感性世

---

① [德]路德维希·费尔巴哈:《费尔巴哈哲学著作选集》上卷，荣震华、李金山译，商务印书馆1984年版，第185页。
② [德]恩格斯:《路德维希·费尔巴哈和德国古典哲学的终结》，载中共中央马克思恩格斯列宁斯大林著作编译局编译《马克思恩格斯文集》第4卷，人民出版社2009年版，第295页。
③ [德]马克思、恩格斯:《德意志意识形态》，载中共中央马克思恩格斯列宁斯大林著作编译局编译《马克思恩格斯文集》第1卷，人民出版社2009年版，第527—528页。
④ [德]马克思、恩格斯:《德意志意识形态》，载中共中央马克思恩格斯列宁斯大林著作编译局编译《马克思恩格斯文集》第1卷，人民出版社2009年版，第528页。

界的基础……先于人类历史而存在的那个自然界,不是费尔巴哈生活于其中的自然界"①。"诚然,费尔巴哈与'纯粹的'唯物主义者相比有很大的优点:他承认人也是'感性对象'。但是,他把人只看做是'感性对象',而不是'感性活动',因为他在这里也仍然停留在理论领域,没有从人们现有的社会联系,从那些使人们成为现在这种样子的周围生活条件来观察人们——这一点且不说,他还从来没有看到现实存在着的、活动的人,而是停留于抽象的'人',并且仅仅限于在感情范围内承认'现实的、单个的、肉体的人',也就是说,除了爱与友情,而且是理想化了的爱与友情以外,他不知道'人与人之间'还有什么其他的'人的关系'。他没有批判现在的爱的关系。"②他们还指出:"正是在共产主义的唯物主义者看到改造工业和社会结构的必要性和条件的地方,他却重新陷入唯心主义。当费尔巴哈是一个唯物主义者的时候,历史在他的视野之外;当他去探讨历史的时候,他不是一个唯物主义者。在他那里,唯物主义和历史是彼此完全脱离的。"③在道德论方面,"费尔巴哈的道德论是和它的一切前驱者一样的。它是为一切时代、一切民族、一切情况而设计出来的;正因为如此,它在任何时候和任何地方都是不适用的,而在现实世界面前,是和康德的绝对命令一样软弱无力的。实际上,每一个阶级,甚至每一个行业,都各有各的道德"④。

---

① [德]马克思、恩格斯:《德意志意识形态》,载中共中央马克思恩格斯列宁斯大林著作编译局编译《马克思恩格斯文集》第1卷,人民出版社2009年版,第529—530页。
② [德]马克思、恩格斯:《德意志意识形态》,载中共中央马克思恩格斯列宁斯大林著作编译局编译《马克思恩格斯文集》第1卷,人民出版社2009年版,第530页。
③ [德]马克思、恩格斯:《德意志意识形态》,载中共中央马克思恩格斯列宁斯大林著作编译局编译《马克思恩格斯文集》第1卷,人民出版社2009年版,第530页。
④ [德]恩格斯:《路德维希·费尔巴哈和德国古典哲学的终结》,载中共中央马克思恩格斯列宁斯大林著作编译局编译《马克思恩格斯文集》第4卷,人民出版社2009年版,第294页。

显然，马克思、恩格斯通过"批判"突破了整个旧唯物主义的局限，在"实践"概念的基础上解决了历史中主客体的关系问题，剔除了其中可能有的神秘或思辨色彩，揭示了唯物主义和历史之间的真实关系。也正是这样，他们才会说："对实践的唯物主义者即共产主义者来说，全部问题都在于使现存世界革命化，实际地反对并改变现存的事物。"①

马克思将"劳动""生产""创造"作为人的类本质根据的确证，超越了费尔巴哈的所谓"类存在物"的界定，用"异化劳动"理论超越了费尔巴哈的人本主义立场。"马克思以实践概念为中介，既恢复了唯心主义的生产因素，也恢复了外在存在不依赖于意识的因素，这时候世界的构成问题，在马克思的理论中采取了唯物主义的形式而得到复活。"②总之，"正是由于马克思自觉地执着地把唯物主义运用于社会历史理论的批判，才使他迅速地突破和超越了费尔巴哈的直观性和狭隘性，逐渐开辟了一条走向历史唯物主义的新路线"③。

五、找到"批判"传统文化的根由和依据

马克思的社会主义理论，也是在"批判"传统文化的过程中形成的。现代社会主义，"就其理论形式来说，它起初表现为 18 世纪法国伟大的启蒙学者们所提出的各种原则的进一步的、据称是更彻底的发展。同任何新的学说一样，它必须首先从已有的思想材料出发，虽然它的根子深深扎在经济的事

---

① ［德］马克思、恩格斯：《德意志意识形态》，载中共中央马克思恩格斯列宁斯大林著作编译局编译《马克思恩格斯文集》第 1 卷，人民出版社 2009 年版，第 527 页。
② ［德］A. 施密特：《马克思的自然概念》，欧力同、吴仲昉译，赵鑫珊校，商务印书馆 1988 年版，第 119 页。
③ 孙伯鍨、张一兵主编：《走进马克思》，江苏人民出版社 2020 年版，第 9 页。

实中"①。这从一个侧面揭示了马克思的社会主义理论同传统文化的关系。恩格斯说："谁要是像马克思和我那样，一生中对冒牌社会主义者所作的斗争比对其他任何人所作的斗争都多（因为我们把资产阶级只当做一个阶级来看待，几乎从来没有去和资产者个人交锋），那他对爆发不可避免的斗争也就不会感到十分烦恼了。"②这段话再次表明，马克思主义创始人对待传统文化——包括这种社会主义学说——是持批判态度的。

的确，当时的所谓"社会主义"理论是五花八门的，有"封建的社会主义""小资产阶级的社会主义""德国的或'真正的'社会主义""保守的或资产阶级的社会主义""批判的空想的社会主义和共产主义"，等等。面对这些"半是挽歌，半是谤文，半是过去的回音，半是未来的恫吓"，这些"把无产阶级的乞食袋当做旗帜来挥舞"的"怯懦的悲叹"，这些"存在于云雾弥漫的哲学幻想的太空""像瘟疫一样流行起来""把这种安慰人心的观念制成半套或整套的体系"及"纯粹的演说辞令"，这些"力图使工人阶级厌弃一切革命运动""拒绝一切政治行动"，企图"通过示范的力量来为新的社会福音开辟道路"的文献，③马克思和恩格斯为了创立科学社会主义学说，只能拿起"批判"的武器，并表示一定要把他们理论的批判同政治的批判、同实际的斗争结合起来。

为了完成社会主义学说的创建，马克思不得不把自己主要的精力和时间放在政治经济学的批判和研究上。马克思打算写一本《政治和政治经济学批

---

① [德]恩格斯：《反杜林论》，载中共中央马克思恩格斯列宁斯大林著作编译局编译《马克思恩格斯文集》第9卷，人民出版社2009年版，第19页。

② [德]恩格斯：《致奥古斯特·倍倍尔（1882年10月28日）》，载中共中央马克思恩格斯列宁斯大林著作编译局编译《马克思恩格斯文集》第10卷，人民出版社2009年版，第486页。

③ 参见[德]马克思、恩格斯《共产党宣言》，载中共中央马克思恩格斯列宁斯大林著作编译局编译《马克思恩格斯文集》第2卷，人民出版社2009年版，第54—64页。

判》著作，于1845年2月1日与出版商列斯凯签订了该书两卷本的出版合同。1843年年底，马克思开始钻研政治经济学，1844年春天已经给自己提出一个任务，就是要在报刊上从唯物主义和共产主义的立场来批判资产阶级的政治经济学。他当时所写的手稿只保留下来一部分，即现在的《1844年经济学哲学手稿》。后来，由于要写《神圣家族》，马克思暂时推迟了政治经济学的研究，直到1844年12月才又回来从事这项工作。可就是这一次，他也没能实现自己的计划。关于促使马克思再度延期实现计划的原因，他在1846年8月1日写给列斯凯的信中写道："因为我认为，在发表我的正面阐述以前，先发表一部反对德国哲学和那一时期产生的德国社会主义的论战性著作，是很重要的。为了使读者能够了解我的同迄今为止的德国科学根本对立的政治经济学的观点，这是必要的。"[1] 用恩格斯的话讲，《神圣家族》这部书"是针对当时德国哲学唯心主义的最后一种表现形式所作的讽刺性的批判"[2]。

马克思和恩格斯认为，在以往批判的历史中，事情是以另一种方式发生的。"批判的历史认为，在历史活动中重要的不是行动着的群众，不是经验的活动，也不是这一活动的经验的利益，相反，'在这些活动中'，'重要的'仅仅是'一种思想'。"[3] 这就为马克思、恩格斯的批判提供了契机，在他们看来，"共产主义不是教义，而是运动。它不是从原则出发，而是从事实出

---

[1]〔德〕马克思：《致卡尔·威廉·列斯凯（1846年8月1日）》，载中共中央马克思恩格斯列宁斯大林著作编译局译《马克思恩格斯全集》第27卷，人民出版社1972年版，第473页。

[2]〔德〕恩格斯：《卡尔·马克思》，载中共中央马克思恩格斯列宁斯大林著作编译局编译《马克思恩格斯文集》第3卷，人民出版社2009年版，第452页。

[3]〔德〕马克思、恩格斯：《神圣家族，或对批判的批判所做的批判 驳布鲁诺·鲍威尔及其伙伴（节选）》，载中共中央马克思恩格斯列宁斯大林著作编译局编译《马克思恩格斯文集》第1卷，人民出版社2009年版，第287页。

发。共产主义者不是把某种哲学作为前提，而是把迄今为止的全部历史，特别是这一历史目前在文明各国造成的实际结果作为前提"①。因此，为排除思想障碍、躲避观念陷阱、创立理论新说，他们就不能不把"批判"的活动放在首位，从而实现"相当长的时期以来，人们一直用迷信来说明历史，而我们现在是用历史来说明迷信"②的宏伟愿望。

恩格斯说："在古希腊人和我们之间存在着两千多年的本质上是唯心主义的世界观，而在这种情况下，即使要返回到不言而喻的东西上去，也并不是象初看起来那样容易。因为问题决不在于简单地抛弃这两千多年的全部思想内容，而是要批判它，要从这个暂时的形式中，剥取那在错误的、但为时代和发展过程本身所不可避免的唯心主义形式中获得的成果。"③ 譬如，马克思就曾讲："我们看到，如果说人们责备李嘉图过于抽象，那末相反的责备倒是公正的，这就是：他缺乏抽象力，他在考察商品价值时无法忘掉利润这个从竞争领域来到他面前的事实。"④ 1866年，马克思写信给恩格斯，谈到达尔文的《物种起源》，谈到比·特雷莫的《人类和其他生物的起源和变异》，认为后一本书尽管有些缺点，但"比起达尔文来还是一个非常重大的进步"，"在达尔文那里，进步是纯粹偶然的，而在这里却是必然的……达尔文不能解释的退化，在这里解释得很简单"，而且"在运用到历史和政治方面，比

---

① [德]恩格斯：《共产主义者和卡尔·海因岑》，载中共中央马克思恩格斯列宁斯大林著作编译局编译《马克思恩格斯文集》第1卷，人民出版社2009年版，第672页。
② [德]马克思：《论犹太人问题》，载中共中央马克思恩格斯列宁斯大林著作编译局编译《马克思恩格斯文集》第1卷，人民出版社2009年版，第27页。
③ [德]恩格斯：《自然辩证法》，载中共中央马克思恩格斯列宁斯大林著作编译局译《马克思恩格斯全集》第20卷，人民出版社1971年版，第539页。
④ [德]马克思：《剩余价值理论》，载中共中央马克思恩格斯列宁斯大林著作编译局译《马克思恩格斯全集》第26卷第2册，人民出版社1973年版，第211页。

达尔文更有意义和更有内容"。① 再如，恩格斯说："如果只是'客观地'介绍摩尔根的著作②，对它不作批判的探讨，不利用新得出的成果，不同我们的观点和已经得出的结论联系起来阐述，那就没有意义了。那对我们的工人不会有什么帮助。"③ 这些话，从一些侧面道出了马克思主义经典作家从事"批判"活动的依据和理由。

恩格斯在为《资本论》第一卷写书评时谈道："我们还是应该为作者主持公道：他（卡尔·马克思——引者注）没有一个地方以事实去迁就自己的理论，相反地，他力图把自己的理论表现为事实的结果。"④ 他还说："在我看来，马克思的历史理论是任何坚定不移和始终一贯的革命策略的基本条件；为了找到这种策略，需要的只是把这一理论应用于本国的经济条件和政治条件。"⑤ 这正好说明马克思的批判理论具有一切从实际出发、联系现实的品格。

六、通过"批判"将传统文化转化发展到新高度

马克思通过"批判"将传统文化改造、提升至新水平，这确实是他理论方法论最出色的地方。马克思"对现存事物的肯定的理解中同时包含对现存

---

① ［德］马克思：《致恩格斯（1866年8月7日）》，载中共中央马克思恩格斯列宁斯大林著作编译局译《马克思恩格斯全集》第31卷，人民出版社1972年版，第250—251页。
② 指路·亨·摩尔根的《古代社会》。
③ ［德］恩格斯：《致卡尔·考茨基（1884年4月26日）》，载中共中央马克思恩格斯列宁斯大林著作编译局编译《马克思恩格斯文集》第10卷，人民出版社2009年版，第516页。
④ ［德］恩格斯：《卡·马克思〈资本论〉第一卷书评——为"维尔腾堡工商业报"作》，载《马克思恩格斯全集》第16卷，人民出版社1964年版，第257页。
⑤ ［德］恩格斯：《致维拉·伊万诺夫娜·查苏利奇（1885年4月23日）》，载中共中央马克思恩格斯列宁斯大林著作编译局编译《马克思恩格斯文集》第10卷，人民出版社2009年版，第532页。

事物的否定的理解",能"对每一种既成的形式都从不断的运动中,因而也是从它的暂时性方面去理解"。① 这使他的方法论无往而不胜。

马克思在著述中多处提到古代罗马平民所遭受的命运,通过分析,他得出这样的结论:"极为相似的事情,但在不同的历史环境中出现就引起了完全不同的结果。如果把这些发展过程中的每一个都分别加以研究,然后再把它们加以比较,我们就会很容易地找到理解这种现象的钥匙;但是,使用一般历史哲学理论这一把万能钥匙,那是永远达不到这种目的的,这种历史哲学理论的最大长处就在于它是超历史的。"② 马克思这里针对的是黑格尔,批评的是"超历史的""历史哲学"。因为马克思知道,"黑格尔认为,世界上过去发生的一切和现在还在发生的一切,就是他自己的思维中发生的一切。因此,历史的哲学仅仅是哲学的历史,即他自己的哲学的历史。没有'与时间次序相一致的历史',只有'观念在理性中的顺序'。他以为他是在通过思想的运动建设世界;其实,他只是根据绝对方法把所有人们头脑中的思想加以系统的改组和排列而已"③。

众所周知,黑格尔是把"形而上学"看作哲学基础理论的,而马克思则把它看作一种思维方法。黑格尔说:"一个有文化的民族竟没有形而上学——就象一座庙,其他各方面都装饰得富丽堂皇,却没有至圣的神那样。"④ 恩格斯则强调,"在形而上学者看来,事物及其在思想上的反映即概念,是孤立的、应当逐个地和分别地加以考察的、固定的、僵硬的、一成不

---

① [德]马克思:《〈资本论〉第二版跋》,载中共中央马克思恩格斯列宁斯大林著作编译局编译《马克思恩格斯文集》第5卷,人民出版社2009年版,第22页。
② [德]马克思:《给"祖国纪事"杂志编辑部的信》,载《马克思恩格斯全集》第19卷,人民出版社1963年版,第131页。
③ [德]马克思:《哲学的贫困》,载中共中央马克思恩格斯列宁斯大林著作编译局编译《马克思恩格斯文集》第1卷,人民出版社2009年版,第602页。
④ [德]黑格尔:《逻辑学》(上),杨一之译,商务印书馆2004年版,第2页。

变的研究对象。他们在绝对不相容的对立中思维；他们的说法是：'是就是，不是就不是；除此之外，都是鬼话。'在他们看来，一个事物要么存在，要么就不存在；同样，一个事物不能同时是自身又是别的东西"①。与之相反，"辩证法在考察事物及其在观念上的反映时，本质上是从它们的联系、它们的联结、它们的运动、它们的产生和消逝方面去考察的。自然界是检验辩证法的试金石"②。马克思为此还责备蒲鲁东："为什么他要借软弱的黑格尔主义来把自己装扮成坚强的思想家呢？"③正因为马克思和恩格斯不赞成黑格尔的"形而上学"观和"历史哲学"，所以，他们即使面对消极文化，也能"在一堆糟粕中间可以看到绝妙的东西"④。

作为重要的文化遗产，黑格尔的著作当然要读。但是，"千万不要像巴尔特先生那样读黑格尔的著作，即在黑格尔的著作中寻找作为他构造体系的杠杆的那些错误推论和牵强之处。这纯粹是小学生做作业。更为重要的是：从不正确的形式和人为的联系中找出正确的和天才的东西……黑格尔的辩证法之所以是颠倒的，是因为辩证法在黑格尔看来应当是'思想的自我发展'，因而事物的辩证法只是它的反光。而实际上，我们头脑中的辩证法只是自然界和人类历史中进行的并服从于辩证形式的现实发展的反映"⑤。

---

① [德] 恩格斯：《反杜林论》，载中共中央马克思恩格斯列宁斯大林著作编译局编译《马克思恩格斯文集》第9卷，人民出版社2009年版，第24页。
② [德] 恩格斯：《反杜林论》，载中共中央马克思恩格斯列宁斯大林著作编译局编译《马克思恩格斯文集》第9卷，人民出版社2009年版，第25页。
③ [德] 马克思：《马克思致帕维尔·瓦西里耶维奇·安年科夫（1846年12月28日）》，载中共中央马克思恩格斯列宁斯大林著作编译局编译《马克思恩格斯文集》第10卷，人民出版社2009年版，第42页。
④ [德] 恩格斯：《致马克思（1860年6月20日）》，载中共中央马克思恩格斯列宁斯大林著作编译局译《马克思恩格斯全集》第30卷，人民出版社1975年版，第66页。
⑤ [德] 恩格斯：《致康拉德·施米特（1891年11月11日）》，载中共中央马克思恩格斯列宁斯大林著作编译局编译《马克思恩格斯文集》第10卷，人民出版社2009年版，第623页。

马克思在《论犹太人问题》一文中，驳斥了青年黑格尔派主要代表布·鲍威尔把犹太人的解放这一社会政治问题归结为纯粹宗教问题的错误言论，分析了市民社会与宗教的关系，指出了宗教并不是政治压迫的原因，而是政治压迫的表现，必须消除政治压迫，才能克服宗教的狭隘性；要实现人的解放，就必须突破资产阶级政治解放的历史局限性，对社会进行革命改造，消灭私有制，消除人的生活本身的异化。马克思在该文中甚至有这样的话："金钱是以色列人的妒忌之神；在他面前，一切神都要退位。金钱贬低了人所崇奉的一切神，并把一切神都变成商品。金钱是一切事物的普遍的、独立自在的价值。因此它剥夺了整个世界——人的世界和自然界——固有的价值。金钱是人的劳动和人的存在的同人相异化的本质；这种异己的本质统治了人，而人则向它顶礼膜拜。"① 这篇文章和同时发表在《德法年鉴》上的《〈黑格尔法哲学批判〉导言》，标志着马克思从唯心主义向唯物主义、从革命民主主义向共产主义转变的彻底完成。不难看出，马克思对传统文化不是就事论事，而是通过批判分析，使之对它的认识有质的提升。

古典政治经济学是马克思一生批判研究较多的领域之一。他说"古典政治经济学在英国从威廉·配第开始，到李嘉图结束，在法国从布阿吉尔贝尔开始，到西斯蒙第结束"②，对其历史了如指掌。在谈到李嘉图的经济学方法时，马克思说："人们一眼就可以看出这种方法的历史合理性，它在政治经济学史上的科学必然性，同时也可以看出它在科学上的不完备性。"③ 并且指

---

① 〔德〕马克思：《论犹太人问题》，载中共中央马克思恩格斯列宁斯大林著作编译局编译《马克思恩格斯文集》第1卷，人民出版社2009年版，第52页。
② 〔德〕马克思：《政治经济学批判》，载中共中央马克思恩格斯列宁斯大林著作编译局译《马克思恩格斯全集》第13卷，人民出版社1962年版，第41页。
③ 〔德〕马克思：《剩余价值理论》，载中共中央马克思恩格斯列宁斯大林著作编译局译《马克思恩格斯全集》第26卷第2册，人民出版社1973年版，第181页。

出：“李嘉图所以有片面性，是因为他总想证明不同的经济范畴或关系同价值理论并不矛盾，而不是相反地从这个基础出发，去阐明这些范畴以及它们的表面上的矛盾，换句话说，去揭示这个基础本身的发展。"① 可以这样来界定，如果说亚当·斯密是第一个明确地站在产业资本的立场上对资本主义生产形式的"生理学"进行研究的人，李嘉图是克服了亚当·斯密在运用经济学抽象法上的不彻底性，把古典经济学方法的相对科学性充分展现出来的人，那么，马克思就是克服了他们古典政治经济学方法的非历史性和非辩证性的人。

马克思明确指出："古典政治经济学的根本缺点之一，就是它从来没有从商品的分析，特别是商品价值的分析中，发现那种正是使价值成为交换价值的价值形式……而庸俗经济学却只是在表面的联系内兜圈子……在其他方面，庸俗经济学则只限于把资产阶级生产当事人关于他们自己的最美好世界的陈腐而自负的看法加以系统化，赋以学究气味，并且宣布为永恒的真理。"② 恩格斯说得更加形象："平庸的资产阶级理智这匹驾车的笨马，在划分本质和现象、原因和结果的鸿沟面前当然就一筹莫展了；可是，在抽象思维这个十分崎岖险阻的地域行猎的时候，恰好是不能骑驾车的马的。"③ 马克思正是批判了这匹"笨马"，才诞生了"剩余价值"理论。

---

① ［德］马克思：《剩余价值理论》，载中共中央马克思恩格斯列宁斯大林著作编译局译《马克思恩格斯全集》第26卷第2册，人民出版社1973年版，第164页。
② ［德］马克思：《资本论》，载中共中央马克思恩格斯列宁斯大林著作编译局编译《马克思恩格斯文集》第5卷，人民出版社2009年版，第98—99页，注释32。
③ ［德］恩格斯：《卡尔·马克思〈政治经济学批判。第一分册〉》，载中共中央马克思恩格斯列宁斯大林著作编译局编译《马克思恩格斯文集》第2卷，人民出版社2009年版，第601页。

七、马克思对待传统文化给我们的启示

这种启示是多方面的，这里只谈以下几点。

第一，要正确对待传统文化，就要反对虚无主义和教条主义。事实表明，无论是撰写博士学位论文还是撰写《哲学的贫困》，无论是对国民经济学著作的解读还是对人类学著作的评析，马克思对前人的成果——传统的文化和观念——都是充分把握、极其认真研究的。特别是写作《资本论》，他前后花费了40多年的心血，研读、摘录了1000多种相关著述，可以说，马克思反对虚无主义和教条主义，是传统文化最自觉的继承者和批判者。马克思理论赢得世界性意义，这与它吸收和改造了数千年人类文明成果中一切有价值的东西是分不开的。

第二，要正确对待传统文化，就要弄清新文化与旧文化（新理论与旧理论）之间的关系。这是关涉理论如何创新的大问题。一方面，我们应承认"新的阶级及其文化，并非突然从天而降，大抵是发达于对于旧支配者及其文化的反抗中，亦即发达于和旧者的对立中，所以新文化仍然有所承传，于旧文化也仍然有所择取"[1]；承认新旧理论之间的界限并非是绝对的，理论创新并不总是一味地向前去捕捉什么，而是往往需要回过头来对旧的东西做出新的改造和转化。"只有通过对旧的东西的理解和超越，才可能有新的东西。在这个意义上我们甚至可以说：只有充分地理解旧的东西，才可能创造新的东西。"[2] 另一方面，我们也应承认，如果想要在理论上有所超越、有所创新，那就一定要突破原有的观念，并进行创造性转化和辩证批判。这种"转化"和"批判"越深刻，对现有文化的认识就越清楚，对未来的发展和

---

[1] 鲁迅：《〈浮士德与城〉后记》，载《鲁迅全集》第7卷，人民文学出版社2005年版，第373页。
[2] 俞吾金：《从康德到马克思：千年之交的哲学沉思》，广西师范大学出版社2004年版，第461—462页。

理论创新的方向也就越明确。没有这种转化性批判和批判性转化的理论创新是靠不住的。学界有种意见，认为对待传统文化最稳妥的做法，莫过于只进行梳理和阐释。这种意见其实是落入了"过程哲学"①的泥淖。我们应当像马克思那样，表现出巨大的理论主动性和创造性。毫无疑问，马克思对待传统文化，不是"照收"，而是"批判"；不是"抛弃"，而是"扬弃"；不是让"死人抓住活人"②，而是要"活人抓住死人"。用马克思的话讲，"德国哲学从天国降到人间；和它完全相反，这里我们是从人间升到天国"③。以"解放"概念为例，马克思认为"'解放'是一种历史活动，不是思想活动，'解放'是由历史的关系，是由工业状况、商业状况、农业状况、交往状况促成的"④。他主张要根据不同发展阶段，"清除实体、主体、自我意识和纯批判等无稽之谈，正如同清除宗教的和神学的无稽之谈一样，而且在它们有了更充分的发展以后再次清除这些无稽之谈。当然，在像德国这样一个具有微不足道的历史发展的国家里，这些思想发展，这些被捧上了天的、毫无作用的卑微琐事弥补了历史发展的不足，它们已经根深蒂固，必须同它们进行斗争"⑤。这是马克思针对德国传统文化在态度上的一个忠告。

---

① "过程哲学"（Process Philosophy），亦称"有机体哲学"或"活动的过程哲学"，是一种主张宇宙是流动的演变过程的哲学派别，代表人物有英国的怀特海和美国的哈尔茨霍恩等。"过程哲学"中不乏合理的因素，但其整个体系具有唯心主义性质。参见《哲学大辞典（修订本）》上，上海辞书出版社2001年版，第498页。
② ［德］马克思：《〈资本论〉第一版序言》，载中共中央马克思恩格斯列宁斯大林著作编译局编译《马克思恩格斯文集》第5卷，人民出版社2009年版，第9页。
③ ［德］马克思、恩格斯：《德意志意识形态》，载中共中央马克思恩格斯列宁斯大林著作编译局编译《马克思恩格斯文集》第1卷，人民出版社2009年版，第525页。
④ ［德］马克思、恩格斯：《德意志意识形态》，载中共中央马克思恩格斯列宁斯大林著作编译局编译《马克思恩格斯文集》第1卷，人民出版社2009年版，第527页。
⑤ ［德］马克思、恩格斯：《德意志意识形态》，载中共中央马克思恩格斯列宁斯大林著作编译局编译《马克思恩格斯文集》第1卷，人民出版社2009年版，第527页。

第三，要正确对待传统文化，就要坚持辩证思维，坚持辩证的方法论，这样才能超越传统，创新理论，才能得出彻底的唯物主义的科学结论。这是马克思对待传统文化的思想灵魂。我们知道，马克思先是从批判黑格尔的辩证法做起，一旦剥去黑格尔辩证法唯心主义的外壳，黑格尔哲学便显露出一个巨大的优点，那就是他不是把人、把事情看作单纯的对象，而是看作活动。正是抓住这一点，马克思便获得了改造费尔巴哈唯物主义的契机。如果我们再能不像黑格尔那样去理解劳动，而是像在现实的生产活动中那样去理解劳动，那么，这种劳动就必须从唯物主义的基础上去加以掌握，用哲学的话讲，就是"感性的人的活动"，或人的"对象性的活动"，亦即实践。正是在这儿，让人们看到了黑格尔辩证法和费尔巴哈唯物主义的"结合点"。这才是马克思在对待传统文化方法论问题上的高明之处。的确，"'实践'这个结合点的获得，是在经济学研究的基础上经过对黑格尔和费尔巴哈的双重批判才得以实现的。一旦建立了以生产劳动为基本形式的实践概念，马克思就获得了理解全部人类历史的钥匙。这是一个意义巨大的发现，有了这个发现，马克思的新唯物主义就有了稳固的基地"[1]。在"实践"问题上，假如像东欧的"实践派"那样，主张超验的"实践本体论"，认为"人在本质上是一种实践的存在……对人来说，实践是一种根本的可能性"[2]，那就重新回到了费尔巴哈、赫斯等人的哲学洼地，对马克思的"实践"概念则是一种误读和曲解。

第四，要正确对待传统文化，就要坚持阶级分析，深入了解历史的语境和条件。这是马克思给予我们的又一启示。马克思的《路易·波拿巴的雾月

---

[1] 孙伯鍨、张一兵主编：《走进马克思》，江苏人民出版社2020年版，第444页。

[2] ［南］米哈依洛·马尔科维奇：《导论——实践，南斯拉夫的批判社会理论》，载［南］马尔科维奇、彼德洛维奇编《南斯拉夫"实践派"的历史和理论》"目录"，郑一明、曲跃厚译，重庆出版社1994年版，第23页。

十八日》是"一部天才的著作""描绘得如此高明""无与伦比"。为什么能这样？那就是因为马克思"深知法国历史"，他"不仅特别热衷于研究法国过去的历史，而且还考察了法国时事的一切细节，搜集材料以备将来使用"，所以，他才能"最先发现了重大的历史运动规律"。① 马克思在该书中说："由此可见，在这些革命中，使死人复生是为了赞美新的斗争，而不是为了拙劣地模仿旧的斗争；是为了在想象中夸大某一任务，而不是为了回避在现实中解决这个任务；是为了再度找到革命的精神，而不是为了让革命的幽灵重行游荡。"② 恩格斯说："我们拒绝想把任何道德教条当做永恒的、终极的、从此不变的伦理规律强加给我们的一切无理要求，这种要求的借口是，道德世界也有凌驾于历史和民族差别之上的不变的原则。相反，我们断定，一切以往的道德论归根到底都是当时的社会经济状况的产物。而社会直到现在是在阶级对立中运动的，所以道德始终是阶级的道德；它或者为统治阶级的统治和利益辩护，或者当被压迫阶级变得足够强大时，代表被压迫者对这个统治的反抗和他们的未来利益。"③ 可见，对历史的了解，坚持阶级分析，使他们洞若观火般地看清了传统文化可能有的作用和功能。

这些启示是我们正确对待传统文化的向导和指针。

（原载《文艺理论与批评》2023 年第 5 期）

---

① ［德］恩格斯：《〈路易·波拿巴的雾月十八日〉1885 年第三版序言》，载中共中央马克思恩格斯列宁斯大林著作编译局编译《马克思恩格斯文集》第 2 卷，人民出版社 2009 年版，第 468—469 页。

② ［德］马克思：《路易·波拿巴的雾月十八日》，载中共中央马克思恩格斯列宁斯大林著作编译局编译《马克思恩格斯文集》第 2 卷，人民出版社 2009 年版，第 472 页。

③ ［德］恩格斯：《反杜林论》，载中共中央马克思恩格斯列宁斯大林著作编译局编译《马克思恩格斯文集》第 9 卷，人民出版社 2009 年版，第 99—100 页。

列宁"两种民族文化"理论对文化遗产的转化意义

李一帅

中国社会科学院文学研究所

十月革命前，俄国工人阶级因受资本主义压迫开始走上革命道路，社会矛盾日益加深，无产阶级文化与资产阶级文化的斗争也随着革命的斗争愈演愈烈。资产阶级文化已经在俄国根深蒂固，布尔什维克要从头建立无产阶级文化谈何容易。列宁提出"两种民族文化"理论，即每一种民族文化中都有资产阶级文化和无产阶级文化两种成分存在。虽然"两种民族文化"的提出始于列宁对崩得[①]分子"民族文化自治"的驳斥，但其背后引申出更广阔的意义，即列宁没有回避俄罗斯民族自古以来的资产阶级文化历史，也对除俄罗斯族之外的民族提出了文化自主性路径——"民族自决权"，提出民族与民族之间应以无产阶级为核心形成文化战线。但实际情况是，当时俄国识字率低、各民族语言不统一、阶级思想固化、民粹主义盛行等都是阻碍无产阶

[①] 崩得，即立陶宛、波兰、俄罗斯犹太工人总联盟的简称，是 1897 年 9 月在立陶宛维尔纽斯成立的犹太社会民主团体，其成员是民族主义、分裂主义的支持者，抱有机会主义的态度。1917 年二月革命后，崩得加入孟什维克，支持反革命临时政府，反对布尔什维克向社会主义革命过渡的政策。1921 年 3 月，崩得自行解散，部分成员加入俄共（布）。

级文化建设的因素，列宁的"两种民族文化"理论在化解这些阻碍方面都有积极作用。

一、"两种民族文化"在俄国的历史源流

列宁在对文化的理解上继承了马克思、恩格斯的思想，作为一个实际指导社会主义文化实践的人，他真正把无产阶级文化理论转化成意识形态工作的斗争经验。正如《苏联史》中所述："俄罗斯民族文化领域的保守和民主潮流并不能和谐共处，它们之间存在着激烈的意识形态斗争，这种斗争表现在文化的各个领域，特别是在文学领域。"[①] 1900 年后，列宁关于"民族文化"的论述越来越频繁，但"民族文化"在不同语境中具有不同的意义：第一代表"民族文化"的原始概念，第二代表大俄罗斯文化，第三代表除俄罗斯族外的民族文化。

列宁出生的时代是俄罗斯文化史上较为繁荣的时代之一。19 世纪的俄罗斯文化一方面受到法国、德国、英国等西欧文化的影响，资产阶级文化在俄国尤为兴盛；另一方面觉醒早的知识分子开始反专制政权，埋下了革命文化的种子，走向了民主主义的道路。民主主义文化与资产阶级文化从 18 世纪就开始进入"隐形斗争"阶段，普列汉诺夫曾写道："在 18 世纪后半期，在俄国优秀人物中间，随地都可看到一些悲剧性的人物，他们认为他们的处境几乎是或完全是绝望的。毫无疑问，当时这样的人要比同一世纪的前半期多得多。"[②] 而 19 世纪马克思主义传到俄国，民主主义文化转变成为社会主义

[①] И. В. Кузнецов, В. И. Лебедев. История СССР XVIII–середина XIX в: Пособие для учителя. Москва: Учпедгиз, 1958, с. 399.

[②] [俄] 戈·瓦·普列汉诺夫：《俄国社会思想史》第 3 卷，孙静工译，郭从周校，商务印书馆 2017 年版，第 84 页。

文化，与资产阶级文化之间的斗争逐步加剧。

在俄国资本主义向社会主义转型初期，文化转型也随之而来，俄国的"民族传统文化"源于两种形态——以宗教文化、贵族文化为代表的资本主义文化和以新民主主义文化、革命文化为代表的劳苦大众人民文化——社会主义文化的前身。这两种文化构成了当时文化的基础框架，列宁对两种民族文化有着清晰的判断：

> 我们要告诉一切民族的社会党人：每一个现代民族中，都有两个民族。每一种民族文化中，都有两种民族文化。一种是普利什凯维奇、古契柯夫和司徒卢威之流的大俄罗斯文化，但是还有一种是以车尔尼雪夫斯基和普列汉诺夫的名字为代表的大俄罗斯文化。乌克兰同德国、法国、英国和犹太人等等一样，也有这样两种文化。[①]

这说明在19世纪的大俄罗斯文化中，资本主义和民主主义已经走向了对立。19世纪上半叶，俄罗斯文化精英加入民主主义的阵营，别林斯基、拉吉舍夫、赫尔岑、十二月党人、车尔尼雪夫斯基、普列汉诺夫等引领着民主主义革命思想，影响了大批具有觉醒意识的贵族和知识分子，他们用革命意识和唯物主义观指导或参与反农奴制的斗争。这个时期的革命文化传统在苏联时期被继承下来，构成后来苏联无产阶级文化的基础。而普利什凯维奇、古契柯夫和司徒卢威这种保守派和资产阶级也在同一个大俄罗斯文化中。"在农奴制瓦解、岌岌可危的时期，在新资本主义关系深度成熟的时期，俄国民族文化从内部分化，一方面表现在沙皇培养和支持的贵族主导的保守

---

① [苏] 列宁：《关于民族问题的批评意见（1913年10—12月）》，载中共中央马克思恩格斯列宁斯大林著作编译局编译《列宁选集》第2卷，人民出版社2012年版，第344—345页。

趋势中,另一方面表现在拉吉舍夫、十二月党人和革命民主主义者滋养和启发下的先进革命思想以及人民利益的民主趋势中。"①"文化民主趋势"与"文化保守趋势"的对峙代表着两个阶级的斗争在对立了一个多世纪后并没有停息,反而愈演愈烈。正如列宁所说:"我们看到沙皇刽子手、贵族和资本家蹂躏、压迫和侮辱我们美好的祖国感到无比痛心。而使我们感到自豪的是,这些暴行在我们中间,在大俄罗斯人中间引起了反抗;在这些人中间产生了拉吉舍夫、十二月党人、70年代的平民知识分子革命家;大俄罗斯工人阶级在1905年创立了一个强大的群众性的革命政党;同时,大俄罗斯农夫开始成为民主主义者,开始打倒神父和地主。"②

列宁深谙俄国两种不能调和的文化形态特征,但他认为这并不是俄罗斯这一种民族文化特有的内部形态,而是每种民族文化的普遍特征,他写道:

> 每个民族文化,都有一些民主主义的和社会主义的即使是不发达的文化成分,因为每个民族都有被剥削劳动群众,他们的生活条件必然会产生民主主义的和社会主义的意识形态。但是每个民族也都有资产阶级的文化(大多数还是黑帮的和教权派的),而且这不仅表现为一些"成分",而表现为占统治地位的文化。因此,笼统说的"民族文化"就是地主、神父、资产阶级的文化。③

---

① И. В. Кузнецов, В. И. Лебедев. История СССР XVIII-середина XIX в., Пособие для учителя. Москва, Учпедгиз, 1958, с. 397.
② [苏]列宁:《论大俄罗斯人的民族自豪感(1914年11月29日〔12月12日〕)》,载中共中央马克思恩格斯列宁斯大林著作编译局编译《列宁选集》第2卷,人民出版社2012年版,第450页。
③ [苏]列宁:《关于民族问题的批评意见(1913年10—12月)》,载中共中央马克思恩格斯列宁斯大林著作编译局编译《列宁选集》第2卷,人民出版社2012年版,第336页。

列宁从青年时期就开始阅读车尔尼雪夫斯基、涅克拉索夫等革命民主主义作家的作品,对俄罗斯文化中的民主主义成分十分了解,但同时他对资本主义时期的文学也非常熟悉。列宁强调在俄国古代占统治地位的是资产阶级文化,而社会主义革命是否意味着要全盘否定俄国资本主义时期的文化呢?首先,列宁对资本主义文化持绝对的批判态度,他在《党的组织和党的出版物》中无情地批判了资产阶级文化和为资产阶级服务的文化鼓吹者:"资产阶级的作家、画家和女演员的自由,不过是他们依赖钱袋、依赖收买和依赖豢养的一种假面具(或一种伪装)罢了。"[①] 他强调,揭露资本主义文化的伪善是为了支持自由的、公开的同无产阶级相联系的写作,以及反对伪装成自由的、但事实是同资产阶级相联系的写作。而一些维护资产阶级"批评自由"的人,则是党内转向无产阶级不彻底的人,他提出"我们将消化这些不彻底的人"。其次,列宁虽然反对资产阶级文化,但并没有否定俄国古代优秀的文化遗产,他认为这些是人类共同的财富,是世界的文化遗产。俄国在资本主义时期有农民阶级、工人阶级、知识分子的文化,也有贵族阶级、教权阶级的文化。如果全盘否定资产阶级文化,那么相当于是对整个民族文化的否定。对俄国古代文化的态度,列宁在《青年团的任务》中有所表述:

> 应当明确地认识到,只有确切地了解人类全部发展过程所创造的文化,只有对这种文化加以改造,才能建设无产阶级的文化,没有这样的认识,我们就不能完成这项任务。无产阶级文化并不是从天上掉下来的,也不是那些自命为无产阶级文化专家的人杜撰出来的。如果硬说是这样,那完全是一派胡言。无产阶级文化应当是人类在资本主

[①] [苏]列宁:《党的组织和党的出版物(1905年11月13日[26日])》,载中共中央马克思恩格斯列宁斯大林著作编译局编译《列宁选集》第1卷,人民出版社2012年版,第666页。

义社会、地主社会和官僚社会压迫下创造出来的全部知识合乎规律的发展。条条大道小路一向通往,而且还会通往无产阶级文化,正如马克思改造过的政治经济学向我们指明人类社会必然走到哪一步,指明必然过渡到阶级斗争,过渡到开始无产阶级革命。"①

列宁一方面批判为资产阶级服务的文化鼓吹者,另一方面倡导无产阶级文化建设者对所有人类发展过程中创造的优秀文化加以改造、转化,为无产阶级文化建设做准备。他认为,需要辩证看待"两种民族文化"中资本主义的部分,"两种民族文化"包含着整个人类发展过程中的文化,无产阶级文化不能排斥人类文化发展的规律,要对资本主义时期地主官僚文化压迫下的文化加以重视,把人类优秀的文化成果融入无产阶级文化中。列宁在《论无产阶级文化》中强调:"马克思主义这一革命无产阶级的意识形态赢得了世界历史性的意义,是因为它并没有抛弃资产阶级时代最宝贵的成就,相反却吸收和改造了两千多年来人类思想和文化发展中一切有价值的东西。"②

列宁重视俄国古代丰富的文化遗产,认为在社会主义时期,古代文化遗产中蕴含的文化价值观需要用无产阶级文化标准来重新定义。对古代文化遗产的继承不代表继续创造资产阶级文化,列宁对一些意识形态模糊的知识分子进行批判,痛斥他们优柔寡断的一面,但也对他们抱以和资产阶级文化自觉了断的期望,为无产阶级文化建设铺平道路。列宁强调需要对资本主义文化加以认识,并不代表无产阶级文化和资产阶级文化可以在社会主义建设中

---

① [苏]列宁:《青年团的任务(在俄国共产主义青年团第三次代表大会上的讲话)》,载中共中央马克思恩格斯列宁斯大林著作编译局编译《列宁选集》第4卷,人民出版社2012年版,第285页。

② [苏]列宁:《关于无产阶级文化(1920年10月)》,载中共中央马克思恩格斯列宁斯大林著作编译局编译《列宁选集》第4卷,人民出版社2012年版,第299页。

共同发展，列宁的无产阶级文化建设不仅包括加强无产阶级文化意识形态、提高党内队伍的文化素质、培养无产阶级文艺人才队伍，更重要的是批驳资本主义文化的错误思潮。这是因为在苏联社会主义建设的初级阶段，资本主义文化的残余在文化的各个领域仍有显现。

列宁一方面要求吸纳资产阶级优秀文化，另一方面要求建立无产阶级新文化，他对无产阶级文化建设中的极"左"和唯心主义观念都持批判态度。1922年9月27日的《真理报》刊登了由苏联文艺评论家 В.Ф.普列特涅夫撰写的《论意识形态战线》，普列特涅夫在文章中表达了阶级心理是由无产阶级艺术家塑造，将无产阶级生活看作一种无产阶级文化组织原则的观点。在文化和艺术方面的观点上，普列特涅夫受到 А.波格丹诺夫的强烈影响，А.波格丹诺夫认为，艺术的主要功能是充当阶级意识的工具，他从心理范式上理解文化，认为文化源于人的组织行为经验。波格丹诺夫和普列特涅夫的观点都属于唯心主义范畴，列宁曾评价波格丹诺夫是"打着无产阶级文化的幌子，追求资产阶级反动的观点"[1]。所以列宁对普列特涅夫对无产阶级文化持有的模糊观点大为恼火。

苏联第一任教育人民委员、文艺理论家卢那察尔斯基曾回忆到，在列宁桌上的《真理报》上，这篇《论意识形态战线》涂满了勾画记号并做了笔记。1922年10月24日，一篇名为《论无产阶级文化和无产阶级文化协会》[2]的文章出现在《真理报》上，作者是布尔什维克中央委员会宣传部副部长Я.雅科夫列夫，这篇文章其实是雅科夫列夫根据列宁那份《真理报》

---

[1] Гл. ред. А. В. Луначарский. *Литературная энциклопедия*. В 11 т. Т. 8. Москва: Государственное словарно-энциклопедическое издательство «Советская Энциклопедия», 1934, сс. 691–692.

[2] Я. Яковлев. *О пролетарской культуре и Пролеткульте*. «Правда», No 240, 24 октября 1922.

的笔记写成的[1],表达的观点也是列宁的观点:

> 如果我们愿意通过普列特涅夫所指出的"无产阶级文化"的具体表现来判断"文化",那么文化就必须被简化为科学、戏剧和艺术和其实质元素。进一步说:"在普列特涅夫那里,无产阶级文化就像一种化学试剂,可以在一群选定之人的帮助下,从无产阶级的蒸馏过程中获得。新的无产阶级文化元素从其无产阶级工作室出来,就像古代女神曾经从大海的泡沫中出来一样。"[2]

列宁并不是批判普列特涅夫个人,而是批判那些对无产阶级文化与资产阶级文化的意识形态斗争认识不清,对艰苦的无产阶级文化实践抱以天真想法、持有模糊观念的文化工作者。雅科夫列夫还进一步阐述了列宁的观点:

> 我们生活在一个斗争的时代,当然有必要将艺术视为一种主要社会力量。它有被称为无产阶级的自由,我们有权在这方面提出至少比对小剧院更大的需求。我们希望在无产阶级戏剧中看到对我们革命艺术的认同、革命的活力和热情的元素,看到团结劳动人民的决心和战斗准备的元素,在工人观众和其阶级成员之间创造一种联系,最后,其实是把鲜活的群众推到舞台上。我们不支持"为艺术而艺术"的观点。因此,我们有权将我们的"无产阶级艺术"标准应用于无产阶级

---

[1] И. С. Смирнов. О публикациях ленинских «Заметок» на статье В. Плетнева На идеологическом фронте, *Вопросы Литературы*, № 4, 1975.

[2] А. В. Луначарский. *Ленин и литературоведение*, Человек нового мира. Москва: Агентство Печати «Новости»(АПН), 1980, с. 198.

剧院。①

列宁给予了无产阶级文化协会在艺术领域（音乐、戏剧、造型艺术、文学）方面的工作自治权，但他强调"在对明显的资产阶级倾向作斗争方面保持领导作用"②。列宁在给布哈林的信中，把普列特涅夫的文章定性为"伪造历史唯物主义！玩弄历史唯物主义！"③列宁对一切违背马克思主义的文化实践是绝不容忍的，他反对用极端、教条、唯心的方式来创造社会主义新文化，所以要严厉纠正普列特涅夫的错误。

列宁的观点不仅通过雅科夫列夫进行表达，早在1922年10月8日的《真理报》上便登出了列宁夫人娜杰日达·克鲁普斯卡娅的一篇文章《论无产阶级意识形态和无产阶级文化》，在一定程度上也表达了列宁的观点。她在文章中强调了四点：（一）无产阶级艺术工作者应该从资产阶级艺术中认清该汲取和该舍弃的部分，需要理解资产阶级这种没落时期的艺术的最新形式，去谴责资本主义艺术这种内容空虚、人为造作、弄虚作假、大肆宣扬的艺术形式，应对现代资产阶级艺术进行批判；（二）一件艺术品是无产阶级的，不是因为它的创造者是无产阶级的，而是因为它充满了无产阶级的意识形态；（三）不能人为地去创造无产阶级艺术，只能为创造无产阶级艺术创造条件、扫清道路；（四）无产阶级尽最大可能对社会上的所有阶层加强自己的影响，应该和一切无产阶级以外的文化划分界限，建立起纯洁无瑕、不

---

① 此段为卢那察尔斯基的转述，与原文有区别。
② ［苏］列宁：《俄共（布）中央全会关于无产阶级文化协会的决定草案（1920年11月10日）》，载中国社会科学院文学研究所文艺理论研究室编《列宁 论文学与艺术》，人民文学出版社1983年版，第122页。
③ ［苏］列宁：《给布哈林的便条》，载《列宁全集》第35卷，人民出版社1959年版，第557页。

掺杂任何非无产阶级因素的无产阶级文化。[①] 这篇文章完全体现了列宁的主要观点：吸收人类艺术在资产阶级阶段的优秀文化遗产，舍弃和批判资产阶级文化虚无主义的部分；无产阶级文化工作者创造的艺术品需要展现无产阶级意识形态；不能强制创造无产阶级文化，而是为创造无产阶级文化提供条件；无产阶级文化队伍中还有资产阶级的影子，坚守无产阶级文化的意识形态底线是不可动摇的前提。

列宁的"两种民族文化"理论在无产阶级建设中起到重要作用。用无产阶级的意识形态去建立新文化，但同时把俄国之前在资产阶级阶段发展出的优秀文化转入无产阶级文化，因为文化的创造者有阶级，但资产阶级的创造者创造了很多展现无产阶级的意识形态的作品，这些文化不是阶级的遗产，而是全人类的遗产。列宁强调："必须取得资本主义遗留下来的全部文化，用它来建设社会主义。必须取得全部科学、技术、知识和艺术。没有这些，我们就不能建设共产主义社会的生活。而这些科学、技术、艺术却在专家们的手中，在他们的头脑里。"[②] 列宁反对极左主义在无产阶级文化中的激进态度，证明了列宁的"两种民族文化"不仅仅是对俄国各民族的文化政策，更是资产阶级文化向无产阶级文化过渡的合理规划。事实证明，列宁"两种民族文化"理论是辩证唯物主义的，为资产阶级文化向无产阶级过渡提供了条件。

---

① 参见 Н. К. Крупская. Пролетарская идеология и Пролеткульт. *Правда*, No 227, 8 октября 1922.

② ［苏］列宁：《苏维埃政权的成就和困难（摘录）》，载中国社会科学院文学研究所文艺理论研究室编《列宁　论文学与艺术》，人民文学出版社1983年版，第92页。

二、"两种民族文化"背后的难题

列宁提出"两种民族文化"理论的初衷是对崩得成员弗·李普曼的"民族文化自治"理论进行驳斥。列宁从革命初期便开始关注民族问题,在他的《什么是"人民之友"以及他们如何攻击社会民主党人》(1894)、《我们拒绝什么遗产》(1897)、《我们纲领中的民族问题》(1903)等文章中都展现出用无产阶级革命斗争纲领解决"民族问题"的决心。他在《我们纲领中的民族问题(1903年7月15日[28日])》中提出:"我们应当永远无条件地努力使各民族的无产阶级最紧密地联合起来。"[①] 他指出无产阶级政党的任务不是促进民族自决,而是促进每个民族中的无产阶级自决。这种解决民族问题的基础决定了他对"民族文化"的态度。十月革命前后,资产阶级文化在俄国通过"民族文化"进行隐秘发展,涉及的范畴包括民族主义、民粹主义、沙文主义等,资产阶级文化容易占领的地域主要在大俄罗斯族外的民族区域以及他们的文化、语言、教育等领域。

崩得向布尔什维克提出"民族文化自治"的要求,他们的立场在于各民族共同的文化是从各个民族具体的"民族文化"发展而来,不应该以"非民族文化"(指阶级)为根基,各民族的工人阶级只有通过民族文化才能认识民主主义和全世界工人运动各民族的共同文化,工人阶级应该积极主动关心自己所属的"民族文化"的发展并参与其中,甚至把"民族文化自治"上升到民族主义的阶段。但布尔什维克坚决反对"民族文化自治"的要求,提出"民族文化自决"的方案。列宁尖锐地指出李普曼发展"民族文化"言论背后的"野心",即"反对揭露和阐明阶级鸿沟,把阶级鸿沟掩盖起来,使读

---

① [苏]列宁:《我们纲领中的民族问题(1903年7月15日[28日])》,载中共中央马克思恩格斯列宁斯大林著作编译局编译《列宁选集》第1卷,人民出版社2012年版,第459页。

者看不清楚。实际上,崩得分子和资产者的表现一样,因为资产者的整个利益要求散布对超阶级的民族文化的信仰"①。

列宁反对崩得"民族文化自治"的要求是因为俄国拥有复杂的民族历史,虽然列宁强调"大俄罗斯文化"有两种来源,但"大俄罗斯文化"的缔造者除了俄罗斯族的人民,还有一百多个民族的人民。1914年,大俄罗斯族以外的民族人口占到俄国总人口的57%,他们多数生活在俄国边疆地区,有些相同民族的人生活在地理不通的两个边境地区,而且因边疆地区资本主义文化发展程度不一,文化水平也参差不齐,中部地区的文化水平往往高于边疆地区。所以列宁在论述"两种民族文化"时指出——"每个民族也都有资产阶级的文化",它既是面对世界各个民族而言,更是面对大俄罗斯之外诸多民族而言。各民族拥有自己的民族文化,而这种文化发展过程是大俄罗斯文化和其各自民族文化的"合流"。俄国边疆地区民族受资产阶级文化影响更深入,这意味着无产阶级文化建设的难度更大,即使无产阶级文化的建设者以大俄罗斯族为主,总人口占优势的边疆群居民族还可能继续维持自己民族的资产阶级文化来对抗无产阶级文化。列宁对民族内部资产阶级的腐蚀性有深刻认识:"尤其危险的是,资产阶级的(以及资产阶级—农奴主的)趋向是以'民族文化'的口号作掩护的。黑帮和教权派以及一切民族的资产者,都在大俄罗斯的、波兰的、犹太的、乌克兰的等等民族文化的幌子下,干反动肮脏的勾当。"②

列宁对李普曼"民族文化自治"的否定揭开了崩得倡导"民族文化"背后的目的——以发展"民族文化"作为幌子,企图消灭"民族文化"中的无

---

① [苏]列宁:《关于民族问题的批评意见(1913年10—12月)》,载中共中央马克思恩格斯列宁斯大林著作编译局编译《列宁选集》第2卷,人民出版社2012年版,第337页。
② [苏]列宁:《关于民族问题的批评意见(1913年10—12月)》,载中共中央马克思恩格斯列宁斯大林著作编译局编译《列宁选集》第2卷,人民出版社2012年版,第335页。

产阶级属性，反而让资产阶级的"民族文化"得到宣扬。列宁提出的"两种民族文化"正是对李普曼试图用沙俄时期的资产阶级"民族文化"来麻痹工人阶级的一种揭露，正是因为列宁对整个民族局势与文化意识形态的清晰认识，他才对崩得分子"民族文化"言论背后的隐患更为重视。列宁甚至提出，拥护"民族文化"口号的人是不能进入马克思主义者革命队伍的："谁拥护民族文化的口号，谁就只能与民族主义市侩为伍，而不能与马克思主义者为伍。"①

提出解决"民族问题"的还有奥地利社会民主党人奥·鲍威尔和卡·伦纳，他们制定了资产阶级民族主义解决问题的纲领；孟什维克取消派也提出过"民族文化自治"的要求，但都被列宁驳回了，列宁对此进行了激烈批判。因为"民族文化自治"涉及文化、语言、教育等各个领域，19世纪末20世纪初的俄国学校处在教权主义和资产阶级双方的影响之下，学校离不开经济、政治生活，不可能把学校教育从经济、政治生活中剥离出来单独发展，"民族文化自治"相当于用"学校教育"来滋养教权主义和资本主义。崩得分子的"民族文化自治"要求还涉及"以民族划线分割教育事业，即分民族办教育事业"②，列宁指出，把教育从经济、政治领域分出来办"这是一种荒谬的空想"③。列宁还以20世纪初的美国为例来驳斥"分民族办教育事业"的弊端，以自由传统为主导的北方各州和奴隶占有制传统为主的南方各州实施了不同的教育制度，南方各州经济上压制黑人、文化上歧视黑人，在

---

① [苏]列宁：《关于民族问题的批评意见（1913年10—12月）》，载中共中央马克思恩格斯列宁斯大林著作编译局编译《列宁选集》第2卷，人民出版社2012年版，第337页。
② [苏]列宁：《关于民族问题的批评意见（1913年10—12月）》，载中共中央马克思恩格斯列宁斯大林著作编译局编译《列宁选集》第2卷，人民出版社2012年版，第349页。
③ [苏]列宁：《关于民族问题的批评意见（1913年10—12月）》，载中共中央马克思恩格斯列宁斯大林著作编译局编译《列宁选集》第2卷，人民出版社2012年版，第349页。

教育上设有专门的"黑人学校",而北方各州则是黑人、白人共同在一个课堂上课。如果按照崩得分子的要求在教育上进行"民族文化自治",那么教权主义和资本主义文化也必然进入课堂,这种情况无疑对争取民族平等、消灭民族差别是不利的。列宁认为,"民族文化自治"是"圈地为牢",因为但凡要维护某一种民族文化就要损害另外一种民族文化,"各民族之间却'确定地'要发生一种'民族文化'反对另一种'民族文化'的永无休止的纠纷"①,而无产阶级事业则是为了解决和消灭这些民族纠纷的。

无产阶级文化建设的另一大难题是文盲问题,这是资产阶级遗留下来的问题。列宁说:"只要实现了这个文化革命,我们的国家就能成为完全社会主义的国家了。但是这个文化革命,无论在纯粹文化方面(因为我们是文盲)或物质方面(因为要成为有文化的人,就要有相当发达的物质生产资料的生产,要有相当的物质基础),对于我们说来,都是异常困难的。"②列宁把文盲看作社会主义的敌人,文盲是阻碍一切政治、经济政策实施的因素,所以列宁倡导无产阶级一定要提高文化水平,这样才能创造与建设新的社会主义文化。列宁所谓"我们是文盲"并不是对古代俄罗斯文化遗产的否定,而是基于苏联当时的实际文化水平而言。1897 年,全俄第一次人口普查,全民识字率仅有 24%(9 岁以上人群),男性识字率为 35.8%,女性识字率仅为 12.4%。③普遍落后于欧洲国家的超低识字率让列宁疾呼"文盲是处在政治之外的",所以列宁把"消灭文盲"当作文化建设的重要一环。

---

① [苏]列宁:《关于民族问题的批评意见(1913 年 10—12 月)》,载中共中央马克思恩格斯列宁斯大林著作编译局编译《列宁选集》第 2 卷,人民出版社 2012 年版,第 350 页。

② [苏]列宁:《论合作社(1923 年 1 月 4 日和 6 日)》,载中共中央马克思恩格斯列宁斯大林著作编译局编译《列宁选集》第 4 卷,人民出版社 2012 年版,第 774 页。

③ Д. Ю. Элькина. *На культурном фронте.* Москва, Издательство Академии Педагогических Наук РСФСР, 1959, с. 5.

1917年，卢那察尔斯基首先响应这一政策而提出："在一个文盲和无知盛行的国家，任何在教育领域的真正民主力量都应该把和这种黑暗做斗争定为目标。"① 同年12月，苏联成立了一个专门致力于扫盲的部门，由娜杰日达·克鲁普斯卡娅领导。所以"扫盲"是列宁进行无产阶级文化建设最基础的工作，他表示："不做到人人识字，没有足够的见识，没有充分教会居民读书看报，没有做到这一点的物质基础……我们就达不到自己的目的。"②

"语言文化"在无产阶级文化形成过程中也非常重要。列宁曾提到过有些民族"反对非俄罗斯民族俄罗斯化"，不愿意使用俄语。在列宁看来，"经济流转的需要本身自然会确定一个国家的哪种语言使用起来对多数人的贸易往来有好处"③。列宁基于当时无产阶级文化建设的现实，认为在这一阶段，让各民族保留其民族语言更有利于无产阶级文化的迅速传播。"列宁的语言多元化思想用两种基本原则进行了具体而实际的表达：政治原则，即'不设立强制性的国家语言'；文化和教育原则，即'全部用当地的语言'教学。"④ 直至20世纪30年代初，斯大林都保持着列宁对各民族语言的政策。"斯大林那时考虑到各个联盟人民语言发展是文化革命不可或缺的条件：'千百万人只有用他们的民族语言才能在文化、政治和经济发展方面获得成

---

① Д. Окунев. Борьба против мрака, как Крупская насаждала ликбез, *Газета.ru*, 26 декабря 2019.
② [苏]列宁：《论合作社（1923年1月4日和6日）》，载中共中央马克思恩格斯列宁斯大林著作编译局编译《列宁选集》第4卷，人民出版社2012年版，第770页。
③ [苏]列宁：《关于民族问题的批评意见（1913年10—12月）》，载中共中央马克思恩格斯列宁斯大林著作编译局编译《列宁选集》第2卷，人民出版社2012年版，第333页。
④ М. А. Арутюнова. «Языковая политика и статус русского языка в СССР и государствах постсоветского пространства». *Вестник Московского университета. Серия 25. Международные отношения и мировая политика*, №1, 2012, с.157. 苏维埃政权最初建立的20世纪20年代，苏联对国家语言问题的态度一直维持语言教育自由原则，1924年在苏联第一部宪法中，把俄语、乌克兰语、白俄罗斯语、格鲁吉亚语、亚美尼亚语、阿塞拜疆语定为官方常用语言，1931年对苏联宪法进行了修订，加入了乌兹别克语、土库曼语和塔吉克语。

功。'"①在当时,这样更有利于无产阶级文化在各民族中迅速发展,也有利于各民族继承资产阶级"民族文化"中的优秀文化,正如列宁强调的:"大俄罗斯无产阶级这一由资本主义造就的共产主义革命的主要动力的社会主义作用将更加巨大。"②直到1938年,苏共中央委员会和苏联人民委员会颁布《关于在苏联民族自治共和国和地区学校强制学习俄语的决议》,苏共党内漫长的论战终于在俄语确立为教育标准语言中结束。这与斯大林对资产阶级文化与无产阶级文化的认识有关,他认为资产阶级文化与无产阶级文化是完全没有共存空间的,他说:"在资本主义的最初阶段,还可以谈无产阶级和资产阶级的'文化共同性'。然而随着大工业的发展和阶级斗争的尖锐化,这种'共同性'开始消失了。在同一民族的雇主和工人再不能互相了解的时候,根本就谈不到民族的'文化共同性'。"③

影响无产阶级"民族文化"的因素还有民粹主义,民粹主义是在19世纪中后期形成的俄国民族激进主义力量,因尼古拉一世的高压统治,知识分子率先掀起了一阵反对专制压迫、同情农民、鼓励革命的民粹主义风潮,这种风潮也属于民主主义的一部分。民粹派主张以公社的形式分散社会、采用合作所有制和合作劳动、争取民族独立、妇女平等。民粹主义可以定义为:"对普通民众的献身(提高他们的生活水平,但同时鼓励他们参与革命),反对资本主义,相信俄国因为农民公社的力量而拥有特殊的历史机会来摆脱资

---

① M. A. Арутюнова. «Языковая политика и статус русского языка в СССР и государствах постсоветского пространства». Вестник Московского университета. Серия 25. Международные отношения и мировая политика, №1, 2012, c. 159.

② [苏]列宁:《论大俄罗斯人的民族自豪感[1914年11月29日(12月12日)]》,载中共中央马克思恩格斯列宁斯大林著作编译局编译《列宁选集》第2卷,人民出版社2012年版,第452页。

③ [苏]斯大林:《马克思主义和民族问题》,载中共中央马克思恩格斯列宁斯大林著作编译局编《斯大林选集》上卷,人民出版社1979年版,第88页。

本主义的邪恶，并且坚信社会革命比政治变革更为重要。"①民粹主义里包含着民主主义的先进成分，为何它也是影响无产阶级文化建设的因素呢？

列宁把"民粹主义"看作"两种乌托邦"之一，他指的"两种乌托邦"是自由派和民粹派。自由派支持不采用任何方式、不得罪任何人获得民主的胜利，民粹派期望用公平的分土地的方式来消除资本的权力与统治，列宁把这两种乌托邦称为"软弱性的产物"②。他批判民粹派是处于资本家和雇佣工人之间的小业主心态，幻想不通过阶级斗争消灭雇佣奴隶制，当遇到经济、政治问题时，民粹派的危害性不亚于自由派。但列宁也看到民粹派的优势和特殊的历史作用，即民粹派试探了人民群众对革命的态度与情绪，重新分配土地的幻想让人口占大多数的俄国农民情绪高涨，民主主义的意愿急剧上升，民粹派的力量成为革命准备工作的试金石。所以列宁评价民粹派的民主主义"在经济学的形式上是错误的，而在历史上却是正确的"，"作为农民群众的特殊的、有历史局限性的民主主义斗争的表现，却是正确的，因为这种斗争是资产阶级改革不可或缺的因素，同时是这一改革获得全胜的条件"。③

正是在这样的历史条件下，列宁对民粹派作家赫尔岑在俄国革命中的作用有着积极的看法。在《纪念赫尔岑》一文中，列宁这样评价赫尔岑：在知识分子还沉迷于黑格尔的19世纪40年代，赫尔岑就已经在费尔巴哈的唯物主义中苏醒，十二月党人同时唤醒了赫尔岑，他投身革命，目睹了1848年

---

① 〔美〕尼古拉·梁赞诺夫斯基、马克·斯坦伯格：《俄罗斯史（第八版）》，杨烨、卿文辉、王毅译，上海人民出版社2013年版，第437页。
② 〔苏〕列宁：《两种乌托邦〔1912年10月5日（18日）以前〕》，载中共中央马克思恩格斯列宁斯大林著作编译局编译《列宁选集》第2卷，人民出版社2012年版，第298页。
③ 〔苏〕列宁：《两种乌托邦〔1912年10月5日（18日）以前〕》，载中共中央马克思恩格斯列宁斯大林著作编译局编译《列宁选集》第2卷，人民出版社2012年版，第300页。

欧洲革命的失败和付出的巨大代价。赫尔岑在《往事与随想》中这样描述1848年欧洲革命的场景:"6月26日晚上,《国民报》战胜巴黎以后,我们听到,每隔不多时间便会响起一排枪声……我们面面相觑,大家脸上没有一点血色……'这是在枪毙俘虏。'我们异口同声地说,互相避开了眼睛。我把额头贴在窗玻璃上。为了这些时刻,人们可以憎恨十年,一辈子忘不了报仇。谁宽恕这几分钟,谁便应该受到诅咒。"①赫尔岑回忆起那段经历,表示已经对革命失去了信心,他写道:"一半的希望,一半的信仰都给埋葬了,否定和绝望的思想在人们头脑中蠢动,生根。不可能想象,经过这么一场惨祸之后,受到现代怀疑精神深刻熏陶的我们的心灵,还剩下多少没受到这场浩劫的摧残。"②列宁认为1848年的欧洲革命是资产阶级民主派和未成熟的无产阶级的善良愿望,革命没有成功是时机问题,而不是革命本质问题,赫尔岑对革命抱以幻想又破灭,是因为赫尔岑发挥了民粹派的属性——"乌托邦"与"怀疑论"共存。当然,正如列宁高度评价民粹派探究人民大众的革命愿望一样,他号召无产阶级以赫尔岑为榜样,对人民进行革命的宣传。列宁写道:"他进行斗争是为了使人民战胜沙皇制度,而不是为了使自由派资产阶级去勾结地主沙皇。他举起了革命的旗帜。"③列宁清晰地揭示了这位民粹派作家痛苦、曲折的思想道路及其在俄国革命过程中发挥的巨大作用,这反过来也显示了列宁在对待民粹主义问题上充满辩证精神的智慧。

---

① [俄]赫尔岑:《往事与随想》中册,项星耀译,四川人民出版社2018年版,第570页。
② [俄]赫尔岑:《往事与随想》中册,项星耀译,四川人民出版社2018年版,第572页。
③ [苏]列宁:《纪念赫尔岑(1912年4月25日[5月28日])》,载中共中央马克思恩格斯列宁斯大林著作编译局编译《列宁选集》第2卷,人民出版社2012年版,第289页。

三、文学遗产的过渡与传承

十月革命后,列宁面对的是无产阶级文化的全面建设与推进。"无产阶级文化"和"资产阶级文化"曾在俄国革命期间共存的形式也发生了改变,但这种改变并不代表把资产阶级的全部文化清除出去。

在无产阶级文化建设方面,列宁尤其强调思想文化方面的建设。从俄国革命到社会主义过渡时期,列宁重点探讨了政治问题、经济问题、农民问题、民族问题,唯独对文化问题讨论得最少。在十月革命前,列宁探讨文化问题较少,不是因为他不重视文化,而是因为他把文化建设看作社会主义建设最终的一环,也是最关键的一环。他在1923年的《论合作社》中写道:"从前我们是把重心放在而且也应该放在政治斗争、革命、夺取政权等等方面,而现在重心改变了,转到和平的'文化'组织工作上去了。"[1] 列宁在无产阶级夺取政权后,才开始对文化事业制定一系列的政策,因为他知道比起政治、经济建设等,文化建设远比前者要花费更多的精力与时间,成效来得要慢。

工人阶级把国家政权掌握在自己手中是一切文化建设的前提。列宁认为工人阶级夺取政权也是提高人民文化水平的必要前提,列宁驳斥一些机会主义者的观点,他们认为无产阶级先达到一定文化水平再夺取政权,而列宁认为夺取政权是第一步,当工人阶级成为国家合法的领导阶级再谈加强文化建设也不迟。据高尔基回忆,1911年他曾在巴黎和列宁会面,向列宁提出了一个文化建议,高尔基曾计划写一些西方文学史、俄罗斯文学以及文化史方面的书,用于工人自修和丰富宣传资料。但这一计划遭到列宁的否定,列宁

---

[1] [苏]列宁:《论合作社(1923年1月4日和6日)》,载中共中央马克思恩格斯列宁斯大林著作编译局编译《列宁选集》第4卷,人民出版社2012年版,第773页。

指出，首先当时有检查制度的存在，组织出版会有困难；其次大多数同志忙于实际工作，没有时间写作；最后除了知识分子外，没有人能啃大部头的书，而走向自由主义的知识分子，是不能用几本书让他们回头的。所以列宁向高尔基提出，革命前的文化传播途径最好是印刷小册子、报纸，向群众散发传单，但这些举措因检查制度、运输等问题也不可行。所以列宁最终劝高尔基："等到时机好转，我们再来谈出版社吧。"①这充分说明列宁重视文化，而且非常注重文化建设的时机，十月革命的胜利为无产阶级文化的迅速传播创造了必要条件，列宁不断呼吁苏联人民提高文化水平，发展新的社会主义文化。他认为，社会主义文化革命的主要任务是向劳动人民全面介绍过去所有的文化成就，并形成苏联新的社会主义文化。他不断向苏联人民指出文化建设领域的任务，这些任务是由苏联国民经济要求决定的。

在建设无产阶级文化过程中，列宁还是会遇到"两种民族文化"的矛盾性，而这种矛盾性恰恰存在于俄国最伟大的作家——列夫·托尔斯泰身上。列宁把作家作品对人类文化贡献的价值标准当作作家能否为无产阶级文化服务的条件，在此方面，列宁对列夫·托尔斯泰的态度就可以说明，列宁对拥有资产阶级身份的作家持积极辩证的态度。

首先，列宁对列夫·托尔斯泰的认可是从全世界的角度来看的，他认为列夫·托尔斯泰"在世界文学中占了一个第一流的位子"②，列夫·托尔斯泰的伟大之处在于为全人类艺术发展向前跨进一步，其作品谈的是人的自由和解放，为人去建立自己的生活条件发挥了积极作用。其次，列宁从阶级的角度来评价列夫·托尔斯泰，列宁倡导："为了使他的伟大作品真正为全体人

---

① ［苏］阿·马·高尔基：《弗·伊·列宁》，载上海外国语学院列宁著作翻译研究室译《回忆列宁》第2卷，人民出版社1982年版，第300页。
② ［苏］列宁：《列·尼·托尔斯泰》，载中国社会科学院文学研究所文艺理论研究室编《列宁 论文学与艺术》，人民文学出版社1983年版，第210页。

民所共有，必须进行斗争。"① 列宁高度赞扬列夫·托尔斯泰批判了农民资产阶级，但又指出他身上具有不抵抗不革命的软弱性，列宁在《列夫·托尔斯泰是俄国革命的镜子》中分析了列夫·托尔斯泰游荡于"两种民族文化"之间的特征：既是创作世界一流文学的艺术家，又是笃信基督教的地主；既敢对社会上的谎言提出抗议，又是一个不够坚定的软弱知识分子；既揭露资本主义的险恶，又一味吹嘘不以暴力抗恶；既能看清和表现现实主义，又鼓吹宗教和神秘主义。列夫·托尔斯泰的这些矛盾特征恰恰证明了"两种民族文化"不仅体现在同一时期的民族中，还可能体现在同一位作家，甚至同一部作品中，列宁对列夫·托尔斯泰所表现出的矛盾表示理解："托尔斯泰的观点和学说中的矛盾并不是偶然的，而是十九世纪最后三十几年俄国实际生活所处的矛盾条件的表现。"② 他把列夫·托尔斯泰的矛盾性看作整个俄国革命体现的矛盾性，列夫·托尔斯泰的"镜子"照出了俄国的革命状态，这种矛盾反映出俄国革命时期各个阶级的矛盾心理。

列夫·托尔斯泰的"矛盾"位置并没有让列宁放弃将他纳入无产阶级学习的对象，列夫·托尔斯泰对资产阶级文化有比较复杂的看法，他的作品中充满了对宗教的阐释，但同时他又因为揭露教会的霸权曾被教会开除过教籍。东正教文化在俄国发展了近千年，已演变成根深蒂固的民族文化基因，列夫·托尔斯泰在作品中宣扬东正教文化，但却对资产阶级制度下的教会教权心生不满，这也是他对宗教的复杂态度。列夫·托尔斯泰对自由派的思想持痛斥的态度，认为自由派空洞而虚伪，他们高呼"文明人类的呼声"等口号，却未诉诸行动。但自由派反过来为之，他们维护列夫·托尔斯泰，称他

---

① ［苏］列宁：《列·尼·托尔斯泰》，载中国社会科学院文学研究所文艺理论研究室编《列宁　论文学与艺术》，人民文学出版社1983年版，第210页。
② ［苏］列宁：《列夫·托尔斯泰是俄国革命的镜子》，载中国社会科学院文学研究所文艺理论研究室编《列宁　论文学与艺术》，人民文学出版社1983年版，第203页。

为"伟大的良心",但没能改变列夫·托尔斯泰对他们批判的态度。列宁因此对列夫·托尔斯泰做出了高度评价:"这是因为托尔斯泰无畏地、公开地、尖锐无情地提出我们这个时代最迫切的和最难解决的问题,而给予我国自由派(以及自由主义民粹派)政论中的千篇一律的空话、陈腐的谬论以及闪烁其词的'文明的'谎言以迎头痛击。"[①]

列宁对列夫·托尔斯泰的成就持两种态度,正如他对待"民族文化"二元论一样,他既为俄罗斯民族拥有列夫·托尔斯泰这样的优秀文化创造者而感到自豪,但又对他作品中充满了宗教的身影而感到遗憾;他既为列夫·托尔斯泰对农民资产阶级描述的现实性而叹为观止,又为他政治上的天真和冷漠而感到失望;他既对列夫·托尔斯泰传递给工人阶级的信念、理想、力量充满敬意,又对他"不以暴力抗恶"的看法充满愤怒。列宁把"两种民族文化"的思想转嫁到列夫·托尔斯泰身上,他主张俄国人民要善于发现列夫·托尔斯泰身上无产阶级的部分,向他学习如何追求美好生活,了解他批判教会、土地私有制等资产阶级文化的原因;同时列宁又号召俄国人民分析托尔斯泰学说的弱点,了解他不能把革命进行到底的原因;但最重要的是把列夫·托尔斯泰的艺术当作俄国民族艺术遗产继承下来,把他的艺术不假思索地写进无产阶级文化中去。列宁说道:"托尔斯泰去世了,革命前的俄国也成了过去,——它的弱点和无力曾经被这位天才艺术家表现在他的哲学里和描绘在他的作品里。但是在他的遗产里,却有着没有成为过去而是属于未来的东西。俄国无产阶级要接受这份遗产,要研究这份遗产。"[②] 列宁明确表示,托尔斯泰的艺术是俄国民族文学的遗产,俄国无产阶级要将这份遗产保

---

① [苏]列宁:《列·尼·托尔斯泰》,载中国社会科学院文学研究所文艺理论研究室编《列宁　论文学与艺术》,人民文学出版社1983年版,第214页。
② [苏]列宁:《列·尼·托尔斯泰》,载中国社会科学院文学研究所文艺理论研究室编《列宁　论文学与艺术》,人民文学出版社1983年版,第214页。

留下来并传递下去。列夫·托尔斯泰对资产阶级的批判和对人性启迪的普遍意义是他的作品被列宁重视的原因,卢那察尔斯基曾写道:

> 这就是为什么托尔斯泰作为一个艺术家是具有普遍价值的,当然,他作为一个艺术家还具有阶级主义的特征,即他是一个拒绝那个时代整个资产阶级文化(几乎是整个文化)的男爵,并将他高贵的抗议隐藏在农民真理的背后。尽管如此,在这种阶级外壳下,托尔斯泰描绘了如此丰富而深刻的画面,以至于列宁毫不犹豫地宣布托尔斯泰的作品对所有人的重要性,即便是在社会主义的制度之下。①

列宁把托尔斯泰小说作为文学遗产放入无产阶级文化中还有着发扬民族文化方面的特殊意义。18世纪时,法国的启蒙主义对俄国产生了重要影响,女皇叶卡捷琳娜二世不仅是法国启蒙主义的追随者,还不遗余力地将启蒙主义引入俄国,俄国贵族形成了用法语书写和交谈的潮流。到19世纪初,德国古典哲学开始在俄国盛行,俄国大部分知识分子都投入到研读康德、黑格尔的队伍中,直到马克思主义出现,俄国知识分子开始对马克思主义产生兴趣,但无论如何,18—19世纪的俄国在文化方面是一个不折不扣的欧洲文化追随者。唯有19世纪开始的俄国文学作品让俄国文化屹立于欧洲文化之林,普希金、别林斯基、车尔尼雪夫斯基、莱蒙托夫、托尔斯泰、陀思妥耶夫斯基、果戈理、契诃夫等,如果列举俄罗斯民族创造出的对世界最有价值的文化,19世纪的文学艺术一定在此范畴之内。列宁深知19世纪俄国文学对民族文化的价值,如果无产阶级文化建设割裂了19世纪俄国文学,就等

---

① А. В. Луначарский. 《О значении юбилея Льва Толстого》, *Красная Нива*, №37, 9 сентября 1928.

于否定了俄罗斯民族文化对全人类作出的贡献。苏联美学家米·利夫希茨曾写道：

> 列宁是俄罗斯文学的杰出诠释者，他写下的关于俄罗斯文学的"普遍意义"(《怎么办？》)不是没有价值的。在俄罗斯，从没有这样的哲学传统，在法国，哲学传统与百科全书编纂家的名字关联在一起，在德国，哲学传统与十九世纪初的古典哲学关联在一起。而在我国，小说是让先进的人民在过去最能够感受到自由自在的一种领域，也是阶级斗争的历史问题以艺术形式呈现的领域。目前广大群众对十九世纪的俄罗斯文学产生了巨大的兴趣，这不足为奇。在这种文学作品中最好的、最有深度的和最艺术的部分都与布尔什维主义的革命传统之间有着一定的联系。①

列宁不仅对托尔斯泰的艺术怀有崇敬的态度，他对很多古典作家都非常熟悉。克鲁普斯卡娅回忆道："弗拉基米尔·伊里奇不只是读了，而且还多次地读了屠格涅夫、列甫·托尔斯泰的作品和车尔尼雪夫斯基的'怎么办？'总而言之，他是非常熟悉古典作家，并且热爱他们。"② 列宁曾将车尔尼雪夫斯基、赫尔岑、左拉的相片和自己亲人的照片放在一本相册中。卢那察尔斯基也曾回忆道："他喜欢俄国的古典作家，喜欢文学、绘画等方面的现实主

---

① М. А. Лифшиц. *Вопросы искусства и философии.* Москва, Художественная Литература, 1935, cc. 310–311.
② [苏]娜·康·克鲁普斯卡娅：《列宁回忆录》，杨树人译，生活·读书·新知三联书店1963年版，第29页。

义。"①玛·莫·埃森曾回忆道：列宁喜爱作家谢德林、涅克拉索夫、车尔尼雪夫斯基，尤其是车尔尼雪夫斯基，列宁曾说："一个夏天就把《怎么办?》这部小说读了约五遍，而且每读一遍都从中发现发人深省的新思想……几乎背得出涅克拉索夫的所有作品。"②

在积极建设无产阶级文化的时期，列宁指示国家出版局出版古典作家作品的普及本，这份出版的名单包括58位作家、诗人、散文家，有阿克萨科夫、别林斯基、冈察洛夫、果戈理、弗·达尔、杜勃罗留波夫、茹科夫斯基、柯尔卓夫、克雷洛夫、莱蒙托夫、涅克拉索夫、伊·尼基京、奥加列夫、奥斯特洛夫斯基、普希金、波米亚洛夫斯基、皮萨列夫、拉吉舍夫、萨尔蒂科夫·谢德林、托尔斯泰、屠格涅夫、乌斯宾斯基、冯维津、契诃夫、车尔尼雪夫斯基、费特等。③这些以人民的立场为核心创作的作品都被纳入出版计划，为了普及给人民，出版定价低廉。十月革命后，人们对图书和知识如饥似渴，这些俄罗斯文化中最杰出的遗产正迎合了广大人民群众对文化的期待，经典的文学也在历史变革中被传承下来。列宁为了实施出版计划要求更多的学者和作家加入行动，作家勃洛克、勃留索夫、魏列萨耶夫、楚科夫斯基和出版家西廷都加入了这项计划。苏联文艺评论家奥塞特罗夫考察道："列宁当时说，令布尔什维克感到自豪的是，在一个巨大的国家里第一次开创了不依赖少数富人的出版事业。"④

除此之外，列宁还重视对作家物质文化的保护与传承。1918年3月，

---

① [苏]卢那察尔斯基：《列宁和艺术（摘录）》，载中国社会科学院文学研究所文艺理论研究室编《列宁　论文学与艺术》，人民文学出版社1983年版，第422页。
② [苏]玛·莫·埃森：《同列宁的会见》，载上海外国语学院列宁著作翻译研究室译《回忆列宁》第2卷，人民出版社1982年版，第136页。
③ Е. Осетров. «Ленин и культурная революция», *Вопроы Литературы*, No10, 1961.
④ Е. Осетров. «Ленин и культурная революция», *Вопроы Литературы*, No10, 1961.

托尔斯泰的遗孀索菲亚·安德烈也夫娜向政府提出申请,要求发放养老金用于修护托尔斯泰遗留下来的波利亚纳庄园,列宁立即签署法令同意了她的请求,指示当地必须想尽一切办法保存伟大作家的庄园。① 列宁还特别关心修复被炮弹损坏的克里姆林宫钟楼上的自鸣钟,还曾签署法令将莫斯科特列季亚科夫画廊收为国有,进行画作保护。苏联文艺评论家奥塞特罗夫写道,"曾经有一位法国著名学者对列宁格勒的档案保存感到惊讶,他抛出了这样一句话:'你们的革命比我们的革命聪明多了。'在法国大革命期间,属于反对革命势力方面的档案被烧毁,而我们(苏联)反叛力量的人民却将类似档案保存下来。即使在莫斯科,这种反革命斗争最为激烈的地方,克里姆林宫的艺术和文献宝藏仍然完好无损"②。

列宁还把精神文化遗产以物质的方式表现出来加强宣传。列宁曾表示,艺术史是一门非常有趣的学问。但因为工作繁重,他没有时间去研究艺术,于是提倡"纪念碑宣传计划"并让卢那察尔斯基去实施。该计划是将从前的沙皇纪念碑改造成革命思想家纪念碑,再建立更多的革命志士和公众人物纪念碑。列宁向卢那察尔斯基提出了修建的要求,一是要在广场等显著的地方设立,配以富有表现力的碑文,包括马克思主义的基本原则与宣传口号;二是建议做半身像、整个人物像或者浮雕;三是整理出一份社会主义理论家先驱志士的名单,以及在哲学思想、科学、艺术等方面的杰出人物。列宁指出,虽然他们与社会主义没有直接关系,但却是真正的文化英雄。③ 于是在

---

① 参见[苏]尼·德·维诺格拉多夫《同领袖的几次会见》,载南京大学外语系俄罗斯语言文学教研室《回忆列宁》翻译组译《回忆列宁》第3卷,人民出版社1982年版,第347页。

② Е. Осетров. «Ленин и культурная революция», *Вопроы Литературы*, No 10, 1961.

③ А. В. Луначарский. «Ленин о монументальной пропаганде». *Литературная Газета*, No 4–5, 29 января 1933.

莫斯科和列宁格勒陆续竖立起了马克思、车尔尼雪夫斯基、赫尔岑、杜勃罗留波夫、谢夫琴科、拉萨尔、尼基京等雕像。这不仅体现了列宁对宣传马克思主义和社会主义文化所做出的努力，还体现出列宁对参与无产阶级革命的作家、艺术家的崇尚与肯定——不仅要将他们的革命文化遗产留下来，还要通过人民艺术的方式进行广泛宣传。

列宁对文学遗产的保护与传承和建设无产阶级文化并不冲突，他强调："不是臆造新的无产阶级文化，而是根据马克思主义世界观和无产阶级在其专政时代的生活与斗争条件的观点，发扬现有文化的优秀的典范、传统和成果。"① 在俄国古典文学中，在曾经的农民资产阶级社会中，不仅有"以人民为中心"的创作，也有"反对资产阶级"的思想，这些作家、思想家在"两种民族文化"中起了积极作用。列宁提出"两种民族文化"，正是要保护俄国在资本主义时期创造出的人类文化财富——对于优秀文化的判断，不取决于它出现在哪个时期，不取决于创造者的身份，而取决于它是否属于整个人类的精神遗产。

结语

列宁承认每一种民族文化中都有无产阶级和资产阶级两种形态的文化存在，并不是给予两种文化共同发展的机会，而是接纳资产阶级的优秀文化，并使之顺利过渡到无产阶级文化建设阶段，不以创造者的阶级身份来划分人类的文化财富和文学遗产，使俄国古代优秀文化遗产也成为无产阶级的文化财富，尤其是俄国在世界上最引以为傲的文学遗产，更是在无产阶级文化建

---

① [苏]列宁：《关于无产阶级文化的决议的草稿（1920年10月9日）》，载中国社会科学院文学研究所文艺理论研究室编《列宁 论文学与艺术》，人民文学出版社1983年版，第121页。

设中发挥了重要作用。在建设无产阶级文化的过程中，列宁没有将劳苦大众当作被教育的对象，而是让无产阶级人民发挥自己的历史创造力和主动性，让一切有益于人民的优秀文化遗产启迪人民，为人民的文化创造提供条件。蔡特金回忆，列宁曾说："艺术属于人民。它必须深深地扎根于广大劳动群众中间。它必须为群众所了解和爱好。它必须从群众的感情、思想和愿望方面把他们团结起来并使他们得到提高。它必须唤醒群众中的艺术家并使之发展。"①"两种民族文化"的提出正是让人民明确文化的两种意识形态属性，吸纳部分资产阶级优秀文化遗产，建设无产阶级新文化。"两种民族文化"给予了俄国资产阶级文化向苏联无产阶级文化过渡的空间，为人民创造了发展无产阶级文化的条件。

［本文系国家社会科学基金重大项目"马克思主义文学理论关键词及当代意义研究"（编号：18ZDA275）阶段性成果］

（原载《文艺理论与批评》2023 年第 5 期）

---

① ［苏］蔡特金：《列宁印象记（摘录）》，载中国社会科学院文学研究所文艺理论研究室编《列宁　论文学与艺术》，人民文学出版社 1983 年版，第 435 页。

在列宁文艺思想的延长线上
——斯大林对马克思主义文艺理论的贡献

董学文

北京大学中文系

在马克思主义文艺理论史上,斯大林是一位产生过重大影响且引发激烈争议的人物。如何认识斯大林对马克思主义文艺理论的贡献,如何评价他在马克思主义文艺理论史上的地位和作用,一直是理论界和学术界长期关注而又争论颇多的问题。为了解决这些问题,本文试图从以下几个方面加以论述。

一、对斯大林文艺思想的整体评价

所谓整体评价,就是对斯大林文艺思想的总的认识。目前,从马克思主义文论史的一些著作来看,肯定者有之,回避者有之,否定者有之,淡化者也有之,分歧明显,情况不一。但其中,一分为二的肯定者占据多数。

学界普遍承认,斯大林文艺思想及其基本观点,是在对文艺有较丰富知识和较深入了解的基础上,在具体从事文艺领导工作的过程中逐步形成的。斯大林"十分重视马克思主义的理论建设"①，在他的领导下，创建和完善了马克思主义文艺理论研究机构和理论刊物，马克思、恩格斯、列宁的文艺理论遗产得到整理，培养了一批知名的马克思主义文艺理论研究家，在新的历史条件下推进了马克思列宁主义文艺学说。这个功绩是任何人都无法否认的。

有著作这样说：斯大林"继承了马克思、恩格斯、列宁的文艺思想，对在无产阶级夺取政权之后建设社会主义文艺实践中遇到的许多问题，作出了理论上的回答，从而丰富和发展了马克思主义文艺思想"②。有著作承认，斯大林继承了列宁的思想和事业，对社会主义文艺事业的发展问题尤其关注。在其制定的文艺政策中，虽有失误，但在许多问题上丰富和发展了马克思主义文艺思想，并在实践中促进了苏联社会主义文艺事业的发展和繁荣。③ 有著作认为，"斯大林确立的审美判断原则是以无产阶级的根本利益和'尽全力去建设社会主义'为总前提的"，"作为政治领袖的斯大林，仍然是把政治原则的判断标准放在第一位的"。④ 这些总体评价，应该说是中肯的。

斯大林在成为布尔什维克党和苏维埃国家主要领导人后，工作千头万绪，但并没有把文艺放在可有可无的位置。他对文艺事业不是偶然过问一下，而是一直密切关注文艺动向和创作情况，把文艺工作当作自己整个工作的一个重要组成部分。苏联许多有关文艺的法规和政策，都是在他直接领导下做出和制定的。在这方面，法捷耶夫在斯大林逝世后一篇悼念文章中表达

---

① 《马克思主义发展史》编写组：《马克思主义发展史》，高等教育出版社、人民出版社2013年版，第242页。
② 吕德申主编：《马克思主义文艺理论发展史》，高等教育出版社1990年版，第330页。
③ 参见刘庆福主编《马克思主义文艺理论发展简史》，北京师范大学出版社1995年版，第122页。
④ 梁一儒、李树榕、王善忠：《20世纪上中叶的马克思主义美学思想》，中央编译出版社1999年版，第205页。

的看法，具有相当的代表性。他说："斯大林在发展苏联艺术和文学中起了特别重要的作用。任何人也没有像斯大林那样确定了文学作为以共产主义精神教育和改造人的力量的伟大的育人作用，把作家称为人类灵魂的工程师。斯大林发现了和理论上论证了苏联文学中的社会主义现实主义方法，发展了列宁关于苏联文学的党性的学说。斯大林是党就文学问题作出的所有决定的策划者。他在三十年的时间里指导苏联文学的发展，不断用新的思想和口号鼓舞它，揭露它的敌人，关心和培养作家的骨干，鼓励他们同时又批评他们。"[①]法捷耶夫曾任苏联作家协会总书记，是苏联文艺事业当事人和诸多事件亲历者，苏共二十大后，由于不满赫鲁晓夫反斯大林的方针政策，悲愤地给苏共中央写了"绝命书"，于1956年5月13日开枪自杀。这至少说明，他之前对斯大林的肯定评价是真诚的。

斯大林曾说："有两派马克思主义者。这两派都是在马克思主义旗帜下工作，都认为自己是'真正的'马克思主义者。但是他们毕竟大不相同。……第一派通常只限于表面上承认马克思主义，堂皇地标榜马克思主义。……第二派恰巧相反，他们把问题的重心从表面上承认马克思主义转到实行和实现马克思主义。"[②]按照斯大林的看法，这后一派不是从历史类比和历史比拟中，而是从研究周围条件中求得指令和指示。他们的活动不是凭借引证和格言，而是凭借实践、依据经验来检查自己的每一个步骤。列宁属于这后一派，斯大林认为自己也属于这后一派。

和在其他理论领域一样，斯大林在文艺理论上也并不墨守成规，而是有着强烈的推进意识。他说："为了不落后于实践，必须立即根据新的情况研究这一切问题"，并在"新的实践"基础上，各方面理论"都应该有新的提

---

① 转引自张捷《斯大林与文学》，中国青年出版社2014年版，第324—325页。
② [苏]斯大林:《列宁是俄国共产党的组织者和领袖》，载《斯大林全集》第4卷，人民出版社1956年版，第272页。

法"。① 他在逝世前一两天，还跟苏共新当选的中央委员会主席团委员切斯诺科夫在电话里讲："您应当在最近就动手研究进一步发展理论的问题。我们可能在经济方面出一些错。但是不管怎么样我们能扭转过来。如果我们在理论上搞错了，那么就会断送整个事业。没有理论我们就会死亡，死亡，死亡！"② 可见斯大林对理论研究重视到了什么样的程度。

"要照伊里奇那样去建设新生活、新风俗和新文化。"③ "至于我，我不过是列宁的学生，我一生的目的就是要做到不愧为列宁的学生。我毕生的任务就是要提高另一个阶级，即工人阶级。"④ "谁也不能说我不是列宁的学生。他开辟了道路，而我们沿着这条已走出来的道路前进。"⑤ 这不是斯大林简单的表白，而是他铿锵的誓言和准则，是他对自己一生的总的评价。

二、对列宁"两种民族文化"理论的丰富

在十月革命后的历史和环境中，斯大林对列宁的民族文化理论作了新的阐发和说明，总结出社会主义文化发展的辩证法。他在《论东方民族大学的政治任务》演说中，第一次提出在无产阶级专政情况下怎样把民族文化和无产阶级文化结合起来的问题。他说："什么是民族文化呢？怎样把民族文化

---

① ［苏］斯大林：《论苏联土地政策的几个问题（1929年12月27日在马克思主义者土地问题专家代表会议上的演说）》，载中共中央马克思恩格斯列宁斯大林著作编译局编《斯大林选集》下，人民出版社1979年版，第211页。
② 转引自张捷《斯大林与文学》，中国青年出版社2014年版，第401页。
③ ［苏］斯大林：《致〈工人报〉》，载《斯大林全集》第7卷，人民出版社1958年版，第16页。
④ ［苏］斯大林：《和德国作家埃米尔·路德维希的谈话（1931年12月13日）》，载中共中央马克思恩格斯列宁斯大林著作编译局编《斯大林选集》下，人民出版社1979年版，第298—299页。
⑤ 转引自张捷《斯大林与文学》，中国青年出版社2014年版，第400页。

和无产阶级文化结合起来呢？难道列宁不是在战争以前就说过我们这里有两种文化——资产阶级文化和社会主义文化，并且说民族文化这个口号是力图用民族主义毒素来毒化劳动者意识的资产阶级的反动口号吗？"紧接着，他结合实际推进列宁的思路说："这里有没有不可克服的矛盾呢？当然没有！我们在建设无产阶级文化。这是完全对的。但是社会主义内容的无产阶级文化，在卷入社会主义建设的各个不同的民族当中，依照不同的语言、生活方式等等，而采取各种不同的表现形式和方法，这同样也是对的。内容是无产阶级的，形式是民族的——这就是社会主义所要达到的全人类的文化。无产阶级文化并不取消民族文化，而是赋予它内容。相反，民族文化也不取消无产阶级文化，而是赋予它形式。当资产阶级执政的时候，当各民族在资本主义制度保护下巩固起来的时候，民族文化这个口号是资产阶级的口号。当无产阶级执政的时候，当各民族在苏维埃政权保护下巩固起来的时候，民族文化这个口号就成了无产阶级的口号。谁不了解这两种不同情况的原则性的差别，谁就永远不会了解列宁主义，也永远不会了解民族问题的实质。"[1]在斯大林看来，"全人类的无产阶级文化不是排斥各民族的民族文化，而是以民族文化为前提并且滋养民族文化，正像各民族的民族文化不是取消而是充实和丰富全人类的无产阶级文化一样"[2]。

斯大林主张要在苏维埃基础上发展苏联各民族文化。那么，"在苏维埃基础上"这个附带条件，又是什么意思呢？他说："这就是说，苏维埃政权所发展的苏联各民族的文化，按其内容来说，应当是一切劳动者共同的文化，即社会主义的文化。而按其形式来说，它现在和将来对于苏联一切民族

---

[1] ［苏］斯大林：《论东方民族大学的政治任务》，载《斯大林全集》第7卷，人民出版社1958年版，第117页。

[2] ［苏］斯大林：《论东方民族大学的政治任务》，载《斯大林全集》第7卷，人民出版社1958年版，第119页。

都是不同的文化,即民族的文化,即因苏联各民族的语言和民族特征不同而各有差别的文化。"[1] 显然,在斯大林眼里,包括文艺在内的文化性质是要根据一定的社会制度来判断的。在苏维埃基础上提出发展各民族文化的口号,是"要使苏联各民族中民族文化的发展符合于社会主义的利益和要求,符合于无产阶级专政的利益和要求,符合于苏联一切民族劳动人民的利益和要求"[2]。斯大林在《联共(布)中央委员会向第十六次代表大会的政治报告(一九三〇年六月二十七日)》[3] 和《致玛·依·乌里杨诺娃同志。答勒·米赫里逊同志》[4] 等著述中,都进一步对发展社会主义民族文化与发展未来的统一的全人类文化的关系进行了阐述,反对大俄罗斯沙文主义倾向和地方民族主义倾向。这些论述,丰富发展了列宁的"两种民族文化"学说。

三、总结和领导社会主义文艺事业的规律

在马克思主义文艺理论史上,斯大林是十分重视总结社会主义文艺运动经验的人。1924 年,列宁逝世后,斯大林始终关心苏联的社会主义文艺事业,对如何领导文艺工作作了艰辛的探索。

1925 年,联共(布)中央作出《关于党在文学艺术领域中的政策》的专门决议,指出无产阶级的艺术风格尚未形成,各个不同的团体和流派必须展开自由竞赛。决议强调必须对艺术工作者、真诚的"同路人"、文艺事业

---

[1] 〔苏〕斯大林:《联共(布)中央委员会和中央监察委员会联席全会(一九二七年七月二十九日至八月九日)》,载《斯大林全集》第 10 卷,人民出版社 1954 年版,第 64 页。
[2] 〔苏〕斯大林:《联共(布)中央委员会和中央监察委员会联席全会(一九二七年七月二十九日至八月九日)》,载《斯大林全集》第 10 卷,人民出版社 1954 年版,第 64 页。
[3] 参见《斯大林全集》第 12 卷,人民出版社 1955 年版。
[4] 参见《斯大林全集》第 10 卷,人民出版社 1954 年版。

的专家持爱护的态度，保证使他们转到社会主义立场上来，这将有助于建立新社会的艺术；决议警告不要试图建立"温室里的"无产阶级文学，那是不能容许的。党要提醒作家，必须从生活现象的复杂性和深处来把握生活，并牢记掌握马克思主义哲学的重要性。①

至于怎样才能避免只依靠行政命令的手段，有力推动社会主义文艺的发展，斯大林提出了开展"竞赛"的思想。他说："当然，'批评'和要求禁止非无产阶级的作品是很容易的。但是最容易的不能认为是最好的。问题不在于禁止，而在于通过竞赛，创作真正的、有意思的、富有艺术性的苏维埃性质的剧本，来代替旧的和新的非无产阶级的低级作品，逐步地把它们从舞台上排挤下去。而竞赛是一件重大的事情，因为只有在竞赛的情况下才能使我们无产阶级的文艺形成和定形。"② 斯大林特别强调，社会主义"并不抹掉和消除文学创作的形式和色调的全部多样性。相反，只有在社会主义条件下，只有在我国，艺术的最多样化的形式，形式的完备和多面性，当然，其中包括文学创作的形式和色调的多面性，才能和应当得到发展和扩大"③。这种"多样化"也是需要靠"竞赛"来完成的。

斯大林高度重视培养和扶持社会主义文艺新人，反对崇拜"名人"的庸俗习气。他说："我一点也不因为给一个在文坛上无名的人的一本平凡的小

---

① 参见[苏]M.C.卡冈主编《马克思主义美学史》，汤侠生译，北京大学出版社1987年版，第119页。
② [苏]斯大林：《答比里-别洛策尔柯夫斯基》，载《斯大林全集》第11卷，人民出版社1955年版，第281页。
③ [苏]斯大林：《在与共产党员作家的座谈会上的讲话》(1932年10月20日)，载张捷编《斯大林论文艺》，中国红色文化研究会"红色文化研究书库"（内部资料），2016年，第79页。

册子写序言而后悔。"①他认为只给文坛"要人""名人""巨匠"写序,并迷信他们,这是一种官僚主义老爷作风,会压制年轻的新生力量的成长。他说:"我们的任务之一就是要打穿这堵死墙,使不可胜数的年轻力量得到出路。"②扶持新人,这是繁荣社会主义文艺的必要条件。

面对苏联一度出现的历史虚无主义思潮,斯大林反复论述要正确对待文化遗产,批判继承好的文化传统。他说:"伊里奇教导我们,不了解和不保存人类的全部旧文化经验,我们就建不成新的社会主义文化。辩证法不仅要求否定旧的,而且要求保存它,如果你们能向作家们讲清这个简单的道理并使他们相信它,这就不坏。"③斯大林一直遵循着列宁的教诲。

斯大林在新历史条件下运用和发挥了马克思的"艺术生产"理论。他曾对作家说,"有各种不同的生产:生产大炮、汽车、机器。你们也制造产品。我们十分需要的产品。很有意思的产品。生产人们的灵魂。同样是重要的生产。十分重要的生产——生产人的灵魂"。"我们的国家的各种生产都是与你们的生产相联系的。如果不了解一个人如何参加社会主义生产,那么你们的生产是无法进行的。……人往往受生活本身的改造。但是也请你们帮助他进行灵魂的改造。生产人的灵魂是一种重要的生产。你们是人类灵魂的工程师"。④作家是"人类灵魂的工程师"的说法,至今仍有生命力。这一说法体现了斯大林对作家、艺术家的高度尊敬,对文艺家责任的充分肯定,对马

---

① [苏]斯大林:《致费里克斯·康同志(抄致中央委员会伊万诺沃-沃兹涅先斯克省分局书记柯洛齐洛夫同志)》,载《斯大林全集》第12卷,人民出版社1955年版,第102页。
② [苏]斯大林:《致费里克斯·康同志(抄致中央委员会伊万诺沃-沃兹涅先斯克省分局书记柯洛齐洛夫同志)》,载《斯大林全集》第12卷,人民出版社1955年版,第103页。
③ 转引自张捷《斯大林与文学》,中国青年出版社2014年版,第60—61页。
④ [苏]斯大林:《在与共产党员作家的座谈会上的讲话》(1932年10月20日),载张捷编《斯大林论文艺》,中国红色文化研究会"红色文化研究书库"(内部资料),2016年,第91页。

克思"艺术生产"理论的精准把握。

斯大林说，在社会主义社会，"作家的作用是巨大的。作家直接地、几乎不带任何反省地反映群众的新的情绪，这就显得尤其珍贵"[1]。他承认，文艺具有从精神上影响群众的巨大可能性，因此要求文艺要"帮助工人阶级及其政党以社会主义精神教育劳动者，组织群众为社会主义而斗争，提高群众的文化水平和政治战斗力"[2]。斯大林不把文艺的审美作用和教育作用对立起来，认为社会主义文化的目的就是要"用社会主义和国际主义精神来教育群众"[3]。依照斯大林思想拟定的《苏联作家协会章程》，明确规定"艺术描写的真实性和历史具体性必须与用社会主义精神从思想上改造和教育劳动人民的任务结合起来"[4]。这是对社会主义文艺根本特征的揭示。

斯大林不赞成文艺创作的"无冲突论"。"根据当时苏联作协总书记法捷耶夫在苏共十九大上的发言所说，反'无冲突论'是由于斯大林的出面干预才得以提出来的。"[5] 在斯大林看来，"生活中是有冲突的。这些冲突应当在戏剧中得到反映——否则戏剧就不存在了。……而没有冲突就没有深度，就没有戏剧。……应当认清这一点"[6]。

1939年12月20日，苏联人民委员会通过决议设立"斯大林文学奖"，

---

[1] [苏]斯大林：《与利昂·福伊希特万格的谈话（节译）》（1937年1月8日），载张捷编《斯大林论文艺》，中国红色文化研究会"红色文化研究书库"（内部资料），2016年，第110页。

[2] [苏]斯大林：《致苏联电影总局舒米亚茨基同志》（1935年1月15日），载张捷编《斯大林论文艺》，中国红色文化研究会"红色文化研究书库"（内部资料），2016年，第100页。

[3] [苏]斯大林：《联共（布）中央委员会向第十六次代表大会的政治报告（一九三〇年六月十七日）》，载《斯大林全集》第12卷，人民出版社1955年版，第319页。

[4] 《苏联文学艺术问题》，曹葆华等译，人民文学出版社1953年版，第25页。

[5] 吴元迈：《战后苏联文学问题》，载《吴元迈文集》，上海辞书出版社2005年版，第397页。

[6] [苏]斯大林：《斯大林奖金的讨论》（1952年2月26日），载张捷编《斯大林论文艺》，中国红色文化研究会"红色文化研究书库"（内部资料），2016年，第193页。

1941年开始评奖，直到1952年斯大林都很重视这个奖项，亲自参加获奖作品的最后评定。对推荐上来的作品，他一般都读过，而且还会读相关评论文章。在讨论时，斯大林常发表具体意见，甚至与他人进行争论。参加奖项评审讨论，这是斯大林领导社会主义文艺事业的一种特殊方式。

在总结领导社会主义文艺经验的问题上，斯大林是按照列宁讲过的原则行事的，即"必须紧紧地掌着舵，走我们自己的路，决不要上别人阿谀奉承或恫吓讹诈的当"①。斯大林文艺思想的构建，与他领导苏联社会主义文艺运动的经验，是有着密切联系的。

四、发展马克思主义文艺批评方法

斯大林的批评方法有其特点，概括起来讲，就是整体把握、具体分析，就是以发展的眼光看待文艺现象。

斯大林认为，文艺作品的价值不是由个别枝节或细节决定的，而是"由它的总的倾向决定的"。譬如，他不同意对米库林娜的小册子《群众的竞赛》全盘否定，他指出，作者"因为受了某个讲述者的蒙蔽而写了一些很不确实的东西"，但是，"难道这本小册子的价值是由个别细节而不是由它的总的倾向决定的吗"？②斯大林认为，该书的价值"在于它传播了竞赛的思想，以竞赛的精神感染了读者。最重要的就在这里，而不在于个别细节上的错误"③。

---

① ［苏］斯大林：《列宁同志在休养中（短文）》，载《斯大林全集》第5卷，人民出版社1957年版，第111—112页。
② ［苏］斯大林：《致费里克斯·康同志（抄致中央委员会伊万诺沃－沃兹涅先斯克省分局书记柯洛齐洛夫同志）》，载《斯大林全集》第12卷，人民出版社1955年版，第101页。
③ ［苏］斯大林：《致费里克斯·康同志（抄致中央委员会伊万诺沃－沃兹涅先斯克省分局书记柯洛齐洛夫同志）》，载《斯大林全集》第12卷，人民出版社1955年版，第102页。

他还举例说:"当代名作家萧洛霍夫同志在他的《静静的顿河》中写了一些极为错误的东西,对塞尔佐夫、波德焦尔柯夫、克利沃什吕柯夫等人物做了简直是不确实的介绍,但是难道由此应当得出结论说《静静的顿河》是一本毫无用处的书,应该禁止出售吗?"① 显而易见,对一部作品的"总的倾向",斯大林看得更重一些。他有时也把作品"总的倾向"称为"主要特征"或"基本思想",这就抓住了事物的主要矛盾。

世界上没有纯而又纯的文艺作品,对作品从"总的倾向"上判断,这是马克思主义方法的具体表现。与这个"总的倾向"论观点相似,斯大林还有一个决定整部作品的"音调"说。他认为作品中"一些琐碎的词句和暗示",一种"偶然的因素""可以不去管它",但如果这些"小东西"出现过多,甚至猛烈地"喷涌出来",以至于决定了整部作品的"音调",那就不能大意了,他说,"大家知道,音调是构成乐曲的"。② 以别德内依的小品文《从热炕上爬下来吧》为例,斯大林讲这个作品"有许多击中要害的精彩的地方。但是在那里也还有一匙焦油,它弄脏了整幅图画,把它变成了十足的'比里尔瓦'③。问题就在这里,构成这些小品文的乐曲的就是这个东西"④。斯大林的"总的倾向"论和"音调"说,首先考虑的是作品的思想性和政治意义,这与他作为政治领袖并处在社会主义初期的环境是分不开的。

斯大林不同意用"左倾"或"右倾"概念来表示作品的不同倾向。他在1926年的一封回信中谈道:"我认为在文艺方面(以及在戏剧方面)提出

---

① [苏]斯大林:《致费里克斯·康同志(抄致中央委员会伊万诺沃-沃兹涅先斯克省分局书记柯洛齐洛夫同志)》,载《斯大林全集》第12卷,人民出版社1955年版,第101页。
② [苏]斯大林:《致杰米扬·别德内依同志(摘自原信)》,载《斯大林全集》第13卷,人民出版社1956年版,第23页。
③ 民间土语,意为泥潭、沼泽、洼地——引者注。
④ [苏]斯大林:《致杰米扬·别德内依同志(摘自原信)》,载《斯大林全集》第13卷,人民出版社1956年版,第24页。

'右倾分子'和'左倾分子'的问题这一提法的本身是不正确的。'右倾'或'左倾'的概念目前在我国是党的概念，更确切地说，是党内的概念。……因此，把这些概念应用于像文艺、戏剧等等非党的和无比广阔的领域，那就奇怪了。"① 同年2月12日，斯大林在与一批乌克兰作家座谈时，又进一步论述了这个问题。他说，"对不起，我不能要求文学家一定是共产党员和一定奉行党的观点。对小说文学来说需要有另一些尺度：不革命的和革命的、苏维埃的和非苏维埃的、无产阶级的和非无产阶级的。但是不能要求文学是共产主义的。经常有人说：右的剧本或左的剧本。'那里描写了右的危险，例如《土尔宾一家的日子》是文学中右的危险，或者譬如说，《逃亡》被禁演了，这是右的危险。'这样说不对，同志们。右的或左的危险——这纯粹是党的（现象）。……难道文学是党的文学？这说的是党。当然，文学要比党广泛得多，那里应当有另一些更广泛的尺度。……不能把纯粹是党的标准机械地应用到文学家当中"②。斯大林的意见，是延续着列宁在《党的组织和党的文学》一文中的思想的。

斯大林在一封《给阿·马·高尔基的信》中，曾反对那些描写战争"恐怖"、引起对一切战争反感的资产阶级和平主义小说。他说："我们所需要的是这样的小说，它们能够把读者从注意帝国主义战争的惨祸引导到了解必须打倒组织这种战争的帝国主义政府。……我们拥护解放的、反帝国主义的、革命的战争，虽然大家知道这种战争不仅没有免于'流血的惨祸'，甚

---

① [苏]斯大林：《答比里-别洛策尔科夫斯基》，载《斯大林全集》第11卷，人民出版社1955年版，第280页。
② [苏]斯大林：《会见乌克兰作家时的谈话（节译）》（1929年2月12日），载张捷编《斯大林论文艺》，中国红色文化研究会"红色文化研究书库"（内部资料），2016年，第24—25页。

至充满了这种惨祸。"① 斯大林这种批评观,也是在马克思主义文艺批评的轨道上的。

斯大林主张文艺要担负起自我批评的责任。1930年他在一封给高尔基的信中强调:"我们不能没有自我批评。……没有自我批评,机关的停滞和腐朽,官僚主义的滋长,工人阶级创造主动性的破坏就不可避免。当然,自我批评会给敌人提供材料。"但是,"好处是会抵销和超过坏处的"。② 恩格斯曾经说过这样的话:"批评是工人运动生命的要素,工人运动本身怎么能避免批评,想要禁止争论呢?难道我们要求别人给自己以言论自由,仅仅是为了在我们自己队伍中又消灭言论自由吗?"③ 斯大林的见解同恩格斯的思想一脉相承。

"批评首先应当是符合事实的。"④ 这是斯大林反复强调的原则,他对批评中的不良倾向坚决予以谴责。1946年,斯大林在谈到文艺批评时说:"我们没有任何批评,已有的那些批评家是受他们为其服务的作家们供养的,是朋友义气的奴隶。他们的任务是夸奖一些人,辱骂所有其余的人,如果我们想要谈论如何活跃批评,那么我们应当不从活跃本位主义的批评开始。"⑤ 斯大林呼吁的是一种公正的、客观的、独立于作家的、不顾情面的,既没有阿谀奉承也没有私心攻讦的批评。至于文艺上为什么会没有批评,他认为这主

---

① [苏]斯大林:《给阿·马·高尔基的信》,载中共中央马克思恩格斯列宁斯大林著作编译局编《斯大林选集》下,人民出版社1979年版,第236页。
② [苏]斯大林:《给阿·马·高尔基的信》,载中共中央马克思恩格斯列宁斯大林著作编译局编《斯大林选集》下,人民出版社1979年版,第234页。
③ [德]恩格斯:《致格尔桑·特利尔》,载中共中央马克思恩格斯列宁斯大林著作编译局译《马克思恩格斯全集》第37卷,人民出版社1971年版,第324页。
④ [苏]斯大林:《给拉普共产党员作家们的回信》(1929年2月28日),载张捷编《斯大林论文艺》,中国红色文化研究会"红色文化研究书库"(内部资料),2016年,第33页。
⑤ 转引自张捷《斯大林与文学》,中国青年出版社2014年版,第133页。

要是由于文艺家们不问政治造成的。斯大林的文艺批评观，至今仍给我们以教益和启迪。

五、确立"社会主义现实主义"创作方法

这是斯大林领导苏联文艺事业贡献最突出的地方，是他对马克思主义文艺理论的创造性发展，是他对社会主义时期革命文艺种种新创作经验的理论概括。多年来，许多西方人士把"社会主义现实主义"说成是第一次苏联作家代表大会把这一共产党指示强加给作家的，对其指责、非议颇多，对斯大林所起作用的否定也比比皆是。就连特里·伊格尔顿这样的左翼学者，也说"社会主义现实主义"原则"是斯大林和高尔基拼凑出来的，由斯大林在文化方面的打手日丹诺夫予以颁布"的，"在斯大林的统治下，布尔什维克革命的损失反映在文化上，便是对文艺进行了近代史上前所未有的摧毁性的打击，而这种打击又借助了社会解放的理论与实践这一名义"。① 这样的判断，完全是不符合事实的。

俄国学者格罗莫夫的意见比较中肯。他说斯大林在"社会主义现实主义"被确定为苏联文学的基本创作方法方面起了主导作用，在如何表述这新的创作方法上进行了深入的思考和反复的掂量，最后敲定了"社会主义现实主义"这一术语；然后又充分发扬民主，亲自参与讨论和争论，做了大量解释和说服工作，终于取得了绝大多数作家的同意和支持，最后写入第一次苏联作家代表大会通过的苏联作家协会章程，成为作家们应该共同遵守的准则。② 格罗莫夫是俄国研究斯大林和艺术问题的专家，在他的《斯大林：艺

---

① ［英］特里·伊格尔顿：《马克思主义与文学批评》，文宝译，人民文学出版社1980年版，第42—43页。
② 参见张捷《斯大林与文学》，中国青年出版社2014年版，第79页。

术与权力》著作中,有一节的标题就是"社会主义现实主义之父"。可见,他对斯大林的首肯是有根有据的。

众所周知,"社会主义现实主义"作为苏联文艺创作和批评的基本方法,其提出和确立有一个过程。20世纪20年代,苏联的文艺思想斗争一直围绕着如何创造性地探索新社会的新的艺术方法,到20年代中后期,关于艺术中占主导地位的创作方法仍不明确,出现了"无产阶级现实主义""英雄现实主义""社会现实主义""新现实主义""红色现实主义""心理学现实主义""带倾向的现实主义""浪漫主义的现实主义""未来主义"等概念,令人眼花缭乱。

进入20世纪30年代,"拉普"(俄罗斯无产阶级作家协会)的"辩证唯物主义创作方法"占了上风。斯大林对"拉普"曾一度表示支持,但后来他发现"拉普"有些高傲自大、宗派主义和小圈子作风,已成为文学事业进一步发展的束缚与绊脚石,经过再三考虑,他决定予以解散。1932年4月23日,联共(布)中央做出《关于改组文艺团体》的决议,并着手筹备召开第一次苏联作家代表大会和成立苏联作家协会。在此期间,由斯大林负责,苏共中央和文艺界对文艺创作方法问题进行了热烈探讨与争论。据当时苏联作家协会筹委会组织委员会主席伊·格隆斯基回忆,1932年4月末5月初,他跟斯大林讨论过"拉普"的问题。他表示,自己坚决反对使用"辩证唯物主义创作方法"这一提法,建议使用"无产阶级社会主义的,最好还是共产主义的现实主义"的提法。斯大林有不同意见,他在听完伊·格隆斯基的建议后说:"您正确地指出了苏联文学的阶级的、无产阶级的性质,正确地说明了我们整个斗争的目标。但是艺术创作方法应当能团结所有的文艺活动家,我们有无必要在它的定义中专门说明甚至强调苏联的文学和艺术的无产阶级性质?试想,这样做没有多大必要。指出工人阶级斗争的终极目标——共产主义,这也是对的。但是要知道我们暂时还把从社会主义过渡到共产主义的问题作为实际任务提出来。……把共产主义作为实际目标提出来，您就有点跑得太快了。您找到了解决问题的正确办法，但是表达得并不完全恰当。如果我们把苏联文学的创作方法称为社会主义现实主义，您以为如何？这个定义的优点，第一，在于它简短（总共只有两个词）；第二，好理解；第三，指出了文学发展的继承性（在资产阶级民主的社会运动时期出现的批判现实主义文学过渡到、转变为无产阶级社会主义运动阶段的社会主义现实主义文学）。"①伊·格隆斯基立刻同意了。1932年5月20日，他在莫斯科文学积极分子会议和5月23日《文学报》上，两次公开表述了"社会主义现实主义"创作方法，并指出"方法的问题不应抽象地提，对这件事情不能这样看待：仿佛作家应当首先学习辩证唯物主义教程，然后才去写作。我们对作家们提出的基本要求是——写真实吧，真实地反映我们的现实生活吧，现实生活就是辩证的。因此苏联文学的基本方法就是社会主义现实主义"②。伊·格隆斯基成为第一个披露斯大林观点的人。

1932年10月26日，在高尔基寓所举行了一次文学家座谈会。在会上，斯大林回答一位前"拉普"成员就"辩证唯物主义创作方法"和世界观问题的询问时说道："你们不应让各种论点塞满艺术家的脑袋。一个艺术家应当真实地表现生活。如果他将真实地表现我们的生活，那么他不能不在其中看到、不能不表现那种把生活引向社会主义的东西。这就是社会主义现实主义。"③斯大林的讲话，明显是针对"拉普"以世界观代替创作方法、混淆二

---

① 转引自张捷《斯大林与文学》，中国青年出版社2014年版，第67—68页。
② 转引自刘庆福主编《马克思主义文艺理论发展简史》，北京师范大学出版社1995年版，第125页。
③ [苏]斯大林：《在与党内外作家座谈会上的讲话（节译）》（1932年10月26日），载张捷编《斯大林论文艺》，中国红色文化研究会"红色文化研究书库"（内部资料），2016年，第92页。

者区别的，他提出"社会主义现实主义"方法是经过了深思熟虑的。

在这里，斯大林把"真实地表现生活"看作"社会主义现实主义"的基本要求与核心内容。而这种"真实"，则是动态的真实、本质的真实，是能"表现那种把生活引向社会主义的东西"的真实。正因如此，1934年苏联作家协会第一次代表大会通过的《苏联作家协会章程》，才把斯大林的这一思想表述为："社会主义的现实主义，作为苏联文学与苏联文学批评的基本方法，要求艺术家从现实的革命发展中真实地、历史地和具体地去描写现实。同时艺术描写的真实性和历史具体性必须与用社会主义精神从思想上改造和教育劳动人民的任务结合起来。社会主义的现实主义保证艺术创作有特殊的可能性去表现创造的主动性，选择各种各样的形式、风格和体裁。"[1] 这是一个创造，一个辩证法的胜利。

通过以上的考察，不难发现，"社会主义现实主义"概念最早是斯大林在私下里提出来的，或者说他是具有这个概念的发明权和专利权的。诚然，我们不宜将"社会主义现实主义"称为"斯大林的公式"，因为它是许多人长时间酝酿和多场大讨论的结果。但是，斯大林在其中起了关键的、决定性的作用，则是毫无疑问的。据不完全统计，从斯大林在高尔基寓所讲话后，到1934年8月第一次苏联作家代表大会开幕前的一年多时间里，报刊上涉及讨论"社会主义现实主义"问题的文章，有近400篇之多。这足以说明，"社会主义现实主义"创作方法的最终形成，是苏联文艺理论界和创作界自身经验的一个结晶。

---

[1] 《苏联文学艺术问题》，曹葆华等译，人民文学出版社1953年版，第13页。

六、"社会主义现实主义"创作方法的理论意义

"社会主义现实主义"作为基本的创作方法,其中的"社会主义"不仅是个历史概念,也是个观念形态的概念,它包含着文学和艺术新质的规定,标志着两个阶段的分水岭。"社会主义现实主义"中的"现实主义",有其美学上的继承性,也有其内涵上的独特性。跟以往各种现实主义不同,它是面向新主人公的,是充满激情、英勇精神和乐观气魄的,是从时代的进步来表现生活的;它是对庄严与豪迈的追求,是根除"旧世界"影响、为新社会进行英勇斗争的艺术反映;它不是冷淡阴暗地描绘现实,而是要通过创作途径营造一个振奋人心、使人向上、使人着眼于未来的现实主义。用高尔基的话说,"新的现实主义是为对生活的社会改造的革命激情所丰富化了的艺术"①,这才是"社会主义现实主义"的灵魂和本质属性。苏联有学者曾承认:"社会主义现实主义的这种明确的目的性使它具有了全人类的意义,使它成了世界艺术发展进程中的一个崭新阶段。"② 这是有道理的。

从理论背景上看,1932—1933 年,苏联第一次用俄文发表了恩格斯给敏·考茨基和玛·哈克奈斯的信,再版了马克思、恩格斯就历史剧《弗兰茨·冯·济金根》给斐·拉萨尔的信。此间还出版了把马克思、恩格斯、列宁论述艺术的言论加以系统化的文集和选集。这些文献,包含关于艺术与现实关系、世界观在艺术创作中的作用、现实主义的性质等一系列重要思想。这个背景说明,"社会主义现实主义"方法的提出,同马克思主义文艺学说此时的传播与影响密不可分。当时就有评论家指出:苏联文艺界在"社会主

---

① [苏] п.尼古拉耶夫:《马克思列宁主义文艺学》,李辉凡译,安徽文艺出版社 1986 年版,第 177 页。
② [苏] M.C.卡冈主编:《马克思主义美学史》,汤侠生译,北京大学出版社 1987 年版,第 133 页。

义现实主义"这一概念中看到了"马克思、恩格斯和列宁在唯物主义美学方面所制定的那些原则"。①

斯大林提倡"社会主义现实主义",并不排斥其他创作方法,尤其不忽视浪漫主义。在斯大林看来,浪漫主义是现实的理想化和美化。他认为在高尔基创作的第一个时期,其作品中就有不少浪漫主义。他说:"作家需要这样的浪漫主义。我们需要这种能把我们推向前进的浪漫主义。我不想以此把浪漫主义与革命的现实主义对立起来。"②

斯大林主张"社会主义现实主义"创作方法,实际上解决了世界观与创作方法的关系问题。1932年10月20日,斯大林在与党员作家座谈时说:"为什么你们要求非党作家一定要懂得辩证法的规律?为什么一位非党作家应当用辩证方法写作?用辩证方法写作究竟是怎么回事?托尔斯泰、塞万提斯、莎士比亚不是辩证论者,但是这并不妨碍他们成为大艺术家。"接下来他说,"我讲这些话并不想说明作家根本不一定需要了解辩证法的规律。相反,只有掌握思维的辩证方法,作家才能真正地认识和领会他周围发生的现象和事件;只有做到这一点,他才能在自己的创作中达到与革命的社会主义思想相适应的高度艺术性。但是这样的知识不是立刻就能得到的。……你们不懂得不能要求一位非党作家立刻成为辩证论者。你们对运用于艺术创作的辩证方法的理解是对这一方法的庸俗化"。③ 1932年10月26日,斯大林在与党内外作家座谈时,有人问他:"难道一个诗人不能成为辩证论者吗?"

---

① 吴元迈:《30年代苏联文学思想》,载《吴元迈集》,上海辞书出版社2005年版,第363—364页。
② 转引自张捷《斯大林与文学》,中国青年出版社2014年版,第72页。
③ [苏]斯大林:《在与共产党员作家的座谈会上的讲话》(1932年10月20日),载张捷编《斯大林论文艺》,中国红色文化研究会"红色文化研究书库"(内部资料),2016年,第83页。

斯大林回答说："不，能成为。如果他成为一个辩证唯物主义者，这就很好。但是我想说，到那时也许不想写诗了。当然，我这是说句笑话。"①1937年，斯大林在与一位德国作家谈话时又说："不能把作家的世界观与他的作品混为一谈。"他举果戈理及《死魂灵》为例说："果戈理的世界观无疑是反动的。他是一个神秘主义者。他绝不认为农奴制应当崩溃。……然而果戈理的《死魂灵》违背他的意志，以其艺术真实对四十、五十、六十年代好几代革命知识分子以巨大的影响。"②这种辩证的分析方法，可谓同恩格斯分析巴尔扎克、列宁分析列夫·托尔斯泰的方法如出一辙。

　　斯大林对"社会主义现实主义"创作方法的倡导，体现了他对列宁文学党性原则的坚守。这一创作方法，揭示了社会主义文艺的本质，揭示了作家、艺术家只有站在自觉为劳动群众利益和社会主义事业服务的立场才能真实全面地描写现实的精神。尤金——苏联作家协会章程起草人之一——曾说："社会主义现实主义就其实质来说是批判的。批判和摧毁旧的东西，批判地对待一切与我们敌对的以及与社会主义精神格格不入的、可是却还扎根于我们生活之中的东西，是社会主义现实主义的重要任务之一。"③毛泽东同志也讲过："我们是主张社会主义的现实主义的。"④历史已经证明，"社会主义现实主义"创作方法，对苏联和世界革命文艺的发展，起过极其巨大的推

---

① [苏]斯大林：《在与党内外作家座谈会上的讲话（节译）》（1936年10月26日），载张捷编《斯大林论文艺》，中国红色文化研究会"红色文化研究书库"（内部资料），2016年，第92页。
② [苏]斯大林：《与利昂·福伊希特万格的谈话（节译）》（1937年1月8日），载张捷编《斯大林论文艺》，中国红色文化研究会"红色文化研究书库"（内部资料），2016年，第111—112页。
③ 《第一次苏联作家代表大会（1934年）》速记记录，转引自张捷《斯大林与文学》，中国青年出版社2014年版，第78页。
④ 毛泽东：《在延安文艺座谈会上的讲话（一九四二年五月）》，载《毛泽东选集》第3卷，人民出版社1991年版，第867页。

动作用。它在人类文艺思想史上，在马克思主义文艺理论史上，都具有飞跃的意义。

七、关心、尊重和爱护作家的事例

不少文章都指责斯大林打击、迫害作家，事实上，斯大林通过会见、座谈、电话联系或书信往来，同作家有广泛的接触和交往，其关心、支持、爱护作家创作和生活的例子不胜枚举。

斯大林说，高尔基是个搞艺术的人，容易受情绪和感情的支配，可能无意中会做出不适当的事情。他的这种看法同列宁相似。列宁曾高度评价高尔基作为艺术家的才能和所起的作用，但也认为他"始终在政治上最没主见而且惯于感情用事"[①]。因此，斯大林要求政治局委员们要多同高尔基接触，了解他对各种事情的态度，以便及时劝导他。涉及文学艺术问题，斯大林经常跟高尔基商量，倾听他的意见。

斯大林也爱护马雅可夫斯基。有一次，伏罗希洛夫告诉斯大林，他不喜欢马雅可夫斯基朗诵自己的诗。斯大林回答："而老百姓喜欢。既然老百姓喜欢，我们也应该喜欢！"[②]并指出，"马雅可夫斯基过去是、现在仍然是我们苏维埃时代最优秀、最有才华的诗人。对他和他的作品采取冷漠态度是犯罪行为"[③]。

---

① ［苏］列宁：《致亚·加·施略普尼柯夫》，载中共中央马克思恩格斯列宁斯大林著作编译局编译《列宁全集》第47卷，人民出版社1990年版，第435页。
② 转引自张捷《斯大林与文学》，中国青年出版社2014年版，第228页。
③ ［苏］斯大林：《在莉·尤·勃里克的信上的批示》(1935年11月24日以后)，载张捷编《斯大林论文艺》，中国红色文化研究会"红色文化研究书库"（内部资料），2016年，第101页。

斯大林对长篇小说《钢铁是怎样炼成的》的看法，颇能反映他的文学思想。1936年5月初，高尔基在给斯大林的一封信里，对苏联文学创作的状况及文学编辑工作水平偏低表示不满，信中还以奥斯特洛夫斯基的《钢铁是怎样炼成的》和维尔塔的《孤独》为例加以说明。斯大林5月21日在给高尔基的回信中，一方面承认苏联当时的青年文学"经常不合起码的文理通顺和要求。《孤独》和《钢铁是怎样炼成的》也不例外"。另一方面他又讲："与此同时应该说，我认为对我国文学来说，这两部作品是重要的和不可轻视的正面现象。奥斯特洛夫斯基的事迹您应该说是知道的。"[①] 斯大林的话，无疑告诉我们，应该重视年轻作家作品的艺术性和文化底蕴，但对其满含进步思想的作品，还是应该肯定、扶植和给予鼓励的。

斯大林曾给苏联作家协会领导人斯塔夫斯基写便签，请他关照索波列夫，说该同志"无疑是一个很有才华的人（根据他的《大修》[②]来判断）。从他的信中可以看出，他任性和情绪不稳定（不听从'驾驭'）。我认为这些特点是所有具有文学才能的人所共有的（也许有少数例外）"。"就让作家想写什么就写什么，想什么时候写就什么时候写。""一句话，让他先胡闹一阵。要爱护他"。[③]

斯大林对作家肖洛霍夫十分重视和关心，鼓励他积极创作，在他发表作品遇到困难时帮助解决实际困难，在他遭到诬陷时予以保护。斯大林说："在我看来，肖洛霍夫有很高的艺术才能。此外，他是一个非常有责任感的

---

① ［苏］斯大林：《给阿·马·高尔基的信》（1936年5月21日），载张捷编《斯大林论文艺》，中国红色文化研究会"红色文化研究书库"（内部资料），2016年，第104页。
② 《大修》是索波列夫创作的第一部长篇小说——引者注。
③ ［苏］斯大林：《给弗·彼·斯塔夫斯基的便签》（1935年12月10日），载张捷编《斯大林论文艺》，中国红色文化研究会"红色文化研究书库"（内部资料），2016年，第103页。

作家，所写的东西都是他非常熟悉的。"①有些人对肖洛霍夫作品中个别人物的写法有意见，斯大林说："不能干预艺术家的创作过程，不能强迫他接受什么。对艺术作品不能下判决，只能进行争论。"②

斯大林重视乌克兰剧作家柯涅楚克的创作，1940年年底在给他的信中说，"读了您的《在乌克兰草原上》。写得很出色——艺术上比较完整，使人开心，非常开心。只是我担心它过于使人开心了：有这样的危险，喜剧过于使人开心会把读者和观众的注意力从它的内容上转移开"③。关爱之情溢于言表。

伊·爱伦堡写了短篇小说《共产主义完人》，塑造了一个患有"'革命的'臆造主义和'革命的'设计主义的病症"的……"'布尔什维克'的典型"。但斯大林认为，"这篇小说虽然有过于夸大的地方，它正确地抓住了这种病症却是毫无疑义的"。④斯大林对作家并不求全责备。

关心工人作家，是斯大林的本能。他说，"工人作家不是现成从天上掉下来的，他们只是在写作的过程中慢慢锻炼出来的。所需要的只是更勇敢地动手去干：跌一两次跤，以后就学会写作了"⑤。他认为一个作家"不能坐在书室里虚构各种形象和事件。必须从生活中去获取，也就是说，必须去研究生活，去向生活学习"⑥。他曾对诗人别德内依说："如果你还没有看见过林立的石油井架，那么你就是'什么也没有看到过'。我相信巴库能提供你极

---

① [苏]斯大林：《给拉·莫·卡冈诺维奇的信》（1932年6月7日），载张捷编《斯大林论文艺》，中国红色文化研究会"红色文化研究书库"（内部资料），2016年，第76页。
② 转引自张捷《斯大林与文学》，中国青年出版社2014年版，第331页。
③ 转引自张捷《斯大林与文学》，中国青年出版社2014年版，第167页。
④ [苏]斯大林：《论列宁主义基础》，载《斯大林全集》第6卷，人民出版社1956年版，第163页。
⑤ [苏]斯大林：《我们的目的》，载《斯大林全集》第2卷，人民出版社1953年版，第244页。
⑥ [苏]罗米什：《斯大林与苏维埃文学》，胡鑫之译，新文艺出版社1954年版，第6页。

丰富的材料来创作像《牵引力》这样的杰作。"① 这同列宁劝高尔基"走出彼得堡"，到"下面观察"生活，何其相似。

斯大林对作家进行所谓"创作出差"的做法持有异议，耐人寻味。"创作出差"，是20世纪40年代中后期苏联作家协会负责人提出的做法，指的是派一些作家离开城市下到生活中去，下到工农业生产的实际中去，改变创作题材单一的状况。对这种做法，斯大林发出疑问："可是托尔斯泰没有进行过创作出差"；"我认为当一个严肃的作家严肃地工作时，如果需要，他自己会去的"。② 这个细节使我们生动地看到，斯大林是希望作家自觉地、踏踏实实地、长期地、无条件地、全心全意地深入生活的，那种蜻蜓点水式的"采风"，走马观花式的"创作出差"，对作家写出优秀作品是没有多大帮助的。

这些"故事"，哪有一丝迫害、打击作家的影子呢？当然，在苏联的"肃反"运动扩大化的错误中，也曾牵连或伤害到一些作家、艺术家，但那跟斯大林对待作家、艺术家本真的态度是没有直接关系的。

八、斯大林文艺思想研究的经验教训

上面已经讲了很多情况。通过这些陈述和论述，我们可以得出这样的结论：对斯大林文艺思想的评价，不是一个单纯恢复斯大林个人名誉的问题，也不是一个对历史人物作某种定论的问题，而是一个关乎如何正确理解马克思主义文艺理论发展的问题，关乎如何总结社会主义文艺运动经验的问题。

---

① ［苏］斯大林：《给杰米扬·别德内依的信》，载《斯大林全集》第6卷，人民出版社1956年版，第239页。
② ［苏］斯大林：《在会见作家时的谈话》（1947年5月13日），载张捷编《斯大林论文艺》，中国红色文化研究会"红色文化研究书库"（内部资料），2016年，第160页。

随着时间的推移，人们越来越认识到，对斯大林文艺思想的评价，是应当放在所处的历史条件下进行的，是不能离开对事情全过程的把握的，也是不能简单用今天的标准去衡量和苛求的。

我们无须忌讳、无视或遮掩斯大林文艺思想中存在的缺点和错误，我们需要的是像对待马克思主义文艺理论史上其他重要人物一样，采取爱惜与反思、总结经验与吸取教训并重的态度，实事求是地分析其优点和缺点，实事求是地分析其失误产生的条件和原因，按照事物本来面貌，客观、公正、全面地阐述其成就和过错，而不能任意地加以歪曲和篡改，主观、粗暴地加以歪曲和否定。如果说这是在为斯大林辩护，那么这是为斯大林文艺思想中正确的东西辩护，为他探索社会主义文艺的方向辩护，为无产阶级和劳动群众获得美学权益辩护，一句话，是为马克思主义文艺理论的发展辩护。

斯大林逝世七十年了。七十年来，马克思主义文艺理论和社会主义文艺的遭遇与命运已经证明，重新探讨斯大林文艺思想的价值，恢复斯大林文艺思想的声誉，坚持马克思主义的文艺路线，是完全必要和完全合理的。毛泽东同志曾说："苏联过去把斯大林捧得一万丈高的人，现在一下子把他贬到地下九千丈。我们国内也有人跟着转。中央认为斯大林是三分错误，七分成绩，总起来还是一个伟大的马克思主义者。"[①] 这样的评价，用在斯大林文艺观上也是科学的。

我们对斯大林文艺思想的研究，首先要依据事实，看它在文艺史上到底是起进步作用还是起退步作用。绝不能像有些人那样，"对任何事物都不加分析，完全以'风'为准。今天刮北风，他是北风派，明天刮西风，他是西风派，后来又刮北风，他又是北风派。自己毫无主见，往往由一个极端走到

---

① 毛泽东：《论十大关系》，载中共中央文献研究室编《毛泽东文集》第7卷，人民出版社1999年版，第42页。

另一个极端"①。历史上的这个教训，是值得吸取的。现在看来，斯大林逝世后，苏联及东欧文艺理论界出现一股汹涌的"人道主义的马克思主义"思潮，有意把所谓"斯大林主义"同"真正的马克思主义"区别开来，主张用伦理、人道的社会主义来代替科学社会主义，并声称要用不同于斯大林阐述的观念与方法来研究马克思主义文艺理论。这股思潮，虽说对纠正先前的某些弊端有某种作用，但其总的倾向却是错误的、有害的。那种认为斯大林对文艺是外行，主要是靠行政命令来领导，粗暴武断，缺乏自己的思想和见解，没有啥可研究的观点，是站不住脚的。

毋庸讳言，歪曲、否定、抹黑斯大林文艺思想是苏联、东欧共产党放弃马克思列宁主义文艺观，取消文艺党性、人民性、思想性成分的一个最直接的产物和原因。历史是一面镜子，也是最好的老师。当人们的认识走过一个"之"字，开始看清否定斯大林文艺思想的教训和危害时，那么，正确认识斯大林文艺思想、恢复其本来面目的时刻也就到来了。

很长一段时间，我国文艺理论界依然弥散着"非斯大林化"和批判"苏联模式"的氛围，对斯大林文艺思想的研究采取"轻蔑"和"冷处理"的态度，特别是"实践派"美学和文论，依然把东欧和西方学界当年批判斯大林的说法拿来当作自我论证的理论武器，并赋予抽象"人性""人道主义"和"异化"以至高无上的地位，把"对马克思来说，社会主义是一个真正人性的和人道主义的社会"②奉为信条。这种理论偏离是应当引起警惕了。

怎么对待斯大林和他的文艺思想？还是毛泽东说得好："我们第一条是保护斯大林，第二条也批评斯大林的错误……我们不像有些人那样，丑化斯

---

① 毛泽东：《论十大关系》，载中共中央文献研究室编《毛泽东文集》第7卷，人民出版社1999年版，第42页。
② 中国社会科学院哲学研究所《哲学译丛》编辑部编译：《南斯拉夫哲学论文集》，生活·读书·新知三联书店1979年版，第315页。

大林，毁灭斯大林，而是按照实际情况办事。"[①] 毛泽东还说："共产党人对于共产主义运动中所发生的错误，必须采取分析的态度。有些人认为斯大林完全错了，这是严重的误解。斯大林是一个伟大的马克思列宁主义者，但是也是一个犯了几个严重错误而不自觉其为错误的马克思列宁主义者。我们应当用历史的观点看斯大林，对于他的正确的地方和错误的地方作出全面的和适当的分析，从而吸取有益的教训。不论是他的正确的地方，或者错误的地方，都是国际共产主义运动的一种现象，带有时代的特点。"[②]

我们承认斯大林在文艺理论上是有缺陷（局限性）、在实践中有过失（错误）的。其文艺理论上的缺陷，倘若从哲学高度看，那就是艺术辩证法阐释得不够透辟、彻底，只讲对立面的斗争，未讲对立面的统一；对民主传统刚刚形成且受到严峻考验的时代如何发展社会主义文艺还有一些认识不清的地方。"他的辩证法是个害羞的辩证法，是个羞羞答答的辩证法，或者叫吞吞吐吐的辩证法。"[③] 这才切中肯綮、直击要害。

斯大林是很清醒的人。早在1943年他就说过："我知道，我死后有人会把一大堆垃圾扔到我的坟上，但是历史的风一定会毫不留情地把这垃圾刮走！"[④] 如果说这是斯大林的预言，那么，这个预言正在变成现实。

（原载《文艺理论与批评》2023年第2期）

---

① 毛泽东：《在中国共产党第八届中央委员会第二次全体会议上的讲话》，载李捷主编《毛泽东著作辞典》，浙江人民出版社2011年版，第572页。
② 毛泽东：《共产党人对错误必须采取分析的态度》，载中共中央文献研究室编《毛泽东文集》第7卷，人民出版社1999年版，第20页。
③ 逄先知、金冲及主编：《毛泽东传（1949—1976）》上，中央文献出版社2003年版，第626页。
④ 转引自张捷《斯大林与文学》，中国青年出版社2014年版，第395页。

އ # 中国马克思主义文艺理论研究

中国式现代化的文明逻辑

王义桅

中国人民大学习近平新时代中国特色社会主义思想研究院、国际关系学院

党的二十大擘画了以中国式现代化全面推进中华民族伟大复兴的宏伟蓝图，明确了全面建成社会主义现代化强国"两步走"的战略安排：从2020年到2035年基本实现社会主义现代化；从2035年到21世纪中叶把我国建成富强民主文明和谐美丽的社会主义现代化强国。党的二十大报告指出："中国式现代化的本质要求是：坚持中国共产党领导，坚持中国特色社会主义，实现高质量发展，发展全过程人民民主，丰富人民精神世界，实现全体人民共同富裕，促进人与自然和谐共生，推动构建人类命运共同体，创造人类文明新形态。"[①]2023年2月7日，习近平总书记在新进中央委员会的委员、候补委员和省部级主要领导干部学习贯彻习近平新时代中国特色社会主义思想和党的二十大精神研讨班开班式上强调："中国式现代化蕴含的独特世界观、价值观、历史观、文明观、民主观、生态观等及其伟大实践，是对

---

① 习近平：《高举中国特色社会主义伟大旗帜 为全面建设社会主义现代化国家而团结奋斗——在中国共产党第二十次全国代表大会上的报告》，《人民日报》2022年10月26日。

世界现代化理论和实践的重大创新。"①6月2日，习近平总书记在文化传承发展座谈会上强调："在五千多年中华文明深厚基础上开辟和发展中国特色社会主义，把马克思主义基本原理同中国具体实际、同中华优秀传统文化相结合是必由之路。这是我们在探索中国特色社会主义道路中得出的规律性的认识，是我们取得成功的最大法宝。"习近平总书记还指出："'结合'的前提是彼此契合……'结合'的结果是互相成就，造就了一个有机统一的新的文化生命体，让马克思主义成为中国的，中华优秀传统文化成为现代的，让经由'结合'而形成的新文化成为中国式现代化的文化形态……'结合'筑牢了道路根基，让中国特色社会主义道路有了更加宏阔深远的历史纵深，拓展了中国特色社会主义道路的文化根基。中国式现代化赋予中华文明以现代力量，中华文明赋予中国式现代化以深厚底蕴。"②

基于此，应该如何从文明的逻辑，来理解中国式现代化的起点、过程和目标？本文拟对此展开探讨。

一、历史维度（起点）：文明古国的现代振兴

实现现代化是世界各国的普遍追求，对文明古国而言任务则更显艰巨。作为文明古国的中国能否实现现代化，如何实现现代化，实现什么样的现代化？此即现代化的中国之问。

近代以来，从"传统中国"（traditional China）向"现代中国"（modern China）的转变，充满了艰辛曲折。经历"中西—体用"的迷思和以西方为

---

① 《习近平在学习贯彻党的二十大精神研讨班开班式上发表重要讲话强调　正确理解和大力推进中国式现代化》，《人民日报》2023年2月8日。
② 《习近平在文化传承发展座谈会上强调　担负起新的文化使命　努力建设中华民族现代文明》，《人民日报》2023年6月3日。

参照系的迷茫，甚至笃信"落后就要挨打"，发出"被开除球籍"的感慨，中国的现代化经历了从"效法欧美"到"以俄为师"的转变，最终回到"中国特色"的道路。1922年，孙中山先生出版《建国方略》一书，将革命口号"振兴中华"转化为建设近代中国、谋求现代化的第一份蓝图。1929年，上海《生活周刊》刊登了《十问未来之中国》一文，发出现代化中国之问的先声："吾国何时可稻产自丰、谷产自足，不忧饥馑？""吾国何时可行义务之初级教育、兴十万之中级学堂、育百万之高级学子？""吾国何时可参与寰宇诸强国之角逐？"[①]1933年，《申报月刊》亦发起了"中国现代化问题"的讨论。

然而，彼时的"三座大山"使中国实现现代化可望而不可即。再造现代中国、实现现代化目标的任务历史性地落在中国共产党身上。1945年，毛泽东在中共七大上发表《论联合政府》，提出："中国工人阶级的任务，不但是为着建立新民主主义的国家而斗争，而且是为着中国的工业化和农业近代化而斗争。"[②]1954年，周恩来在政府工作报告中第一次明确提出中国现代化是建设"强大的现代化的工业、现代化的农业、现代化的交通运输业和现代化的国防"。1956年，毛泽东在第七次最高国务会议上进一步阐述了现代化的十大关系，代表了中国共产党人对中国现代化探索的重大理论思考。

中共十一届三中全会后，邓小平同志出访日美，深感与发达国家的差距，反复强调现代化关乎国家和民族的前途命运，结合社会主义初级阶段的国情，提出实事求是地追求符合中国实际的现代化。他指出："我们的现代化建设，必须从中国的实际出发"；"适合中国情况，走出一条中国式的现

---

① 任仲平：《百年辉煌，砥砺初心向复兴——写在中国共产党成立100周年之际》，《人民日报》2021年6月28日。
② 毛泽东：《论联合政府》，载《毛泽东选集》第3卷，人民出版社1991年版，第1081页。

代化道路。"① 加入世界贸易组织后，中国改革开放迎来大踏步发展，现代化事业日新月异，经济总量连续超越西方发达国家，成为第一大制造业国家，建立起全产业链，成为"世界工厂"，中国特色社会主义市场经济体制机制也日益完善，充分证实了改革开放是实现中国式现代化的关键一招。而现代化的理论构建也随之进步。罗荣渠先生对现代化进程提出广义和狭义的解释："广义的现代化主要是指自工业革命以来现代生产力导致社会生产方式的大变革，引起世界经济加速发展和社会适应性变化的大趋势，具体地说，就是以现代工业、科学和技术革命为推动力，实现传统的农业社会向现代工业社会的大转变，使工业主义渗透到经济、政治、文化、思想各个领域并引起社会组织与社会行为深刻变革的过程。"②

进入新时代，中国共产党人大踏步地自觉推进中国式现代化进程，创造性地提出将马克思主义普遍原理与中国现代化实践相结合、与中华优秀传统文化相结合，打破了西方的现代化话语霸权，明体达用、体用贯通，形成习近平文化思想，产生三大效应。

其一，告别了所谓现代化意味着西方化的迷思，将现代化还原为各种文明不断适应变化了的环境的一种运动。苟日新，日日新。中华文明之所以生生不息，连续不断，就是因为笃信"天行健，君子以自强不息"。这意味着各种文明包括西方文明，无论文明多么强大、多么先进或多么古老，都要不断适应日益变化的环境；现代化不应造成环境负外部性与人的异化、传统的破坏，而应该是所有人的全面现代化、全人类的共同现代化、人与自然和谐共生的现代化、传统文化创造性转化与创新性发展的现代化。英国历史学家

---

① 邓小平：《坚持四项基本原则（一九七九年三月三十日）》，载《邓小平文选》第 2 卷，人民出版社 1994 年版，第 163 页。
② 罗荣渠：《现代化新论：世界与中国的现代化进程（增订版）》"序言"，商务印书馆 2004 年版，第 5 页。

汤因比提出，如果中国"能够在社会和经济的战略选择方面开辟出一条新路，那么它也会证明自己有能力给全世界提供中国和世界都需要的礼物"，这个礼物"能够把传统的'正题'与现代西方的'反题'结合起来，创造出一个能够使人类免于自我毁灭的'综合体'"。[①] 这其实已经点出人类文明新形态的雏形。"中国式现代化是赓续古老文明的现代化，而不是消灭古老文明的现代化；是从中华大地长出来的现代化，不是照搬照抄其他国家的现代化；是文明更新的结果，不是文明断裂的产物。中国式现代化是中华民族的旧邦新命，必将推动中华文明重焕荣光。"[②]

其二，现代化不是去传统化，而是要实现对传统文化的创造性转化与创新性发展。传统文化不仅不是现代化的障碍，反而能成为现代化的滋养。习近平总书记指出："当今世界不同国家、不同地区各具特色的现代化道路，植根于丰富多样、源远流长的文明传承。人类社会创造的各种文明，都闪烁着璀璨光芒，为各国现代化积蓄了厚重底蕴、赋予了鲜明特质，并跨越时空、超越国界，共同为人类社会现代化进程作出了重要贡献。"[③] 在中国共产党与世界政党高层对话会上，习近平总书记指出："现代化的最终目标是实现人自由而全面的发展。"这就超越了近代西方把人从神那里解放出来的"现代性"和资本导向的西方现代化逻辑，以人民为中心超越人文主义。习近平总书记还提出了全球文明倡议："我们要共同倡导重视文明传承和创新，充分挖掘各国历史文化的时代价值，推动各国优秀传统文化在现代化进程中

[①] ［英］阿诺德·汤因比：《历史研究》，刘北成、郭小凌译，上海人民出版社2000年版，第394页。

[②] 《微镜头·习近平总书记考察"一馆一院"并出席文化传承发展座谈会"推动中华文明重焕荣光"》，《人民日报》2023年6月5日。

[③] 习近平：《携手同行现代化之路——在中国共产党与世界政党高层对话会上的主旨讲话》，《人民日报》2023年3月16日。

实现创造性转化、创新性发展。"中国式现代化"既传承历史文化、又融合现代文明","作为人类文明新形态,与全球其他文明相互借鉴,必将极大丰富世界文明百花园"。①

其三,现代化是复数不是单数,文明也是如此。这就打破了古代、现代文明的线性进化分类。"现代化"(modernization)概念源于"现代性"(modernity)。"现代性"(modernity)一词与"古典性"(antiquity)相对应,源自基督教神学。现代性本身既带来了科学的福音、理性的勇气、技术的进步与人类的发展,也造成了可持续发展问题和公平正义问题,导致出现了祛自然和祛精神的启蒙心态。自然被客观化,成为被人改造的对象;精神被祛魅化,成为"理性的婢女"②。14 世纪,意大利的文艺复兴运动高举人文主义大旗,将人从神权中解放,宗教改革又将人从天主教会的束缚中解放,为早期资本主义萌芽发展、原始财富积累和资产阶级革命奠定基础。通过工业革命、海外殖民、商业扩张以及政治社会变革等,西方现代化步入快车道。由于西方国家率先实现了现代化,迄今没有国家打破西方式的现代化模式,由此很多观点便认为,西方的现代文明代表人类文明的终极形态,其他国家只有效仿和走西方化道路,才能实现现代化和文明进步。在他们看来,过去的巴比伦、埃及等文明虽曾辉煌,但已走向消亡,而现有文明等待普世现代文明去开化。对此,《共产党宣言》有着深刻描绘:"资产阶级,由于开拓了世界市场,使一切国家的生产和消费都成为世界性的了。""正像它使农村从属

---

① 习近平:《携手同行现代化之路——在中国共产党与世界政党高层对话会上的主旨讲话》,《人民日报》2023 年 3 月 16 日。
② 王建宝:《冲出历史三峡,走出轴心时代——中国式现代化之参稽》,嵩山论坛会议发言,2022 年 11 月。

于城市一样，它使未开化和半开化的国家从属于文明的国家"。① 将西方化等同于现代化的观点，是一种概念混淆，本质上体现了"西方中心主义"。

更进一步地，中国式现代化、建设中华民族现代文明的叙事还原了文明—文化关系。近代欧洲现代化概念是与现代文明观联系在一起的。斯宾格勒的《西方的没落》将文化界定为精神层面，而文明为物质层面，他将世界上每一个高级文化的历史都区分为"文化阶段"与"文明阶段"，认为西方文明已经进入文明阶段，丧失原有的文化创造力，只剩下对外扩张的可能性。因此，文明是一种先发国家的自我标榜，它们以此垄断了"善"的话语权。"文化"对"文明"的解构也可追溯到词源。"文化"英语是 culture，拉丁语原意是"修"，以前不识字，之后能认字、能看书，就可以说有文化了。"文明"英语是 civilization，原来也是拉丁语，意思是"仕人"的文化、高级人的文化，与底层的文化没有关系。一言以蔽之，文化是文明的社会化，是话语权的扩散。② 中华民族伟大复兴叙事对此正本清源。2022 年 5 月 27 日，习近平总书记在中共十九届中央政治局第三十九次集体学习时的讲话中指出："中华优秀传统文化是中华文明的智慧结晶和精华所在，是中华民族的根和魂，是我们在世界文化激荡中站稳脚跟的根基。"③

"中国式现代化"从人类文明史高度，以构建人类命运共同体、创造人类文明新形态为目标。"在世界三大文明体系中，中华文明区别于强调做信徒（人—神关系）的印度文明和强调做事（人—自然关系）的希腊文明，强调做人（人与人关系），并且是唯一连续不断的国家级文明形态，推动中国

---

① 《共产党宣言》，载中共中央马克思恩格斯列宁斯大林著作编译局编《马克思恩格斯选集》第 1 卷，人民出版社 1995 年版，第 276—277 页。
② 参见王义桅《海殇？：欧洲文明启示录》，上海人民出版社 2013 年版，第 27 页。
③ 《习近平在中共中央政治局第三十九次集体学习时强调　把中国文明历史研究引向深入　推动增强历史自觉坚定文化自信》，《人民日报》2022 年 5 月 29 日。

既崛起又复兴的历史进程，打破了艺术和科学一经衰微便不得复兴的'休谟预言'，实现了从被动现代化到主动现代化的历史性超越，揭示了现代化乃文明适应时代环境而非线性进化，开创了文明'各美其美'的前景。"[1]

西方开启现代化后垄断了对"现代化"的话语权，从观念上将现代化定义为以改造人——自然关系为主要标志的科技革命引发的工业化、城市化、农业现代化以及文化的世俗化。而中国式现代化打破了这种片面的叙事，揭示了现代化与现代性乃中世纪后宗教革命、资产阶级革命的概念，将现代化还原为传统文化的创造性转化和创新性发展，鼓舞了文明古国自主实现现代化的信心，并且以文明复兴扬弃了西方现代性，倡导人的自由而全面发展、人与自然和合共生、走和平发展道路。

二、现实维度（过程）：中国式现代化超越西方文明逻辑

长期以来，一穷二白且人口占世界近五分之一的中国要实现现代化，被认为是一件不可能甚至是很可怕的事情——这也是现代化的中国之问，诠释了发达国家流行"中国威胁论"的潜在心理。2010年4月15日，美国前总统奥巴马在接受澳大利亚电视台采访时表示："如果超过十亿的中国居民也像澳大利亚人、美国人现在这样生活，那么我们所有人都将陷入十分悲惨的境地，因为那是这个星球所无法承受的。"[2] 然而中国不仅跨越式实现了现代化，而且在这一过程中再造现代化，赋予其崭新的文明意义。

党的十八大以来，中国特色社会主义进入新时代，现代化被赋予新的更丰富的内涵。中共十八届三中全会明确提出"国家治理体系和治理能力现代

---

[1] 王义桅：《如何以中国式现代化构建人类命运共同体》，《孙子兵法研究》2023年第1期。
[2] Kerrie O'Brien, *Face to Face with Obama*, Australian Broadcasting Corporation, 2010-04-15, https://www.abcnet.au/7.3 0/face-to-face-with-obama/2673356.

化"这一新命题。党的二十大报告将"实现全体人民共同富裕"纳入中国式现代化的本质要求，促进物质富裕和精神富裕相统一。中国式现代化融合了人与人、人与社会、人与自然、国家与国家之间的认识，从而超越了西方现代化范式。

欧洲中心论的现代化话语，是一套现代—落后、文明—野蛮的二元叙事，乃至形成了前现代—现代—后现代的欧洲式线性进化说辞。"二战"结束后，美国崛起为全球霸权，欧洲中心论为美国中心论所取代，"发达—发展中—欠发达国家"叙事取代了欧洲的现代化叙事，其用发展经济学给了发展中国家以追随发达国家的幻想，企图促使其放弃推翻不合理的国际政治经济秩序；以"历史终结论"将西方现代化神圣化；而作为五千年连续不断的中华文明的伟大复兴，中国式现代化则更具包容性叙事，开创了现代化与本土化相结合的中国式路径。

"中国是一种文明，假装成一个国家。"[1] 美国汉学家白鲁恂这句话提示我们，不能仅从大国崛起角度理解中华民族伟大复兴。中国是社会主义国家，中华民族伟大复兴的中国梦，也是社会主义梦，其实现过程也就是世界社会主义运动从历史低谷逐步走向复兴的过程。中华民族的伟大复兴，是近代大国复兴进程中唯一非宗教国家的复兴，其不以西化为目标，且是非基督教国家的崛起和世俗文明的复兴；中华民族的伟大复兴，是唯一未被西方殖民的文明型国家的复兴；中华民族的伟大复兴，是唯一既要复兴古老文明又要复兴源自西方的意识形态——社会主义思潮的复兴。种种中华民族伟大复兴的特殊性决定了复兴的复杂性、艰巨性，也预示着中华民族伟大复兴的重要历史使命。

---

[1] Lucian W. Pye, "China: Erratic State, Frustrated Society", *Foreign Affairs*, Vol.69, No.4, 1990.

"儒家治世、佛教治心、道教治身。"中国自宋代以来，儒、释、道并存，道家之共天、儒家之共生、佛家之共业，为中国式现代化对西方的现代化等于工业化、现代化等于西化的全面超越提供了历史文化资源，突破了工业文明瓶颈，倡导生态文明，拥抱数字文明。而且，作为社会主义国家的现代化，中国式现代化倡导以人民为中心，超越了以资本为中心的逻辑。

表1 中华传统文化中的人类命运共同体思想[①]

儒	道	释
共生	共天	共业

从人与自然关系的角度讲，中国式现代化是"人与自然和谐共生的现代化"。"中国式现代化也根植于中华生态智慧，强调以'和合'为目标，以天、地、人作为一个统一的和谐整体来考虑，并将此思维方式用于社会各个方面，形成了人与自然、人与社会之间的'无限责任伦理'。儒释道都彰显了'天人合一''用之有度''道法自然''众生平等'等中华优秀传统文化，这些思想也是各民族共有共享的传统。"[②]中国传统的人与自然和谐共生的思想转化为"绿水青山就是金山银山"理念，并形成"碳达峰""碳中和"的"双碳"目标。"双碳"约束在西方现代化的历史上是没有的。习近平总书记强调："我国现代化注重同步推进物质文明建设和生态文明建设，走生产发展、生活富裕、生态良好的文明发展道路，否则资源环境的压力不可承受。"[③]

从人与人关系的角度讲，中国式现代化是"全体人民共同富裕的现代

[①] 王义桅：《时代之问，中国之答：构建人类命运共同体》，湖南人民出版社2021年版，第51页。
[②] 潘岳：《中国式现代化与中华民族共同体建设》，《中国民族》2023年第5期。
[③] 《着眼于中国的可持续发展、中华民族的未来（奋进强国路·总书记这样引领中国式现代化）》，《人民日报》2022年3月3日。

化"。是所有人共富还是少数人富裕，这是中国式现代化与西方现代化的根本区别。我们既坚持做大蛋糕，又注重分好蛋糕，使全体人民共享现代化成果。从人与己关系的角度讲，中国式现代化是"物质文明和精神文明相协调的现代化"。中国人历来强调物质与精神的统一，现代化本来兼具器物—制度—精神文明层面的内涵。只有物质文明和精神文明双丰收，人民有信仰、国家有力量、民族有希望，社会主义现代化才能顺利推进。从数量级的角度讲，中国式现代化是"人口规模巨大的现代化"。人口规模庞大是中国的基本国情。14亿多人口要整体迈入现代化社会，其规模超过现有发达国家人口的总和，将彻底改写现代化的世界版图。从国与国关系的角度讲，中国式现代化是"走和平发展道路的现代化"。一些老牌资本主义国家走的是暴力掠夺殖民地的道路，是以其他国家落后为代价的现代化。秉持"以和为贵"理念，我国的现代化之路与奉行霸权主义、扩张主义的西方现代化有着本质的不同。中华人民共和国成立后，通过农业—工业产品的"剪刀差"实现原始积累，通过举国体制实现工业化，并通过改革开放创造经济快速增长和社会长期稳定的双重奇迹。中国始终坚持在维护世界和平中推动发展，在推动发展中促进世界和平。

中国式现代化具有一般意义上的现代化共性特征，我们学习吸取了西方现代化经验，请来了"德先生、赛先生、马先生"并实现中国化，将传统文化进行创造性转化、创新性发展，走出一条符合自身国情的现代化道路。中国式现代化的成功不是输入别国模式的结果，中国也不会要求别国复制中国的做法。

就人类文明新形态而言，横向比，尽管有不同西方现代化模式——盎格鲁—撒克逊模式、莱茵模式、北欧模式等，但都可归结为西方现代化；纵向看，中国式现代化不是与以前所讲的资本主义现代化相对应的现代化模式概念，而是要追问谁的现代化，依靠谁、为了谁的现代化。正是从人类文明形态角度，中国式现代化学习借鉴又超越了西方现代化。

表2 中国式现代化对西方现代化的超越

	中国式现代化	西方现代化
谁的现代化？	（1）全体人民 （2）物质—精神文明 （3）一带一路：共同现代化	（1）中产阶级、富人 （2）单向度现代化 （3）"我"的现代化
什么样的现代化？	人—自然和谐共生	环境负外部性
为何现代化？	中华民族伟大复兴	告别中世纪
为了谁的现代化？	（1）人民共同富裕 （2）利他	（1）资产阶级统治 （2）利己
怎么实现现代化？	（1）内敛 （2）并联 （3）和平发展	（1）殖民扩张 （2）线性进化：先进—落后 （3）战争掠夺

中国式现代化避免了西式现代化的思维依赖、路径依赖、体系依赖，走出了一条自主现代化道路。我们需要以人类命运共同体史重述人类现代化史，自信自觉地构建现代化的自主知识体系。

第一，中国式现代化摒弃了西方线性进化的逻辑。第二，中国式现代化超越了"传统—现代"二元对立逻辑。与西方的二元对立思维不同，中国坚守"和为贵"的观念，尊重文明多样性，主张借鉴吸收一切人类文明有益成果，弘扬传统文化，发展社会主义先进文化，建设中华民族现代文明。第三，中国式现代化不走西方以资本为中心的现代化老路，根本目标是实现人的自由而全面的发展。中国式现代化不是单向度现代化，而是物质文明、政治文明、精神文明、社会文明、生态文明"五位一体"的总体现代化。第四，中国式现代化超越了唯我独尊、自私自利的现代化。计利当计天下利，计势当计大趋势，计权当计发展权。中国式现代化以人类现代化事业为关怀，绝不会以牺牲别国利益为代价来发展自己，充分彰显胸怀天下的中华传统美德和中国共产党人品格。在中国式现代化确立的人类的好的现代化标准基础上，中国发起"一带一路"倡议，推进人类共同现代化。10年来，中国已同150多个国家和30多个国际组织签署合作文件，给共建国家带来实实在在的利益和繁荣。"一带一路"是中国提供给国际社会的公共产品，是实现"世界版共同富裕"的生动实践和构建人类命运共同体的合作平台。过去一切，皆为序章。西方现代化只是人类现代化的序曲，包括中国在内的发展中国家的共同现代化才是人类现代化的高潮。

三、未来维度（目标）：中国式现代化开创人类文明新形态

我们曾经面临着现代化的"中国之问"：如此古老的文明，如此一穷二白的底子，何以如此大规模、如此快速地实现现代化。今天我们又需要回答中国的"现代化之问"：两极分化还是共同富裕？物质至上还是物质精神协调发展？竭泽而渔还是人与自然和谐共生？零和博弈还是合作共赢？照抄照搬别国模式还是立足自身国情自主发展？我们究竟需要什么样的现代化？怎样才能实现现代化？现代化与中国的关系，正在发生从"现代化成就中国"到"中国成就现代化"的历史性飞跃。在中国共产党与世界政党高层对话会上，习近平总书记从五方面回答了"现代化之问"：我们要坚守人民至上理念，突出现代化方向的人民性；我们要秉持独立自主原则，探索现代化道路的多样性；我们要树立守正创新意识，保持现代化进程的持续性；我们要弘扬立己达人精神，增强现代化成果的普惠性；我们要保持奋发有为姿态，确保现代化领导的坚定性。中国式现代化"既基于自身国情、又借鉴各国经验，既传承历史文化、又融合现代文明，既造福中国人民、又促进世界共同发展，是我们强国建设、民族复兴的康庄大道，也是中国谋求人类进步、世

界大同的必由之路"①。

近代以来，西方现代化尤其是盎格鲁—撒克逊模式即私人资本主导的现代化是一种强势现代化，主导了现代—落后的二元叙事。然而，中国式现代化改写了人类文明史意义上的现代化叙事。新时代的中国正通过中国式现代化，开创人类文明新形态。其深远影响包括以下层面。

其一，改变人类现代化版图。纵观人类现代化发展史，现代化人口主要分布在发达国家，且总规模不超过10亿人。而作为拥有14亿多人口的东方大国，中华人民共和国成立后用不到一百年时间走完了西方国家几百年才走完的现代化历程，超过现有发达国家人口总量约1.5倍的中国人民迈入社会主义现代化，必将更加深刻地影响世界历史进程，改变"东方从属于西方"的格局，使人类现代化版图更加均衡合理，更能彰显公平正义。

其二，改变人类现代化范式。中国式现代化给文明古国和广大的发展中国家提供了重要启示。从人类文明史看，就社会道德来讲，文明需要避免一种自我扭曲、一种对传统文化的破坏、一种对自尊心的摧残。走符合自身国情的发展道路，就是中国式现代化的最重要的历史经验。《中共中央关于党的百年奋斗重大成就和历史经验的决议》指出："人类历史上，没有一个民族、没有一个国家可以通过依赖外部力量、跟在他人后面亦步亦趋实现强大和振兴。那样做的结果，不是必然遭遇失败，就是必然成为他人的附庸。"② 2016年5月17日，习近平总书记在全国哲学社会科学工作座谈会上明确指出："当代中国的伟大社会变革，不是简单延续我国历史文化的母版，不是简单套用马克思主义经典作家设想的模板，不是其他国家社会主义实践

---

① 习近平：《携手同行现代化之路——在中国共产党与世界政党高层对话会上的主旨讲话》，《人民日报》2023年3月16日。
② 习近平：《习近平谈治国理政》，外文出版社2014年版，第29页。

的再版，也不是国外现代化发展的翻版。"① 每个国家都能够成为特色，走符合自身国情的发展道路，这是国际关系民主化的必然要求。西方人说自己"入乡随俗"（When in Rome, do as the Romans do），但对他人或他国，却是"照我说的做，不要学我做"（Do as I say, not as I do）。结果，有着宗主国崇拜的前殖民地国家，在现代化进程中纷纷陷入发展陷阱、中等收入陷阱，鲜有真正实现现代化的。关于西方国家强势输出价值观的行径，科威特作家法瓦兹将其形容为——"如果你想成功，你必须像我一样；如果你长得不像我，我就让你成为失败者"。② 在现代化等于西化的逻辑下，世界现代化范式定于一尊。然而，中国式现代化打破了这一神话，鼓励各国走符合自身国情的发展道路，实现命运自主。现代化不是西方化，我们自信自觉推进中国式现代化事业，同时鼓励其他国家建立自信，打造全球南方的现代化逻辑——从客场现代化到主场现代化。

其三，改变人类现代化文明。由于西方国家率先实现现代化，现代化被贴上了西方的标签。然而，在实践进程中，鲜有后发国家复制成功的案例，导致了认为现代化只有一条路的错觉。很多人把现代化误解为西方化，其他国家要实现现代化，要么走西方道路，要么依附于西方。然而，西方现代化从一开始便具有强烈的扩张性和残酷性，其成功的背后实际是侵略扩张、殖民掠夺，是以牺牲别国利益为代价的。

实际上，西方学术界也掀起过一股对现代化批判的思潮，很多西方学者例如英国著名社会学家安东尼·吉登斯和马丁·阿尔布劳，都对西方现代性进行反思，认为其具有破坏性和不人道的一面，导致了很多传统文化的消

---

① 习近平：《习近平谈治国理政》第 2 卷，外文出版社 2017 年版，第 344 页。
② 新华国际：《卡塔尔世界杯：对西方抹黑说不》，2022 年 11 月 23 日，https://mp.weixin.qq.com/s/MKYDvmr4M2oB57Z5DAXkIQ。

失,并提出全球性、全球化概念以超越现代性和现代化。①美国哲学家马尔库塞批评资本主义现代化造成"单向度的人"②。西方现代化经验都是基于发达国家的高标准,而发展中国家直接复制这样的"模板",其结果是纷纷陷入中等收入陷阱,极少数实现现代化的也成为西方的附庸。

习近平总书记在学习贯彻党的二十大精神研讨班开班式上发表重要讲话强调:"中国式现代化,深深植根于中华优秀传统文化,体现科学社会主义的先进本质,借鉴吸收一切人类优秀文明成果,代表人类文明进步的发展方向,展现了不同于西方现代化模式的新图景,是一种全新的人类文明形态。"③这就超越了中西对比、线性进化的近代逻辑,从人类文明高度来理解中国式现代化。从推进中国式现代化的路径上,也充分展示了中华文明的辩证思维:"推进中国式现代化是一个系统工程,需要统筹兼顾、系统谋划、整体推进,正确处理好顶层设计与实践探索、战略与策略、守正与创新、效率与公平、活力与秩序、自立自强与对外开放等一系列重大关系。"④

就自主知识体系构建而言,中国式现代化正在开创人类文明新形态。"中国创造的人类文明新形态,从世界文明形态看是东方文明、中华文明的新形态,从现代化形态看是社会主义现代化文明的新形态,从文化形态看是中国特色社会主义文化的新形态,从人的形态看是人的全面发展的新形态。"⑤这一人类文明新形态,已经取得了很大进展,在全面建设社会主义现

---

① 参见〔英〕安东尼·吉登斯《现代性的后果》,田禾译,译林出版社2000年版。
② 〔美〕赫伯特·马尔库塞:《单向度的人——发达工业社会意识形态研究》,刘继译,上海译文出版社2008年版。
③ 《习近平在学习贯彻党的二十大精神研讨班开班式上发表重要讲话强调 正确理解和大力推进中国式现代化》,《人民日报》2023年2月8日。
④ 《习近平在学习贯彻党的二十大精神研讨班开班式上发表重要讲话强调 正确理解和大力推进中国式现代化》,《人民日报》2023年2月8日。
⑤ 夏一璞:《中国式现代化新道路:开启人类文明新形态》,《今日中国》2021年第9期。

代化国家新征程中也必将日臻巩固成熟，其内涵正在不断扩展。

表 3　人类文明新形态

	人类文明新形态 1.0 版	人类文明新形态 2.0 版
中国模式 （有为政府 + 有效市场）	中国式现代化	主场全球化 （一带一路、双循环）
全球化模式 （资本—人的全球化）	全球化的中国化 （中国特色社会主义市场经济）	中国化的全球化 （术：一带一路； 道：人类命运共同体）

概括起来，中国式现代化遵循"四个创造"的中国逻辑——"政党创造国家，国家创造市场，市场创造社会，社会创造文明"。

一是政党创造国家。中国共产党于 1921 年成立，1949 年创立新中国。这与西方国家创造政党的逻辑完全不同。中国共产党的领导是中国特色社会主义的最本质特征和中国特色社会主义制度的最大优势。习近平总书记指出："党的领导直接关系中国式现代化的根本方向、前途命运、最终成败。"[①] 可以说，没有中国共产党，就没有中国式现代化。

二是国家创造市场。在一穷二白的基础上实现现代化，政府必须创造市场，而非任凭市场规范国家。我国政府通过三线建设、大型基础设施建设、对口支援等方式，培育、创造了巨大的国内市场。比如高铁建成后，沿线形成旅游、房地产和其他产业，进而形成产业集群和经济带，并且带动脱贫致富，推动人员、商品、资金、数据等生产要素的自由流通，形成国内统一大市场。"双循环"战略的提出，是统筹百年未有之大变局和中华民族伟大复兴战略全局、再造市场的重大举措。

---

① 《习近平在学习贯彻党的二十大精神研讨班开班式上发表重要讲话强调　正确理解和大力推进中国式现代化》，《人民日报》2023 年 2 月 8 日。

三是市场创造社会。社会主义市场经济的提出，推动契约精神和社会主义民主法制的本土化、时代化和国际化，中国越来越从血缘社会走向法治社会。改革开放尤其是加入世界贸易组织，推动中国从现代化逻辑、机制和理念全方位融入国际社会，由"现代中国"（modern China）再造"全球中国"（global China）。

四是社会创造文明。生产力的快速发展推动中华文明从农耕文明向工业—信息文明、从内陆文明向海洋文明、从区域文明向全球文明转型，并大踏步迈入数字文明、生态文明新时代，并且创造人类文明新形态。这种新形态包括以下维度。

在物质文明层面，以人民为中心超越"经济人"假说。西方现代化理论以人性本恶为出发点，发展到个人主义、理性人假说，在私人资本利润最大化引诱下出现物质主义膨胀。而中国式现代化推崇以人民为中心的理念，强调人的全面发展，以中华民族伟大复兴超越个人主义、私有产权的狭隘。中国式现代化的一个重要逻辑是土地国有，不仅能建立全国基础设施网络，而且在改革开放中通过土地财政招商引资，同时推进工业化和城镇化进程。

在政治文明层面，以大一统超越政府—市场二分法，以全过程人民民主超越了利益集团的政治博弈，以党的领导、人民当家作主和依法治国的有机统一实现政治合法性与有效性的平衡、防止阶层固化和社会僵化，以全国人民代表大会和中国共产党领导的政治协商制度实现各民主党派的大团结，以党的自我革命引领伟大的社会革命，跳出了历史周期律。

在精神文明层面，以天人合一超越神—人契约。中国共产党将传统中华文化的天人合一思想上升到党与人民合一："江山就是人民，人民就是江山。"我们超越了人—神观基础上的近代欧洲式政治文明。天与神孰重孰轻？西方的逻辑是神创造天，中国的逻辑是天下有神，神是天道在地上的折射，这是中西方信仰的本质区别。正如《礼记·孔子闲居》所言："天无私覆，地无私载，日月无私照。奉斯三者以劳天下，此之谓三无私。"所以，中国式现代化是全体人民的现代化。

在社会文明层面，以物质—精神文明相统一超越公域—私域二分法。中国式现代化的目标是实现中华民族伟大复兴，而非造就利益集团、服务特定阶级。近年来，全球化造成西方社会利益分化，西方中产阶级缩水，作为中产阶级主要承载的社会主流价值观流失，导致社会动荡不安。中国式现代化是人的全面发展、共同富裕的现代化，这种共同富裕当然也包括精神上的共同富裕。

在生态文明层面，以人与自然和谐共生超越西方工业文明逻辑和理性人假说。"生态文明建设代表工业革命以来发展范式全面而深刻的转变，是实现可持续发展的根本途径，因此也成为构建人类命运共同体的根本途径。""如果说工业革命是西方工业化国家对人类作出的重大贡献，那么生态文明的提出及其实践探索，则是中国在自身五千多年深厚文明基础上吸纳工业文明的优点，为人类发展可能作出的重大贡献。"[①]

一言以蔽之，中国式现代化为中华民族伟大复兴提供物质基础、制度保障和精神动力，超越西方现代化小逻辑，回归人类文明大逻辑。

结语

人类历史上各种文明大放异彩，共同构成了人类文明百花园。自近代以来，欧洲经过宗教革命，把人从神那里解放出来，告别黑暗的中世纪，形成所谓的现代性。经过文艺复兴、启蒙运动尤其是工业革命，欧洲领先世界，

---

① 张永生：《生态文明是构建人类命运共同体的根本途径》，《当代中国与世界》2021年第3期。

把自己包装为现代文明，以普世价值向外推广，展开殖民掠夺，将这种现代性的全球扩张说成是全球化。① 现代性从一个欧洲的地方性概念，变成了一个全球性的概念。现代化成为各国孜孜以求的梦想，也就成为工业化和西方化的代名词。而中国式现代化打破了西方现代化神话，形成"拓展人类文明发展路径""丰富人类文明内涵""为人类文明发展注入新动力""指引人类文明发展的正确方向""深化文明交往的规律性认识"② 五大贡献。

从人类文明形态看，中国式现代化开启了文明古国复兴的光明前景。现代化并不意味着破坏传统，而是对传统文化的创造性转化和创新性发展，实现本土化与现代化统一，独立自主而非依附霸权，关注当下而非寄托来世，以人民为中心而非以资本为中心。

现代化再造中国，中国也再造现代化。从现代化的起点来讲，中国作为文明古国，实现现代化是"苟日新，日日新"的文明逻辑驱动，而不是像西方那样对所谓的黑暗中世纪的扬弃；对于其他的文明古国来讲，中国能够实现中国式现代化，在文明转型的意义上颇有启示，说明现代化不是去传统文化；从现代化的路径来讲，中国历史性地开启十亿级人口规模的史诗级现代化，无论从数量质量还是内涵性质来讲，都超越了西方式的现代化，对全球化的现代化版图有重要意义；从现代化的目标来讲，中国要推动更多的国家实现现代化，推动人类共同现代化，以人与自然和谐相处的、和平发展的现代化和人的全面发展的现代化，再造现代化的含义，目标是构建人类命运共同体，创造人类文明新形态。中国式现代化倡导以文明交流超越文明隔阂，

---

① 强世功指出，大航海时代的欧洲人将其文明通过传教、商业、暴力等方式向全球范围扩张、推广，取得普遍主义的凌驾性支配地位；冷战后美国全力打造"全球化"的意识形态，希望在全球推广其生活方式，进而利用后冷战单极世界优势，缔造一个由美国主导的"世界帝国"。参见强世功《全球化与世界帝国》，《读书》2023 年第 3 期。
② 丰子义：《中国式现代化对世界文明有五大贡献》，《历史评论》2022 年第 6 期。

以文明互鉴超越文明冲突，以文明共存超越文明优越，进一步开创了人类文明新形态。

［本文系教育部哲学社会科学研究重大专项项目"全人类共同价值与人类命运共同体研究"（编号：2023JZDZ010）研究成果］

（原载《探索与争鸣》2023年第12期）

"重写"百年文学史：
中国式现代化的理论与实践

贺桂梅

北京大学中文系

"中国式现代化"作为中国共产党第二十次全国代表大会提出的重大理论创新，为思考和推动中国百年文学史研究的范式转型提供了当代性契机和理论资源，为重新建构百年文学史叙述的新形态提供了可能性。可以说，这也是21世纪展开新一轮"重写文学史"研究实践的主要理论基础。本文立足中国式现代化的理论与实践探索，尝试就如何"重写"百年文学史作纲要式探讨。

一、百年文学史研究的范式转型

"重写文学史"是20世纪80年代现当代文学研究界提出的说法。80年代中期，针对50—60年代形成的中国现当代文学史叙述体例和基本范式，彼时的年青一代学者，提出"20世纪中国文学""新文学整体观"等新的文学史理论范畴，进而在20世纪80—90年代形成了文学史研究界影响深远的"重写文学史"思潮。①这一重写实践是在当代中国的特定历史语境中展开的,"重写"的内涵与"被重写"的对象,都有特定的所指。但也由此造成较为普遍的错觉或印象,将"重写文学史"固定化为20世纪80—90年代特有的现象。实际上,自"文学史"这一现代范畴于20世纪初期进入中国知识界以来,百年中国文学的创作、批评、传播和再生产实践,就始终与文学史的研究与理论实践紧密关联,互相建构。

文学史的研究实践并不仅仅是在文学创作与批评实践"完成之后"进行的归纳与提炼,而总是包含了"总结"与"规范"文学实践的双重内涵。从"总结"这一面而言,文学史不同于文学创作、文学批评的地方,在于它是对已有的文学创作、批评、传播与再生产实践的总体性归纳、概括和提炼。缺少对已有文学实践的梳理、描述和分析,文学史就可能沦为概念化的图解和空洞的阐释。但同时,对已有文学实践的概括总结,并不是一个纯学术或纯客观的知识演绎行为,而总是包含了对未来文学实践方向的引导和规范。采取何种核心理论范畴展开文学史研究实践,是一个高度主观化和选择性的行为,必然包含着研究者和书写者对现实的理解、对未来的规划,并由此出发而对已发生的文学创作实践进行选择性的评判和重构。因此,文学史研究同样是一种"叙事性"行为,总是包含了对过去的重写和对未来的规范。从这样的意义上可以说,中国百年文学史研究实际上于不同阶段都在进行着不断的"重写"。

中国百年文学史的研究实践并不是直线型展开的,而是包含了不同阶段基于文学与社会现实之间的互动关系所作出的调整,并呈现为文学史理论与研究实践主导性范式的变迁。可以简略地将百年文学史主流范式的演变,概

---

① 参见贺桂梅《"新启蒙"知识档案:80年代中国文化研究》,北京大学出版社2021年版,第368—436页。

括为以下几个大的阶段和几种主要形态。

第一个阶段大致划定在 20 世纪 20—30 年代,可以概括为现代性文学史研究"启蒙范式"的确立。在这个阶段,如何确立现代性的文学规范、如何从中国文学的纵深脉络中勾勒文学史发展的历史图景,特别是"新文学"自身的合法性,构成了"启蒙范式"的主要叙述内容。这其中代表性的文学史著作包括胡适的《五十年来中国之文学》(1922)、周作人的《中国新文学的源流》(1932)、朱自清的《中国新文学研究纲要》(1933)等。特别是 1935—1936 年由赵家璧主编、蔡元培作总序、新文学运动发起者和倡导者编选的《中国新文学大系(1917—1927)》的出版,是启蒙范式新文学史研究的集大成之作。可以说,正是经由这部大系的总结和阐释,新文学才完全取代传统白话文学、晚清通俗文学和古典"旧文学"而成为百年中国文学发展的主流。

这个时期文学史研究范式的核心问题是如何处理文学的古今关系,如何从现代性视角建构新文学的合法性,同时确立作为现代性的文学即"literature"的文类体制。这一新旧转型的历史书写与实践,不仅发生在新文学场域,也发生在同时期的哲学、史学乃至社会科学领域。新文学与新史学、新哲学、新伦理、新社会科学等是同时产生并成型的。与此相应,伴随着与现代性文学密切相关的现代出版传播市场体制和现代教育体制的确立,现代中国学科体制也逐渐成型。"中国文学史"的研究和教学实践,正是在现代高等教育体制中形成,并与传播市场、文学生产体制等密切关联。

第二个阶段是革命范式主导的 20 世纪 40—70 年代。代表性的文学史研究著作,包括 20 世纪 50 年代王瑶的《中国新文学史稿》(上下册,1951、1953)、20 世纪 60—70 年代唐弢和严家炎主编的《中国现代文学史》(三册,1980),也包括 1962 年华中师范学院编著出版的第一本当代文学史《中国当代文学史稿》、20 世纪 70、80 年代之交北京大学中文系张钟等五位老师编写的《当代文学概观》（1980）及其增订版（1986）、华中师范大学编写的《中国当代文学》（1983、1984、1989）、十二院校编写的《中国当代文学史稿》（1989）等。

启蒙范式主要关注文学的新旧断裂，关注现代国民精神和文学表达，关注现代文学文体的确立等核心问题。与此不同，革命范式的重心是处理新文学的内在差异，特别是新的"超现代"文学即人民文艺的确立，由此而提出处于更高历史阶段且更具社会主义先进性的"当代文学"，并将此前的新文学称为"现代文学"。现代文学与当代文学被视为中国革命文学发展的不同阶段，前者被视为"新民主主义文学"，而后者则是"社会主义文学"或"社会主义时期的文学"。这种文学史叙述的主要理论范畴，是人民、阶级、反帝反封建、社会主义等，其核心不再是文学的文体体制与抽象性的现代国民精神，而是文学实践与社会革命之间的互动互构，文学被视为社会运动、国家建设等的重要组成部分，由此形成了文学与政治之间的密切关联。文学的自律性和独特性的探讨虽也受到关注，但更强调在社会主义现实主义总体规范内的表现形态，因此，主题、题材、典型人物、真实观等成为文学研究的主要范畴。

革命范式的确立是和中国百年革命实践的发展密切相关的。"当代文学"构想的起源，是 20 世纪 30 年代和 40 年代之交"马克思主义的中国化"理念的提出和毛泽东 1942 年《在延安文艺座谈会上的讲话》的发表。[①]文学实践和文学史书写被纳入新中国人民政治的确立和建构实践中展开，文学（文艺）借以生产、创造、传播和再生产的机制，和新中国的政治、经济、社会与文化的总体性机制紧密相关，并被视为确立中国革命和社会主义建设的文

---

① 参见贺桂梅《书写"中国气派"：当代文学与民族形式建构》，北京大学出版社 2020 年版，第 2—3 页。

化领导权的核心构成部分。可以说，与第一阶段以转化和吸收西方式现代文学及其体制的启蒙范式的最大不同在于，革命范式不仅确立了文学实践和文学史书写的政治主体（人民与人民文艺），而且明确地凸显了"中国化"诉求。这是在社会主义文化建设和国家塑造的总体性视野中展开的文学创作与文学史研究的革命现代化实践。从总体性的理论话语体系上来说，"马克思主义中国化""民族形式""中国作风与中国气派""中国自己的道路""中国特色的马克思主义美学"等范畴的提出，都在普遍性的社会主义文化实践和独特性的中国道路中展开了辩证思考和创新性探索性实践。

值得提及的是，文学史研究实践密切地关联着20世纪50、60年代之交中国教育体系中文科知识体系的确立和大学文科教材建设。这也表明革命范式的确立不仅表现在现当代文学研究领域，同时也实践于中国哲学、中国历史、中国美学等领域。如何分析和探讨20世纪40—70年代的现当代文学史研究，总结其历史经验，不能仅仅局限在文学（特别是不能局限在"纯文学"）领域，而应放在新中国建设时期马克思主义中国化的理论话语与知识生产体制的总体性视野中展开分析。

第三个阶段是"文革"结束后特别是20世纪八九十年代直至2010年这段时间的现代化范式。这包含了前文提及的"重写文学史"思潮，其核心理念是"纯文学"观念的提出，将文学和政治对立起来，强调文学实践和文学史书写的去政治化诉求。以"现代化"来命名这一范式的主要特点，是因为这个阶段对"现代化"的理解，从总体的理论体系和知识体系而言，有意无意地受到西方主导的现代化理论的影响，把"现代化"理解为一种普遍性的世界价值观和社会发展趋势，并将"现代化"与"革命"对立起来，借以完成对前30年中国革命实践的批判性反思。

将20世纪80年代提出的重写文学史思潮，放在20世纪七八十年代转型的中国视野和全球视野来看，可以说这是在中国社会自身改革和向外部开放这双重力量作用下所形成的中国文学体制的内部调整。其重心是强调文学叙事媒介的独立性、文学研究的专业化，这被视为文学现代化与学科现代化的主要标志。在此，"现代化"既是一种价值观，也是一种未曾得到历史化反思的规范和目标。其中，没有得到自觉反思的正是所谓"现代化"的规范，往往有意无意地来自西方社会，特别是改革开放以来的欧美世界。现代化的具体内容被理解为人性、现代性、世界性、专业性等普遍内涵，但在具体的探讨和实践中，有意无意地以西方现代性为规范来源，这也造就了80年代中期"寻根"思潮凸显的历史（无）意识结构，即传统与现代、中国与西方的二元对立思维框架。

作为80年代重写文学史思潮深化的代表性著作，钱理群、温儒敏、吴福辉等合著的《中国现代文学三十年》（1987年初版），洪子诚的《中国当代文学史》（1999年初版），陈思和主编的《中国当代文学史教程》（1999年初版），严家炎主编的《二十世纪中国文学史》（2010年版）等，一方面延续并推进了百年文学研究的学科化建设，另一方面在文学现代化实践的具体书写和研究中不同程度地突破了西方式现代化范式的规范。所谓文学史研究与写作的"犹豫不决"，表明以抽象的"文学现代化"作为内在规范的文学史研究遭遇的某种矛盾和困境。[①] 从范式研究的角度而言，这意味着范式自身的危机，也预示着可能到来的文学史研究和实践转型的新阶段。

以上对中国百年文学史研究三种范式的梳理，意在指出"中国式现代化"理论的提出，为解决当前面临的范式危机提供了突破性契机。某种意义上，这也意味着文学史研究范式的"否定之否定"。正如革命范式是启蒙范式的自我否定，现代化范式是革命范式的自我否定，中国式现代化的提出，

---

① 参见钱理群《矛盾与困惑中的写作》（《文学评论》1999年第1期）和洪子诚《我们为何犹豫不决》（《南方文坛》2002年第4期）等文章。

意味着现代化范式的自我否定。但这种自我否定并不是回到革命范式，正如现代化范式不是回到启蒙范式。真正需要明确的，是"现代化"的具体历史内涵和推进实践的主体。由此，百年中国文学实践展开的历史图景及其蕴含的历史经验，才能得到更有效的思考和总结。

推动百年文学史研究的范式转型，需要从实践和理论两个维度重新考察中国百年文学实践现代性转化的历史过程。"中国式现代化"既是一种历史实践经验的总结提炼，也是一种理论创新的规范和目标。从实践的层面，意味着重新考察百年文学的实践史和研究史；从理论的层面，意味着对既有的有关"现代化"的话语表述本身做出历史化的清理和反思，并将构建中国特色的现代化理论表述作为自觉的创新诉求。

二、理论话语的清理："现代化理论"和"中国式"建构

作为理论范畴的"现代化"并不是一个内涵自明的概念。在许多人的反应中，它常被等同于"西方现代化"。从世界史的角度看，现代化实践最早也是从欧美西方社会开始的。如何理解"中国式现代化"，不仅需要对现代世界体系中的现代社会发展做出历史化思考，也更需要从话语层面对现代化范畴本身做出清理。对于文学史研究而言，这种理论谱系和知识概念的清理显得尤为必要。

在英语世界，特别是在社会科学领域，"现代化理论"（Modernization theory）是一个专有的理论范畴。它既是20世纪60年代美国政府针对全球第三世界国家和地区制定的对外政策，也是美国社会科学界建构的一套知识表述，进而在80年代演变为一种全球性意识形态。对于这一演变过程，美国学者雷迅马在《作为意识形态的现代化：社会科学与美国对第三世界政

策》中做了深入的历史化考察和批判性分析[1]，由此也使我们意识到，如何理解"现代化"的内涵，首先不得不从话语谱系上做出清理。

雷迅马的研究显示出，20世纪60年代肯尼迪政府时期，美国社会科学界提出并构建的"现代化理论"，带有十分明显的冷战色彩，其初衷在于建构一套有关落后国家的发展理论，而与社会主义阵营争夺第三世界的领导权。比如经济学家 W. W. 罗斯托的经济学著作《经济成长的阶段》，就有着一个醒目的副标题"非共产党宣言"[2]。这也可以解释，为何人们谈论"现代化"时，总是将其与"革命"相对立，以及这种将自身建构为"客观性"社会科学理论与普遍性全球意识形态的现代化理论，为何不得不是"美国中心主义"的。从经济、政治、社会等社会科学知识角度构建的"现代化理论"，包含了四个要点：（1）传统与现代社会二元论；（2）政治、经济、社会与文化的整体结构论；（3）全球所有国家和地区享有共同的、直线式发展道路；（4）发展中国家通过与发达国家的交往，并获得发达国家的支援而加速推进其现代化进程。这四点也被视为关于现代化的普遍发展模式。

这种看似非意识形态化的"纯"社会科学理论，实质上核心目的是确立美国的全球中心位置，其关键在于内在地将西方社会特别是美国作为现代化发展的典范和标准："理论家们将西方的、工业化的、资本主义的民主国家，特别是美国，作为历史发展序列中的最高阶段，然后以此为出发点，标示出现代性较弱的社会与这个最高点之间的距离。"[3] 也可以说，这是一种"一元

---

[1] 参见［美］雷迅马《作为意识形态的现代化：社会科学与美国对第三世界政策》，牛可译，中央编译出版社2003年版。英文版初版于2000年。

[2] 参见［美］罗斯托《经济成长的阶段——非共产党宣言》(内部读物)，国际关系研究所编译室译，商务印书馆1962年版。

[3] ［美］雷迅马：《作为意识形态的现代化：社会科学与美国对第三世界政策》，牛可译，中央编译出版社2003年版，第6—7页。

现代化"或"单一现代化"的理论形态；由此，为美国20世纪60—80年代在全球争夺第三世界国家和地区的领导权提供了合法性意识形态。并且，正如美国批判性理论家阿里夫·德里克所说，从史学研究的范式角度而言，这种知识形态在80年代经历了从"现代化理论"到"现代化范式"与"现代化意识形态"的演化。① 当一种具有明确意识形态诉求的社会科学理论演变为学术研究的专业化内在规范时，它的建构性和政治性就完全隐蔽起来，而变成了普遍性的全球"价值观"。

指出美国式"现代化理论"的生产过程及其意识形态特性，并不是要将"中国式现代化"理论同样意识形态化，而是需要意识到，当人们谈论"现代化"时，如果不了解这一范畴本身附带的历史内涵，就无法针对性地思考"中国式"的主体性内涵如何呈现。20世纪70年代后期，中国主动调整社会主义建设的方略，启动改革开放的新阶段之初，邓小平开始提出"中国式的现代化"的说法。他在1979年3月21日会见英中文化协会执行委员会代表团时这样说："我们定的目标是在本世纪末实现四个现代化。我们的概念与西方不同，我姑且用个新说法，叫做中国式的四个现代化。"② 此后，又在不同场合说："现在搞建设，也要适合中国情况，走出一条中国式的现代化道路……中国式的现代化，必须从中国的特点出发。"③ "我们要实现的四个现代化，是中国式的四个现代化，我们的四个现代化的概念，不是像你们那

---

① 参见〔美〕阿里夫·德里克《革命之后的史学：中国近代史研究中的当代危机》，吴静研译，《中国社会科学季刊》（香港）1995年春季卷。
② 中共中央文献研究室编：《邓小平年谱（1975—1997）》上卷，中央文献出版社2004年版，第496页。
③ 邓小平：《坚持四项基本原则（1979年3月30日）》，载《邓小平文选》第2卷，人民出版社1994年版，第163—164页。

样的现代化的概念，而是'小康之家'。"①这样的表述充分强调了中国现代化建设的主体性，强调四个现代化是基于中国国情、从中国社会主义建设的主体诉求出发、带有战略性的思考方案，特别是"小康之家"这样的范畴的提出，赋予了中国式现代化更为明确的中国文明内涵。将"现代化"与"中国式"结合起来，首先打破了"现代化"与"革命"的冷战式二元对立，而强调了以革命和社会主义建设的方式规范并完成现代化建设的可能性思路。

关于现代化理论，以北京大学罗荣渠1985年主持成立的北京大学世界现代化进程研究中心为代表，研究、翻译、出版多项成果，从理论层面做了颇为深入的研究与推进。②罗荣渠指出，八九十年代成为"热门话题"的现代化研究，无论在中国还是全球，理论上仍难以摆脱"社会科学知识在中心（西方国家）生产，在边缘（第三世界）消费"③的基本局面。也就是说，原创性的现代化理论著作，"作者大多数是美国人"，而且，"几乎是清一色的自由派观点占了上风"。④发展至21世纪初期，西方理论界关于"后现代主义"的讨论，特别是"亚洲四小龙"的崛起，以及现代化理论的"文化转向"等，诸种理论和实践的变化，使越来越多的研究者意识到，"我们再也无法讨论单数的现代性了"⑤。"多元现代性"理论的提出，可以说与"中国式现代化"作为一种理论创新的探索有着共同的诉求。但中国式现代化有着

---

① 邓小平1979年12月6日会见日本首相大平正芳时的谈话，参见《邓小平文选》第2卷，人民出版社1994年版，第237页。
② 相关成果参见《罗荣渠文集》和"世界现代化进程研究丛书"等。
③ 参见［美］塞缪尔·亨廷顿等著，罗荣渠主编《现代化：理论与历史经验的再探讨》"编者的话"，上海译文出版社1993年版，第3页。
④ ［美］塞缪尔·亨廷顿等著，罗荣渠主编：《现代化：理论与历史经验的再探讨》"编者的话"，上海译文出版社1993年版，第2页。
⑤ 金耀基：《另类现代性在东亚的兴起》，载［德］多明尼克·萨赫森迈尔、任斯·理德尔、［以］S. N. 艾森斯塔德编著《多元现代性的反思：欧洲、中国及其他的阐释》，郭少棠、王为理译，商务印书馆2017年版，第189页。

自觉的理论诉求和长期的历史实践基础，因此它既不是美国式现代化理论的简单对立，也不是去政治化的"多元现代性"的横移，而是基于中国国情和社会主义现代化建设发展到新时代之后，在理论探索上的必然要求。

可以说，这是当代中国现代化建设实践发展到一个新阶段的时代要求。现代化实践并非仅仅是概念上的辨析，而是一个极其复杂的整体性社会实践工程。国家的战略性要求和不同结构性场域的具体实践，特别是不同文化领域的专业化建构之间，还存在着复杂的转换、深化、治理的过程。可以说，在启动改革开放方案之初的80年代，对于何谓"现代化"存在着各种各样、不同层次的理解，由此也造成了这个实践过程的丰富性、复杂性和多样性。[①] 经过30多年的发展，中国社会已经初步建成了现代化的基本形态，需要提出更为明晰、具有新时代特点的理论阐释，以规划中国未来的发展方向和道路。"走一条中国式的现代化道路"，不仅需要对具体的历史实践经验进行总结，也需要从理论原创性的高度提出中国自主性的现代化知识体系和理论体系。

这种现代化理论与实践之间的复杂互动关系，也同样适用于文学创作和文学史研究的实践。需要打破前后30年文学研究范式的简单对立，在当代中国70年历史的综合性视野中重新理解和评价当代文学史（也包括百年文学史），以求对文学的未来发展做出更自觉的战略性规划和引导。如果说20世纪40—70年代的革命范式在强调总体性视野的同时，一定程度地忽略了文学创作和文学研究的自律性和专业化特点的话，那么当下文学创作与文学史研究的主要问题则在自律性与专业化的过度成熟，由此导致总体性视野的欠缺或薄弱。这也是当前文学和文学史介入当前社会实践的力量削弱的主要

---

① 参见贺桂梅《"新启蒙"知识档案：80年代中国文化研究》，北京大学出版社2021年版，第40—58页。

原因之一。因此，从理论高度对一些带有根本性的文学问题做出重新阐释和总结，进而通过对百年文学史的重新梳理而构建新的研究范式，成为一种时代性要求。

2022年，习近平总书记在中国共产党二十大报告中明确提出的"中国式现代化"，既是中国现代化历史经验的总结，也是关于未来中国发展的目标规范。党的二十大报告中提出的"中国式现代化"的五大特征，即人口规模巨大的现代化、全体人民共同富裕的现代化、物质文明和精神文明相协调的现代化、人与自然和谐共生的现代化、走和平发展道路的现代化，明确了现代化之"中国式"的具体内涵。"现代化"的普遍性和"中国式"的独特性之间的辩证关系，需要在实践中完善并展开进一步的理论创新。在这个意义上，"五大特征"是一种规范和诉求，而非理论教条。因此，需要重新考察百年中国现代化的实践史，通过梳理、分析和阐释具体历史现象和经验，而深化其理论化过程。

"中国式"现代化理论的关键因素，首先是基本立场和主体站位的调整，既是立足于中国的主体视野，还是立足名为"世界"的西方现代性规范。同时，这也是基于中国国情特点和文明传统而做出的战略性规划，其中包含了三个基本历史维度：其一，这是一种新时代的当代性规划。中国式现代化的理论内涵具有当下中国的时代性特点，是回应新时代挑战的当代性创新。忽略这一点，就无法理解中国式现代化理论本身的建构性特点。其二，这是对中国既有现代性经验的反思、总结和提炼。中国式现代化理论探索是在重新思考和总结百余年中国现代化实践史的基础上展开的，离开百年中国现代实践史的考察和总结，就无法呈现中国式现代化理论的实践性特点，也无法超越既有现代化实践的问题。其三，这是中国文明的创新性发展。中国式现代化之"中国"不是抽象的，而是立足长时段的中国文明视野而重新思考21世纪中国置身的古今中外格局及其走向。中国国情并非一日生成，而是在中国文明根基上展开的现代化实践所形成的历史与现实。强调"文明根基"，既是打破西方中心主义的现代观而思考中国现代化实践的丰富性和主体性，也是从人类命运共同体的高度思考中国与世界的辩证关系。与美国式"现代化理论"主要是为第三世界落后国家提供发展规范不同，中国式现代化理论更强调立足中国国情而规划自身的发展道路。在此，"中国"是一个国家，也是一个文明体。对中国文明根基的强调，并非民族主义的重申或"中国中心主义"，而是唯有意识到中国的独特性和主体诉求，才能尊重其他国家与文明体的主体性，进而构建"人类命运共同体"才成为可能。费孝通所谓"不妨各美自美，还可以美人之美"[①]也正是这样的意思。

当代性建构、现代性反思和文明根基的视野，这三者的融合是思考中国式现代化理论创新的基本框架，也是探讨百年文学史"重写"可能性的立足点。

三、实践层面的定位：现代化发展的"第四波"

以上从理论话语层面，对新时代的文学史研究如何理解中国式现代化的具体内涵及其理论谱系做出了初步的清理。与此同时，也需要从一种新的历史视野出发，从社会实践与文学实践的层面，对百年文学的基本形态、文学体制、重要主题、历史阶段等做出重新阐释和分析，进而明确21世纪中国式现代化提出的历史依据和时代性特点。可以说，中国式现代化的理论创新，是对中国现代化实践发展到一个新的历史阶段而做出的历史性定位和时代性回应。这也可以说是从更大的历史背景来理解和定位"重写"百年文学史研究范式转型。

---

① 费孝通：《人的研究在中国——个人的经历》，《读书》1990年第10期。

百年来中国现代化发展的历史，也可以说是中国从被动融入西方主导的现代世界体系，进而创造性整合并转化中国文明传统，逐渐形成具有中国主体性的现代化发展道路的过程。可以简略地将其概括为四个阶段和"四波"[1]展开轨迹；相应地，也形成了文学史研究的不同主流范式及其核心问题序列。由此，通过历史梳理和回顾，以期更为准确地定位今天中国社会的现代化发展阶段和主要任务。

19世纪后期至20世纪上半叶，可以称为中国融入现代世界体系和现代化发展的"第一波"。在这个阶段，"中体西用"模式被打破，在西方以军事为先导的现代文明冲击下，中国文明的回应从技术、军事、政治直至文化，逐层深入，吸收转化西方现代文明，进而以五四新文化运动为标志，形成中国现代文化新形态。虽然"冲击／回应"的史学阐释[2]，不足以呈现这个时期中国文明现代性转换的内生性特点，但需要意识到，这个"融入"的过程对中国而言，仍旧是"被动性"成分居多。特别是考虑到，当中国在19世纪与20世纪之交打开国门之时，西方社会自15世纪航海大发现、工业革命、民族国家体系塑造等之后，已经形成了一种以西方文明为中心的现代资本主义世界体系。因此西方文明进入中国，就不像以佛教为代表的印度文明进入中国社会那样平和，而是在中西文明体的激烈冲撞中，被动地开启融入世界体系的过程。这可以视为两种世界体系的碰撞和融合，而其中中国文明显然居于被动位置，但并不意味着中国失却了文明主体性。这也正是竹内好

---

[1] 有关现代化发展的"四波"这一说法，汪晖等人的相关说法为本文提供了启示，参见汪晖、贺桂梅、毛尖《民族形式与革命的"文明"论》，《文艺理论与批评》2021年第2期。
[2] "冲击／回应论"是美国学者费正清最早提出的有关中国现代化的史学模式，后成为20世纪五六十年代现代化理论阐释中国发展道路的主要形态。这一理论模式在80年代美国学界受到挑战。相关分析参见［美］柯文《在中国发现历史：中国中心观在美国的兴起》（增订版）第一章，林同奇译，中华书局2002年版，第1—53页。

所论及的中国和日本吸收转化西方现代文明的不同方式。① 近年来，强调中国现代性转化的内生性特点，逐渐成为学界探讨中国现代化起源的主流观点。但对中国现代性"内生性"特点的强调，并不意味着忽略19世纪与20世纪之交中国现代化的具体历史情境。显然，没有西方主导的现代世界体系的全球扩张，百年来的中国现代化发展显然就会是另一种形态。

称其为"第一波"，正因为外来文明的冲击和中国社会的回应是个逐渐深入的过程，从东部沿海沿江地区到内陆乡村地区，从都市中心地区到乡村边缘地区，同时伴随的是现代性市场体系、印刷出版文化体制、教育体制等逐渐成型。现代中国的"文学"（literature）正是在这个过程中生成的，其主要特点是以西方式现代化作为学习目标，提出"文学的国语，国语的文学"，逐渐形成都市印刷体系和现代教育体制中的新文学。在这个阶段，新文学作为现代中国国家建构和动员的组成部分，格外强调一种以"新"为导向的现代性文学；同时，无论其如何新，也还是建立在中国文明现代性转化的基础上，始终伴随着批判现代性或反现代性的创新性调适。而且因为新文学活动的主要区域在东部地区和都市社会，新文学的主要形态和接受市场也主要限于都市学生、市民和知识分子阶层，因此，必然会有更为深入的展开过程。

中国社会与现代性文学发展的"第二波"，可以划定在20世纪40—70年代。这个阶段，不仅从理论上确立了马克思主义中国化的基本原则，从知识体系上开始构建中国特色的哲学社会科学，从文学与文艺形态上确立了人民文艺的实践体制，同时也使现代化实践深入到广大的内陆地区和乡村腹地。在"农村包围城市"的战略指导下，中国共产党取得了革命成功。新中

---

① 参见［日］竹内好《何谓近代——以日本与中国为例》，载《近代的超克》，李冬木等译，生活·读书·新知三联书店2005年版，第181—222页。

国成立后，对农村的社会主义改造，形成了具有中国自主性特点的社会主义现代化发展道路。这既是对西方式现代化的超越，也是中国道路的基本确立。这个阶段初具模型的人民文艺，在继承和发展五四新文学的基础上，更为自觉而主动地转化地方、民间、旧文艺、方言土语等传统民族文化，由此也形成了社会主义人民文艺与现代中国的民族形式互相建构、互相推进的新的实践方式。①

但需要意识到，现代化发展的"第二波"，特别是20世纪50—70年代，主要是在全球冷战格局中展开的。一方面，中国的社会主义建设处在资本主义世界体系的包围圈中，被动地形成了"脱钩"状态。这也使得中国现代化建设处在极为艰难的处境中；另一方面，社会主义阵营和第三世界国家体系在20世纪六七十年代的转型与变化，特别是70年代资本主义体系石油危机和金融危机的冲击，使得中国现代化发展开始进入"第三波"。当代中国从60年代的"自力更生"到70、80年代之交的"改革开放"，既是现代化发展的需要，也是主动因应全球格局变化而做出的阶段性调整。

这一时期，可以视为世界资本市场体系的转型期和人民文艺的自我变革期。从宏观视野来看，中国与世界体系的关系似乎又回到了"五四"时期，但关键不同在于，此时中国已完成了国内市场整合和国民经济体系的基础建设，是以能动的主体性姿态主动开放国门，重新融入全球资本市场和世界体系。中国社会东部与西部的融合，城乡二元结构的调整，经济特区的设立等，都显示出"第三波"阶段中国主动融入世界体系的能动性特点。邓小平此时提出"中国的现代化"，也正是基于这样的判断。从文学发展的角度，社会主义文艺体制和学科体制在恢复中重建，突破社会主义现实主义文艺规

---

① 参见贺桂梅《书写"中国气派"：当代文学与民族形式建构》，北京大学出版社2020年版，第1—70页。

范，吸收转化20世纪西方现代派哲学与文艺，构成了这个时期文学变革的基本内容。虽然从作家和革新者的主观意识层面，有着"西化"的诉求和特点，但文艺体制的主导规范，仍旧是社会主义文艺的连续性展开和深化。

可以说，从20世纪70、80年代之交至2010年前后，构成了中国现代化发展的第三阶段和"第三波"，这是一个中国更为深入系统地吸收、转化西方文明，确立中国在国际格局中的主体位置的时期。2008年北京奥运会的成功举办、2010年中国成为全球第二大经济体，至2012年党的十八大召开，并提出新的国家发展和建设方略，都可以称为这个阶段完成的标志性事件。

从中国文明自身发展的视野来看，今天的中国正处在新一轮文明融合和创造性发展的阶段。柳诒徵早在1920年初版的《中国文化史》中，就从文明交流与互鉴的宏观视野，将中国文化分为三个发展阶段：第一阶段"自邃古以迄两汉，是为吾国民族本其造之力，由部落而建设国家，构成独立之文化之时期"；第二阶段"自东汉以迄明季，是为印度文化输入吾国，与吾国固有文化由抵牾而融合之时期"；第三阶段则"自明季迄今日，是为中印两种文化均已就衰，而远西之学术、思想、宗教、政法以次输入，相激相荡而卒相合之时期"。[①] 如果说印度文化（主要是佛教文化）自东汉输入中国，直至宋明时期中国儒学形成新的形态（理学），完成的是中国文明第一次大规模吸收和转化外来文化（也是文明）的话，那么西方文化（柳诒徵所谓"远西文化"）自明末开始进入中国，经历20世纪西化现代化的高峰期，到了21世纪中国特别是第三个十年，则也可以说发展到了一个融合中西文明而构建中国文明新形态的时期。这种文明史大视野与中国式现代化理论的提出，有着异曲同工之妙。

---

① 柳诒徵编著：《中国文化史》（上册）"绪论"，中国大百科全书出版社1988年版，第1页。

中国现代化发展到今天的新阶段，从马克思主义的基本原则出发，融汇古今中西一切优秀传统与理论资源，是回应当前中国问题并构建人类文明新形态的主要途径。一方面，西方文明已经不再能为中国的现代化发展提供"答案"；另一方面，中国社会的结构性统合和共同发展（涵盖东部与西部、城市与乡村以及民族、阶层、区域等），也需要同时结合自上而下与自下而上、由外而内与由内而外、以今通古（铄古铸今）与马克思主义的中国化时代化创造等多元面向，创造符合中国国情的主体性知识体系与话语体系。构建中国自主的现代化理论也正是因应于新一轮中国文明创新的内在需要。在这样的大背景下，百年文学史研究也需要在综合此前历史经验的基础上，形成新的研究范式。

四、核心问题：重构人民文艺的总体性视野

重写中国百年文学史，需要将焦点放在重新思考人民文艺的历史经验和当代传统上。为什么要把重心放在如何阐释"人民文艺"，并由此出发重构百年文学史研究的新范式？这是实现中国式现代化五个特征的实质性要求，也可以说是新时代推进文学创作实践和文学史研究范式转型的核心突破点和关键问题。

在百年文学史研究中，无论是革命范式还是现代化范式，如何书写当代文学前后 30 年的关系，始终是一个难题。或者说，现代化范式和革命范式的提出及二者的二元对立，本身就是这种难题性的具体呈现。将两者对立起来无法解决问题，简单地将两者相加，也并非真正的历史叙述。两种范式实际上都是同属西方式现代性范式，无法对中国与文学的现代化经验展开批判性反思。因此，需要提出既超越又涵纳两种范式的综合性研究视野。

对现代性的反思，也是近年来海外中国学研究界关注的问题。从文学史

的研究角度，近年来的成果如日本学者藤井省三的《华语圈文学史》①、哈佛大学王德威主编的《哈佛新编中国现代文学史》②等都将百年甚至更长时间段的中国现代性文学放在中国文学的长时段视野、世界文学的全球视野中展开分析，呈现出百年文学实践更为丰富复杂的纵深面向。但这种文学史都程度不同地简化乃至忽略 20 世纪 40—70 年代的中国文学。更为关键的问题在于，它们没有也无法呈现中国文学现代化发展的实践主体和动力机制，可以说是一种偏于"描述"、缺少历史焦点、无法显现内在历史动力机制的文学史。这种文学史形态本身也是西方式（或西方化）学院体制的产物，文学史研究被视为纯专业的学院知识生产的环节，而失去了与中国文学发展实践关联互动的可能性，更不用说通过文学史研究实践来引导和规范当前的中国文学发展。

如果要重新激活文学史研究的实践性特点和能动性活力，特别是在推进中华民族伟大复兴的新时代发展和构建中国特色哲学社会科学的总体性格局中定位文学史研究的意义，那么，从文学实践主体和社会动力机制的联动视野出发，就成为构建新的文学史研究范式的关键着力点。马克思主义哲学不同于一般经院哲学的根本性特点，正如马克思在《关于费尔巴哈的提纲》中所说："哲学家们只是以不同的方式解释世界，问题在于改变世界。"③这是一种改造世界的实践哲学，理论从实践中提出，同时也指导实践，并在实践中发展。可以说，中国式现代化理论的提出也是这样一种实践哲学。这一理论立足于 21 世纪第三个十年的中国国情，在总结中国现代化实践经验的基础上，提出带有规范性的发展目标和诉求，它既延续了现代化的普遍性诉

---

① 参见〔日〕藤井省三《华语圈文学史》，贺昌盛译，南京大学出版社 2014 年版。
② 参见王德威主编《哈佛新编中国现代文学史》，张治等译，四川人民出版社 2022 年版。
③ 〔德〕卡·马克思：《关于费尔巴哈的提纲》，载中共中央马克思恩格斯列宁斯大林著作编译局编译《路德维希·费尔巴哈和德国古典哲学的终结》，人民出版社 2018 年版，第 66 页。

求，同时又在对全球现代化发展经验的总结中凸显了中国作为实践主体的能动性，特别是如何突破西方式现代化的瓶颈和局限，而创造现代性的人类文明新形态，是这一理论创新的根本出发点。百年文学史研究既是这一理论创新实践的构成部分，同时也丰富和深化了这一理论的具体内涵。

从这样的角度出发，可以看出在中国现代化发展的"四波"中，20世纪40—70年代"第二波"人民文艺的提出和实践具有重要意义。正是在这个阶段，明确了中国现代化实践的主体，同时在马克思主义实践哲学的理论指导下，构建出一种人民文艺的总体性视野。1980—2010年的"第三波"，并不是对人民文艺的否定，而是在自我批判和历史反思的基础上，深化并丰富了人民文艺实践的具体内容。但是在特定的历史情势下，这种深化与拓展往往表现为自我否定与自我批判，而在一定程度上忽略了人民文艺实践置身其中的总体性视野。在21世纪的今天，重提人民文艺的总体性视野，并不是要回到20世纪40—70年代，而是在新的时代语境和历史高度重构这种总体性视野，由此创造新时代的文艺形态。

因此，建构新时代百年文学史研究的新范式，关键在于重新理解人民文艺的总体性视野，并由此出发构建具有当代性的文学史叙述和文学实践规范。简略而言，值得深入探讨以下三个主要议题。

第一，从理论上来说，需要重构人民文艺的"三元结构"视野。五四新文学的主流范式可以说是一种"二元结构"，即启蒙范式所呈现的新与旧、现代与传统、中国与西方等二元对立结构。马克思主义中国化的提出及其在文学和文学研究中的实践，意味着一种区别于五四新文学的"三元结构"的出现：其一是现代性文学的自我超越，其二是新的人民政治与人民文艺的提出，其三是文明根基的当代性延续。这具体地表现为"民族形式""中国作风和中国气派"的塑造，并成为当代文学建构实践中与人民政治同等重要的文学问题，其中既包括重视文艺的群众性和普及性、提出"工农兵"作为文艺的主体，也包括重视并转化乡土中国延续至今的"活的传统"、中国革命实践中那些基于中国文明传统的"行而不知"的当代理论形态。应该说，正是当代文学的提出和人民文艺的实践，文学创作和研究中的"中国式现代化"才真正成型。这三个结构性要素，构成了"当代文学"（人民文艺）涵纳、深化并超越"现代文学"的内在机制。

发展到20世纪八九十年代，当代文学的三元格局要素出现了历史性错动，特别是传统与现代、文学与政治的二元对立思维框架曾产生过广泛影响，但并不能说人民文艺的三元结构就完全消失了。从当代中国的历史连续性视野出发，可以将80年代的"新时期文学"视为从实质性意义上展开的人民政治和人民文艺的自我变革。所谓"实质性"就意味着，即便那些在"意识"层面看起来是对革命文艺的自我否定和自我批判，从其实际展开的方式和文艺体制的保障层面来看，也仍旧是人民文艺的持续发展和自我推进。

20世纪与21世纪之交，在全球化的文化交流格局中，"文化自觉"被明确提出，也由此形成了21世纪的"文明自觉"。[①] 与此相关的文学（文艺）现象是"传统文化热""人民性"的重新塑造和文艺建构文化领导权的持续探索。可以说，21世纪新时代文学实践和文学史研究的基本特性，需要在更高的层次上重新构建和整合人民文艺的三元结构。由三元结构所呈现的总体性视野，应成为反思和总结百年来中国式现代化文学实践的关节点，也应是新时代文学史研究和文学实践的基本视野。缺少这种总体性理念和视野，就无法创造出中国式现代化在文学领域的新形态。

第二，从"文学"这一叙事媒介的特点上来说，需要重新理解"人民文

---

① 相关分析参见贺桂梅《阐释转变的21世纪中国：二十年思考札记》，《美学研究》2022年第1期。

艺"的总体性视野区别于一般西方式现代"文学"的特质。应该说，只有从人民文艺的总体性视野出发，才能真正实现中国式现代化理论"五大特征"的基本要求。

这需要摆脱已成现代性常识的有关西方式现代"文学"的认知方式，综合中国文明视野中古典时期"文""文章"的传统，重构文学介入社会实践的思想性活力。西方式现代文学，如柄谷行人的研究所指出，是一套建立在"内在的人"、民族主义意识形态和现代国家三位一体基础上的制度化装置。[1]这种现代文学把"人"从古典中国人文秩序中的天、地、人这三重格序中抽离出来，依托"风景"化的现代透视机制，表现"内在的人"的主观世界。由此，形成了越来越制度化、专业化的文学体制。这种体制本身是现代性话语的组成部分，而缺乏超越现代性的自我反思能力。从中国长时段"文章"和"文"的传统，重新思考何谓"文学"并重构其活力，将是探讨"中国式现代文学"的重要思路。与此同时，人民文艺是基于马克思主义哲学"改造世界"这一根本诉求而展开的文化实践，人民文艺的"总体性视野"从根本上来说源自马克思主义理论的整体性特征。在这种总体性视野中，文化不是从社会、政治、经济中脱离出来的独立部分，而是彼此联动的环节。因此，需要对人民文艺区别于西方文学同时也超越古典之文的特点做出新的理解。

文学（文艺）的重要特点在于从"生活故事"出发，中国文明的根基就蕴含于生活故事之中，并通过文学叙事转化为当代性形态。既需要叙事形式的探索和创新，也需要总体性视野与传统文艺形式的当代性转化，由此才能完成文明传统的创造性转化和创新性发展。值得提及的是，当前正处于传

---

[1] ［日］柄谷行人：《日本现代文学的起源》，赵京华译，生活·读书·新知三联书店2003年版，第264页。

播媒介的革命期，网络媒介、自媒体、人工智能、数字化等都显示出21世纪文学具有不同于20世纪的诸多特点，由此也需要从"文明"与"传播媒介"、"人文"与"科技"的文明史视野中重构当代文学的功能和意义。

可以说，重构当代中国乃至百年中国总体性的文学史图景，需要从重新界定和理解"文学"特别是"文艺"的基本特性出发，进而在综合当代中国前后30年文学实践的历史经验的基础上，构建新的人民文艺的总体性视野。前30年，人民文艺的基本特点涵盖了人民政治理念的上下贯通、政治与文艺的整体性联动、文学实践与政教体系的同构性与自律性之间的辩证关系等。这是一种具有总体性视野并在整体性社会机制中展开的文学与文艺，不同于"纯文学"所强调的独立性特征。但这种总体性视野与格局中的文学实践，也造成了一定的问题，即不同程度地忽视了文艺的独特性和辩证的自律性特征。后30年，文学和文学研究的专业化，文学与文艺实践的媒介自觉，极大地推进了中国文学和文学研究的发展。但作为前30年文学主要特点的总体性视野，在后30年因过于强调"纯文学"而没有得到应有的重视。

基于此，新时代重构人民文艺的总体性视野，意味着打破前后30年的二元对立，打破文学与政治的简单对立，重新思考文学与社会、国家建设的联动机制如何形塑，重新理解文学创作和文学研究在国家—社会—地方—族群等不同层次的"多元一体"关系，以及如何理解"人民""文艺""国家"三者间的转换和联动。换言之，新时代中国式现代化理论具体落实为文学创作实践和文学史研究实践时，首先需要对何谓"文学"本身做出新的理解和重构，突破"纯文学"观念体制而激活人民文学（文艺）之"文"的实践性特质。

由此出发，也需要重新阐释作为创作主体的作家和文学实践者的"中介性"意义。所谓"中介性"，意味着既涵纳了每一意义结构同时又超越单一结构，并塑造出一种综合性的新视野，而不仅仅是纯粹的"文学"和专业化的"文学"研究。如果说人民文艺实践内在地包含了当代性、现代性和文明传统的三元意义结构,那么从实践的层面而言,处在人民政治理念和文学创作实践之间的"中介性"环节,便需要格外关注具有总体性人民文艺视野的创作主体。只有具备这种视野的作家(文艺家),才能创作出更具新时代特点的人民文艺。这涉及如何更为完整地理解作家的"三所学校"[①](政治、生活、艺术),作家作为"有机知识分子"的中介性意识对于创造人民文艺所需的总体性视野的重要意义。这既是中国式现代化文学的实践要求,也是重写百年文学史需要关注的焦点问题。当代文学前 30 年偏重文学的政治性,更为关注社会性生活;后 30 年偏重文学的艺术性,更为关注个人性生活;而重视作家的中介性特质和创作意识,是超越并综合前两个时期而形成 21 世纪新时代特点的文学形态的枢纽环节。

第三,"重写"百年文学史,核心难题是如何重新阐释 20 世纪 40—70 年代的中国文学。可以说,这曾是被研究界评价为"最不稳定"的一个阶段。在"20 世纪中国文学"和"新文学整体观"的相关论述中,这一阶段甚至被视为"只有政治,没有文学"。这种评价模式的关键问题,是对"政治"做了极为简单化的理解,同时"文学"的内涵也有意无意地依照西方式文学观做了抽象的本质化处理。宽泛而言,一方面需要意识到,现代性文学自其出现之初,就是现代民族国家建构的一个组成部分,也可以说不得不是"政治的"。因此,关键不在是不是政治的,而在政治组织的方式。另一方面,40—70 年代的中国文学形态相对源发于西方现代文学观的"五四"式文学与新时期"纯文学",始终表现出一种"异样性"乃至"异质性"。这种异质性曾是学界否定其文学性的依据,但正是这种异质性,打开了我们关于"多样的文学现代性"想象和阐释的视野,甚至应该说如果不能很好地解释

---

① 参见贺桂梅《柳青的"三所学校"》,《读书》2017 年第 12 期。

40—70年代文学实践的独特性,就谈不到"多元现代性"。更关键的是,也正是这个时段,开启了一种以革命的方式完成现代化的社会革命与文化建设形态,并塑造人民政治与人民文艺的最初形态。可以说,曾经的难题也正是今天思考"中国式现代化"的主要着力点。

重新阐释这个特定历史阶段的文学特性,首先需要将其放在中国革命与当代中国发展的总体性历史格局中加以考察。当代中国前30年,是以人民政治实践为主导,以革命的方式完成现代化。作为"人民文艺"的当代文学既是人民政治整体实践的一个构成部分,也为塑造人民政治的文化领导权而提供合法性阐释。但也要意识到,这种革命现代性内在地受制于特定历史语境中现代性意识形态的限制。对抗性冷战格局和第三世界国家发展道路的选择性困境,决定了当代中国前30年的人民文艺实践难以彻底摆脱冷战意识形态的限制,并表现为文学(文艺)与社会政治联动机制的内在紧张关系。

其次,也需要在全球体系视野中重新阐释20世纪70、80年代之交当代文学转型的历史内涵。70、80年代之交是世界体系发生结构性变化的时期,包括冷战结构的内部错动与松动、社会主义阵营的自我改革、第三世界国家体系的危机、"晚期资本主义"的形成与发展等。这种全球性变局,是中国通过改革开放而迈入现代化发展第三阶段的关键动因。可以说这是中国从冷战结构中的社会主义阵营和第三世界国家体系,主动迈入全球性市场体系的过程。这不是从"封闭"走向"开放",更不是从"传统"转向"现代",而是现代化发展新阶段的自我调整。因此,70、80年代之交的文学转型,不能简单地解释为"启蒙"与"救亡"二元论框架中"五四"启蒙话语的"复归"[①],而应解释为中国社会"第三波"现代化发展尤其是现代化范式的重构

[①] 参见李泽厚《二十世纪中国文艺一瞥》,载《中国现代思想史论》,东方出版社1987年版,第209—264页。

与实践。20世纪80年代，人民文艺从内部展开的自我批判和文学体制改革，以及向外部主动吸收和转化20世纪西方文学与文化资源；90年代，立足深化改革和全球化格局的新视野，地域性、民族性、性别等族群书写的凸显，"后革命氛围"与"新历史主义"叙事的发展等，都可以视为人民文艺实践的深化和调整。至2005—2008年，中国经济"崛起"的指认，特别是知识界有关"中国道路""中国经验"等的讨论，则意味着一种重构中国主体位置的新语境和新尝试。

总而言之，立足21世纪的当下视野，将会提供不同于20世纪80年代"新时期"文学史叙述的新路径。这是今天"重写"百年文学史的实质性含义。关键是需要意识到40—70年代人民文艺的生成性及其内在困境所导致的未完成性，同时意识到1980—2010年中国文学是人民文艺的自我批判式调整和发展的新阶段，综合两者，或许可以构建一种既贴合历史发展的实际经验又更具整合性的文学史阐释范式。

以上从人民文艺的三元结构、文学内涵的重新界定、文学史图景的重构三个方面，简要地勾勒出重构人民文艺总体性视野的主要思考维度。这是重写百年文学史，推动文学史研究范式转型的核心问题。由此，中国式现代化的理论创新及其在文学史研究中的具体实践，或许能得到切实的推进。

结语：人文学的想象力与文明新形态

中国式现代化理论从20世纪中国现代化实践中生长出来，同时又超越了20世纪视野和限度的理论新探索，其提出的重要历史契机，源自全球百年未有之变局和中国在全球格局中位置的变化。全球性现代文明的危机和人类科技及产业革命，迫切需要探索一种具有想象力的未来发展的可能性。"中国式现代化"是从人类文明史高度提出的新理论，不仅关涉中华民族的命运，也将塑造人类文明史上的新形态。西方式现代化理论主要侧重社会科学领域的理论阐释，并且自觉不自觉地拘囿于西方中心主义逻辑。正是对"文化"问题的重视，使得人们越来越意识到再也不能讨论"单数的现代性"了。"以中国式现代化推进中华民族伟大复兴"，是一项"我们的前人从来没有做过的极其光荣伟大的事业"。[①] 从这样的高度来思考中国百年文学史研究的范式转型，挑战的不仅是文学研究的深度和广度，也将是人文学的想象力。

（原载《文学评论》2023 年第 5 期）

[①] 毛泽东：《为建设一个伟大的社会主义国家而奋斗》，载中共中央文献研究室编《毛泽东文集》第 6 卷，人民出版社 1999 年版，第 350 页。

马克思主义文艺理论的公约数
——以"中国式现代化"为依据

崔 柯

中国艺术研究院马克思主义文艺理论研究所

与社会总体发展格局相应,近十年来,中国马克思主义文艺理论研究格局明显改观,同时也存在亟待解决的问题。如何将此前的理论蓄力转化为创新突破的动能,构建中国马克思主义文艺理论学科体系、学术体系、话语体系,是今后学科建设的重要议题。本文拟结合过去十年中国马克思主义文艺理论发展的态势,以"中国式现代化"对理论研究提出的要求为依据,探析学科发展的关键问题。

一

自2013年起,笔者参与了中国马克思主义文艺理论年度发展研究报告(以下简称"报告")的写作[1],在写作中,笔者和课题组同仁有一个共同的

---

[1] 除2016年度"报告"刊发于《汉语言文学研究》2017年第3期外,其余诸篇皆刊发于次年的《文艺理论与批评》第2期。

感觉，那就是十年来，研究水准明显提高，学科格局逐渐改观。

此前一段时间，学科研究较为沉寂，甚至一度被边缘化。近十年来，虽然未提出着眼学科全局的新概念、新方法，但优秀文章数量增多，令人耳目一新的文章时有出现。从整体格局看，此前相对薄弱的中国马克思主义文艺理论研究成果逐年增多，对当前重大现实议题的探究、马克思主义文艺理论中国化的史论研究是新增生长点。

中国马克思主义文艺理论主要包括三个研究对象，相应地形成三个研究领域：经典、中国以及国外马克思主义文艺理论研究。在2013—2016年度报告的写作中，课题组以这种三分法作为结构，对三个领域的发展状况依次评述，从中发现该年度各领域的亮点力作。不过，课题组也意识到，这种区分较为简单机械，不利于提炼共同议题、构建学科体系，自2017年起放弃了这种做法，转而抓取当年的关键词和发展态势，总结、倡导值得肯定的新趋势、新方法、新路径。但这种三分是学科发展的客观现实，而各个领域形成了较为稳定的研究对象，呈现出各自的理论特点。

就经典马克思主义文艺理论研究领域而言，研究重点体现为"细读重释"与"捍卫立场"。"细读重释"即通过文本细读，对马克思主义经典作家的重要命题、理论特质、批评方法进行总结、阐释。"捍卫立场"即重申马克思主义文艺观的科学性、真理性，批驳种种"误读"马克思主义的做法，辨析马克思主义文论的"真精神"和内核。

就中国马克思主义文艺理论研究而言，"历史研究"与"当代形态研究"构成了两大研究领域。所谓"历史研究"，即对理论发展史上的经典文本、理论家及命题的研究。其中，毛泽东同志《在延安文艺座谈会上的讲话》一直是研究热点，此外有对早期中国马克思主义文论家李大钊、鲁迅、瞿秋白、胡风、冯雪峰、茅盾以及重要概念如"人民性""文学反映论"等进行的专题研究。"当代形态研究"，即对构建马克思主义文艺理论、文艺批评的

"当代形态"或"中国形态"的设想,这一议题自新时期伊始提出以来,相关探讨始终未曾中断。党的十八大以来,习近平总书记多次强调马克思主义在意识形态工作、哲学社会科学研究中的指导地位,发表了《在文艺工作座谈会上的讲话》《在中国文联十大、中国作协九大开幕式上的讲话》《在中国文联十一大、中国作协十大开幕式上的讲话》等系列讲话,对文艺工作提出要求和期望。如何深入理解这些讲话的内在精神、更新马克思主义文艺理论,成为理论热点,有学者在此基础上推进了对马克思主义文艺理论的当代形态的阐释。当然,"历史研究"与"当代形态研究"的区分是相对的,"历史研究"往往有着现实关注,力图从中发现构建"当代形态"的启示;"当代形态研究"有着历史观照,力图通过爬梳历史总结经验。

就国外马克思主义研究而言,主要是以国外理论家尤其是西方马克思主义(以下简称"西马")理论家的个案研究为主,涉及面广。西马早期理论家卢卡奇、葛兰西,法兰克福学派的阿多诺(也译作阿道尔诺)、马尔库塞,法国理论家阿尔都塞、朗西埃、巴迪欧,德国理论家布莱希特、本雅明,美国理论家杰姆逊,英国理论家伊格尔顿以及文化研究理论家雷蒙·威廉斯、斯图亚特·霍尔、托尼·本尼特,等等,都不断有专题研究出现。在此基础上,也有学者尝试对西马进行整体研判,对中国研究西马的路径进行反思。此外,东欧、日本马克思主义文论家以及中国理论对国外影响方面,也时有研究成果出现。

总体来看,十年来的马克思主义文艺理论研究延续了新时期以来形成的三大研究领域并立的格局,在各个领域之内,有着较为一贯的研究对象及延续的问题意识。如果说,在 2013 年写作之初,课题组对学科的基本判断是

"处于一个研究的平台期，即更多的是量的积累"①，在写作的时候，尽管每年勉力寻找亮点，但时常为读到平庸、琐碎的成果而惋惜。相比相邻学科自觉的学科问题意识及不断引发集中探讨的新议题，马克思主义文艺理论的进展更多体现为既有学科框架下局部、个别的突破。不过随着写作的持续，我们发现，这种现象有了一定改变，正如2019年的报告所指出的，该年度有一个变化，"那就是研究成果质量普遍较高，大多数论文言之有物、言之有理、言之有据，有的还有一定深度，前几年常见的掺水式、应景式论文数量大幅降低"②。

三个研究领域相比而言，中国马克思主义文艺理论研究的变化更为明显，不仅数量增多、质量提升，而且得益于十年来学科努力回应党和国家层面的方针、政策，逐步蓄力、积累，出现了一些值得称道的研究。比如，对学科建设中长期存在的一些老问题进行了集中、深入的清理与探究，具体包括梳理中国马克思主义文论学科历史、调研当前马克思主义文论教学教材状况、分析马克思主义文论边缘化及理论与批评脱钩等问题的根源、反思当下理论研究的不良倾向，等等；再比如，在教材建设方面，历时12年完成、于2021年出版的"马克思主义理论研究和建设工程重点教材"《马克思主义文艺理论》③力图解决经典、中国、国外马克思主义文论三分、彼此难以融合的问题，在体系建设上做了尝试。此外，还有对关涉体系建构的关键概念、命题所进行的深度学术史研究。这些研究都为今后的理论突破提供了条件。

---

① 马克思主义文艺理论研究所课题组：《2013年度中国马克思主义文艺理论发展研究报告》，《文艺理论与批评》2014年第2期。
② 中国艺术研究院马克思主义文艺理论研究所课题组：《2019年度中国马克思主义文艺理论学科发展研究报告》，《文艺理论与批评》2020年第2期。
③ 参见《马克思主义文艺理论》编写组编《马克思主义文艺理论》，高等教育出版社2021年版。

二

中国马克思主义文艺理论在发展的同时，问题和难题并存，其中一个结构性的问题是研究缺少系统性、议题分散。不仅经典、中国以及西方马克思主义文艺理论三者之间缺少共同的学科意识，鲜有对话沟通，而且在各个领域内部，不同学者往往也有各自独立的研究对象和问题意识，彼此之间关联较少。

缺少系统性和对话性有着复杂的历史根源，其中一个重要原因是未就马克思主义文艺理论的公约数达成共识，如有学者指出的，"在20世纪70年代末期80年代初期，我们的马克思主义文艺理论是有其基本的问题框架的，但是后来这个问题框架不断地被质疑乃至'摒弃'，很重要的一个原因就在于对'马克思主义'的理解上出现了一些根本性的差异"[①]。具体来说，中国学界对经典马克思主义文论的异议较少，分歧主要出现在对中国马克思主义与西马文论之特点和关系的认识上。

中国学界一度将西马文论视为与中国马克思主义文论相异质的存在，认为中国继承了马克思主义正统，而西马则偏离了经典，与中国马克思主义文论难以兼容。例如，在20世纪八九十年代的一些史论著作中，经典、俄苏与中国马克思主义构成三个主要发展阶段，没有西马的位置。

在文艺理论的整体格局中，新时期之后，"审美"逐渐成为主导观念，马克思主义文论遭受冷遇，西马文论研究也不例外。虽然在20世纪80年代，就有多个西马文论的选本出现，西马文论作为一种重要理论资源出现在一些研究著作中，也出现一些专论，但总体发展不佳，其中原因是西马文论一方面"受累于被简单化的马克思主义文论思潮"，另一方面"囿于政治制

---

① 张永清：《理论基石与问题框架》，《文艺理论与批评》2014年第5期。

度不同，他们的文学批判往往缺乏类似的政治支撑而更多停留于文化层面，这种原罪就导致了它们难以进入国内马克思主义者的法眼"①。直到21世纪之后，西马才蓬勃发展，快速增长，除了研究的深化②，在文学与文化批评实践、学位论文选题，乃至教学及教材撰写方面，西马都备受青睐。

同时，对西马始终存在一种批评，即它抽离了经典马克思主义的政治经济学维度，较多停留于精神层面的分析与文化领域的批判。这一点，即便是一些研究西马的学者也曾明确指出。因此有学者主张，在构建中国马克思主义文论体系时，应辨析西马远离乃至背离马克思主义基本原理的观点，分离出其中与马克思主义相"异质"的成分。③

中国马克思主义和西马文论存在冲突的观点不只存在于中国学界，也受国外学界区分西马和东方马克思主义做法的影响。佩里·安德森在1976年出版的《西方马克思主义探讨》在具有共同学术传统的意义上将"西方马克思主义"视为一个整体。不过，安德森在该书中对西马的尖锐批评似乎常被忽略，在西方乃至中国，西马一度以批判、超越东方马克思主义的面目出现。而当代意大利学者多米尼克·洛苏尔多则试图反转东西方马克思主义的等级关系，提供了另一种声音。

在2017年出版的《西方马克思主义重构：诞生、死亡与重生》一书中，

---

① 陈学明等：《西方马克思主义在中国的历程与影响研究》下册，天津人民出版社2020年版，第533页。
② 参见陈学明等《西方马克思主义在中国的历程与影响研究》下册，天津人民出版社2020年版，第545页。
③ 参见董学文《文学理论研究"西马化"模式的反思》，《天津社会科学》2011年第3期；赵文《"西方马克思主义"文学批评理论的局限》，《湖南社会科学》2011年第1期。需要说明的是，这一主张有时会被简化为"西马非马"，实际上，持这一主张的一些学者并不否认吸收借鉴西马文论的必要性，而是反对简单化地把西马文论观点方法直接移植过来，甚至以西马取代马克思主义文艺学的做法。

洛苏尔多梳理了东西方马克思主义从"差异"到"对抗"关系的演变过程，在他看来，存在理论盲视的是西马而不是东方马克思主义，西马忽视了东方包括中国马克思主义的反殖民革命维度。反殖民革命不仅指争取主权上的独立，在当今，争取经济和技术独立也是反殖民革命的一种表现。对反殖民维度视而不见，使得西马既无法正确理解东方马克思主义的价值和意义，也导致自身失去对资本主义意识形态的警惕和批判而陷入理论困境。根据洛苏尔多的分析，西马忽略了东方与西方国家在社会发展阶段上的巨大差异，以及较多国家的经济、政治仍受控于西方国家的现实。他不无讽刺地指出了西马的傲慢与偏见："让东方马克思主义及其所鼓舞的国家听任命运的摆布，西方马克思主义或许早就摆脱了那些束缚其翅膀并妨碍其高飞的东西。"[①]

可见，无论是中国还是国外学界，都认为东方/中国马克思主义与西马之间存在差异与冲突。但在中国，新时期以来，中国马克思主义文论与西马文论都被共同放置在"马克思主义文艺理论"学科名目之下。于是，一方面如前文所说的，各个研究领域更多是在独立发展，彼此之间较少对话；另一方面，在具体研究中，不同学者不可避免地会倾向于选择其中一个领域作为主要依据来理解"马克思主义文艺理论"，因此，看似都在"马克思主义文艺理论"同一名目下的探讨，实际可能有很大理论差异甚至观点冲突。这在具体研究中往往会带来一些难题，比如，在学科关键词、文本形态及功能等问题上存有分歧，对学科体系的构想缺少具体操作的路径，等等。

对"马克思主义文艺理论"的理解有别，是制约学科发展的一个瓶颈问题。要解决这一问题，需要多方面、长时间的努力。其中要做的一个工作，是寻求马克思文艺理论的公约数，为经典、中国及西方马克思主义文论提供

---

① [意]多米尼克·洛苏尔多：《西方马克思主义重构：诞生、死亡与重生》，李凯旋、李赛林译，当代中国出版社2022年版，第111页。

对话的平台。

三

探讨马克思主义文艺理论的公约数，一方面，不言而喻，要立足马克思主义文艺理论的"源"与"流"，即马克思主义基本原理及其近200年的发展历史；另一方面，应从我们所处的现实语境、时代任务出发，根据现实需要，研读原理，观照历史，进而在发现问题、解决问题的实践中进行总结归纳。党的二十大报告用"以中国式现代化全面推进中华民族伟大复兴"来概括现阶段党和国家的历史使命与任务，阐明了"中国式现代化"的特点、本质特征以及战略安排、具体规划，这为我们寻求马克思主义文艺理论的公约数提供了理论和实践上的依据。

党的二十大报告指出："中国式现代化，是中国共产党领导的社会主义现代化，既有各国现代化的共同特征，更有基于自己国情的中国特色。""中国式现代化""是人口规模巨大的现代化""是全体人民共同富裕的现代化""是物质文明和精神文明相协调的现代化""是人与自然和谐共生的现代化""是走和平发展道路的现代化"。[①] 这些论述包含着深刻丰富的内涵，在笔者看来，"中国式现代化"涵盖以下两个方面。

第一，"中国式现代化"具有"现代化"的普遍性，更具有立足中国历史和现实的独特性，保持着对资本主义发展模式的警惕与批判。中国对现代化的追求，是在和西方发达国家竞争中开展的。中国对现代化的设想，始终强调"中国"自己的特色，走自己的道路。西方现代化发展过程，伴随着对

---

① 习近平：《高举中国特色社会主义伟大旗帜　为全面建设社会主义现代化国家而团结奋斗——在中国共产党第二十次全国代表大会上的报告》，人民出版社2022年版，第22—23页。

其他国家包括中国的殖民,而中国通过艰苦的斗争,建立起社会主义国家,走的是另外一条不同的道路。在此过程中,中国不可避免地要借鉴西方国家发展生产力的经验,缩小同发达资本主义国家的差距,但同时坚定不移地坚持社会主义的规定性和根本要求,探索出既学习西方现代化国家的长处又避免资本主义内在弊端的道路,从而"摒弃了西方以资本为中心的现代化、两极分化的现代化、物质主义膨胀的现代化、对外扩张掠夺的现代化老路,拓展了发展中国家走向现代化的途径,为人类对更好社会制度的探索提供了中国方案"①。

第二,"中国式现代化"立足人民的需求和利益。中华人民共和国成立之后,毛泽东、周恩来等党和国家领导人即提出建设"现代化"的战略目标。"现代化"最初主要指"工业化",后来发展为"四个现代化"的完整表述。1954年,毛泽东同志在《关于中华人民共和国宪法草案》的讲话中指出:"我们是一个六亿人口的大国,要实现社会主义工业化,要实现农业的社会主义化、机械化……"②引建设现代化,是着眼"六亿人口"的生活需求而提出的。新时期,出于对社会的主要矛盾"人民日益增长的物质文化需要同落后的生产力发展"的判断,中国共产党人提出了对现代化的设想,从邓小平同志的"中国式的四个现代化"设想,到党的十三大提出的建设"富强、民主、文明的社会主义现代化国家"、党的十七大提出的"建设富强民主文明和谐的社会主义现代化国家"的目标,都是始终着眼人民的共同利益、人民的具体需求而提出的。

党的十九大报告着眼改革开放以来社会发展的新成就、新问题指出,"我国社会主要矛盾已经转化为人民日益增长的美好生活需要和不平衡不充

---

① 习近平:《以史为鉴、开创未来 埋头苦干、勇毅前行》,《求是》2022年第1期。
② 毛泽东:《关于中华人民共和国宪法草案》,载《毛泽东文集》第6卷,人民出版社1999年版,第329页。

分的发展之间的矛盾"①,党的二十大报告要求"紧紧围绕这个社会主要矛盾推进各项工作,不断丰富和发展人类文明新形态"②。可以说,"中国式现代化"的提出,既继承了中华人民共和国成立以来党领导的国家建设和社会发展的一贯目标,又根据新的时代特点,阐明了新的历史任务。"中国式现代化"是"人口规模巨大的现代化",是"全体人民共同富裕的现代化",这表明人民的需求是"中国式现代化"的根本出发点,"坚持以人民为中心的发展思想"③是"中国式现代化"的内核。而且,这里的"人民",不仅指中国的"全体人民",也具有世界的视野,即站在占人口绝大多数的人民群众的立场进行现代化建设,不仅实现中国的发展,同时"促进人与自然和谐共生,推动构建人类命运共同体,创造人类文明新形态"④。

对资本主义发展模式的警惕和批判,立足人民的需求和利益,是"中国式现代化"的题论特点。就第一点而言,对资本主义的批判是马克思主义的理论核心;就第二点而言,马克思主义的一个基本视野是关注绝大多数人的生活境遇和未来发展,正如《共产党宣言》所说的:"过去的一切运动都是少数人的,或者为少数人谋利益的运动。无产阶级的运动是绝大多数人的,为绝大多数人谋利益的独立的运动。"⑤这个"绝大多数人",在马克思、恩格斯那里,是"工人阶级""无产者",在列宁那里是"千千万万劳动人民",

---

① 习近平:《决胜全面建成小康社会 夺取新时代中国特色社会主义伟大胜利——在中国共产党第十九次全国代表大会上的报告》,人民出版社2017年版,第11页。
② 习近平:《高举中国特色社会主义伟大旗帜 为全面建设社会主义现代化国家而团结奋斗——在中国共产党第二十次全国代表大会上的报告》,人民出版社2022年版,第7页。
③ 习近平:《高举中国特色社会主义伟大旗帜 为全面建设社会主义现代化国家而团结奋斗——在中国共产党第二十次全国代表大会上的报告》,人民出版社2022年版,第27页。
④ 习近平:《高举中国特色社会主义伟大旗帜 为全面建设社会主义现代化国家而团结奋斗——在中国共产党第二十次全国代表大会上的报告》,人民出版社2022年版,第24页。
⑤ [德]马克思、恩格斯:《共产党宣言》,载中共中央马克思恩格斯列宁斯大林著作编译局编译《马克思恩格斯文集》第2卷,人民出版社2009年版,第42页。

在中国共产党人那里是"工农兵及其干部",是"人民群众",是"全体人民"。在这个意义上,有学者将马克思主义文艺理论的内核界定为"为无产阶级和劳动群众赢得历史上应有的文艺地位和美学权利"[①],抓到了问题的关键所在。

据此出发,我们不妨以马克思主义这两个特点——批判资本主义、关注绝大多数人——来作为马克思主义文艺理论的公约数。说其是"公约数",一方面是说,马克思主义文论的不同理论形态都应具备这种特质;另一方面,公约数不是全部,在具备这一公约数的前提下,不同历史阶段的理论形态因时代语境、功能诉求以及理论主体不同,对公约数的显现程度也是不同的,由此呈现出不同的理论面貌。以公约数的"同"和具体形态的"异"为依据,可对中国马克思主义与西马文论各自的理论特质以及相互关系做一些阐释。

四

"哲学家们只是用不同的方式解释世界,问题在于改变世界。"[②] 马克思主义是"解释世界"的理论,更重视"改变世界"的一面。这道出了中国马克思主义文论的一个特点,即不仅"解释世界",而且直接推动"改变世界"的具体实践,或者说,其本身就是"改变世界"实践的组成部分。这里所说的"改变世界",不仅指反帝反殖民、建立社会主义国家的革命实践,而且也指在"全球化"的世界趋势下,以"中国式现代化"实践,打破了那种认为资本主义更优越甚至是唯一有效的发展模式的论断,在事实上形成了对资

---

① 董学文:《马克思主义文艺理论的"内核"是什么?》,载《中国语言文学研究》(2015年春之卷)(总第17卷),社会科学文献出版社2015年版,第1页。
② [德]卡·马克思:《关于费尔巴哈的提纲》,载中共中央马克思恩格斯列宁斯大林著作编译局编译《马克思恩格斯文集》第1卷,人民出版社2009年版,第502页。

本主义现代性的批判。

中国马克思主义文艺理论始终和"改变世界"的现实实践有着直接关系，比如，中国早期马克思主义文论家李大钊、瞿秋白、郭沫若、冯雪峰等，同时也是革命运动、革命文艺的实践者，其理论是服务于现实实践的。毛泽东同志的《在延安文艺座谈会上的讲话》，更是直接推动、革新文艺实践的行之有效的指导方针。理论主体和实践主体同一，决定了中国马克思主义和西马文论的一个重要差异，即是否具有通过介入文艺实践进行思想动员、进而介入社会实践的功能。对此，学界一度以"政治化"贬斥中国马克思主义文论，不可否认，在特定历史时期内，过度政治化带来了理论的僵化，在实践上造成了失误。但理论要与现实结合，不可避免会介入政治，而且，经典马克思主义理论家、包括多数西马理论家也从不讳言政治，不否认介入政治的必要性。

西马文论的主体大都不直接从事诉诸现实变革的实践，对他们来说，理论本身便是一种实践，"实践"更多在"解释世界"层面。中国马克思主义文艺理论与现实实践具有直接、密切的关系是优点，但也毋庸讳言，与西马相比，中国马克思主义文艺理论在理论的沉淀、积累方面相对薄弱，未能像西方理论家一样，不断提出新的概念、范畴、方法，乃至构建体系、形成颇具特色的研究团体——这正是新时期以来中国马克思主义文艺理论一直试图实现的目标。

对于西马而言，缜密、系统的理论构建是其长处，其被引入中国后广受欢迎，乃至一度成为马克思主义文论的主流。[①] 但如前文所述，对西马一个

[①] 有学者指出，起初大学里只讲经典马克思主义，"但是后来，尤其是80年代中期后，'西马即马'了。在有些高校，个别老师会觉得讲'马'与现实有点距离，所以直接就从'西马'开讲"。参见赵禹冰、张永清《从现象学美学到马克思主义文论——张永清教授访谈》，《东北师大学报（哲学社会科学版）》2018年第6期。

常见的批评是其抽离了马克思主义应有的政治经济学维度。而且，如有学者指出的，西方对实践的理解有另一条脉络，即在精神领域内理解实践，"往往把实践归结为一种纯粹的精神活动、意志活动，这就把实践主观化、心理化、个人化、非理性化了，并在否定实践首先是一种感性物质活动的同时，又把精神实践的地位和作用作了不恰当的强调和提高"[①]。西马亦受到这一理论传统的影响。对此，我们一方面应加以警惕，另一方面，西马重视理论批判、文化分析，强调人的精神层面的去蔽，忽视社会层面的变革，也并非全然出于主观层面的轻视。根据佩里·安德森的描述，"二战"后西马从经济、政治转向哲学，有着深刻的历史动因，即资本主义随经济的快速增长进入新的发展阶段，打破了经典著作关于资本主义危机衰退或者危机即将来临的预言，并提出新的问题，这促成了西马的研究转型。[②]因此可以说，西马文论是具有批判意识的理论家面对其所处的现实语境与具体问题做出的研判，其理论短板是明显的，"但是有一点是值得肯定的，即它们不仅都面向现实，反映着现代社会人们对文艺的内心需求，而且也是人们对文艺性质认识日趋深化的一种表现"[③]，有其特定的历史价值和启示意义。

因此，在批判资本主义这一维度上，中国马克思主义和西马文论继承了经典马克思主义的理论特质，由各自语境和时代任务出发，做出了各具特点的发展；不妨在坚持"批判资本主义"这一"公约数"的前提下，推动两者进行对话、融合。中国马克思主义文论一方面坚持自身介入现实、助力实践

[①] 王元骧：《实践的思想与马克思主义文艺理论研究的变革》，《马克思主义美学研究》2022年第1期。

[②] 参见[英]佩里·安德森《西方马克思主义探讨》，高铦、文贯中、魏章玲译，人民出版社1981年版，第62—63页。

[③] 王元骧：《实践的思想与马克思主义文艺理论研究的变革》，《马克思主义美学研究》2022年第1期。

的品格，另一方面不妨借鉴西马文论长于更新，创建概念、范畴、体系的长处。而且，中国在发展市场经济的过程中，不可避免出现一些受资本逻辑主导的文艺现象、社会现象，有必要在理论上借鉴西马文论较为成熟的理论思路，从他们对资本支配的现代性逻辑以及文化生产、人的精神状况的批判性分析中获取启发。

在另一个公约数即"关注绝大多数人"而言，中国马克思主义文论因其与现实实践有着直接关系，立足多数人的诉求以动员群众、掌握群众是题中应有之义，从左翼理论家对文艺大众化的探讨、毛泽东同志《在延安文艺座谈会上的讲话》中对"站在无产阶级的和人民大众的立场"的强调，到习近平总书记强调"坚持以人民为中心的创作导向"，都体现了中国马克思主义文艺理论对"绝大多数人"维度的坚持和重视。

而对于西马来讲，如果说早期西马理论家卢卡奇（也译作卢卡契）、柯尔施与葛兰西都曾直接从事革命运动实践，那么后来，"西方马克思主义就以自己的密码式语言来说话了，它与工人阶级的距离愈来愈远，但它对于工人阶级的命运还是努力设法效劳并力求与之相联系的"[①]。时至今日，西马在学院围墙里的思考究竟有多广泛的传播面与影响力？精英主义立场、艰深的话语是否阻碍了理论的普适性与实践效力？这些都是西马常遭到的质疑。而且，西马文论更多是在理论层面推演，对实践的复杂性估量不足，以致很多理论家对大众的潜能缺乏认知，缺乏动员大众的意愿和能力。

不过，就理论层面而言，"关注绝大多数人"也是西马的潜在视野，即多数理论家都是将大众的精神自由与主体解放视为理论工作的中心任务。比如，法兰克福学派试图将大众从文化工业的欺骗与操控中拯救出来，本雅明

---

① ［英］佩里·安德森：《西方马克思主义探讨》，高铦、文贯中、魏章玲译，人民出版社1981年版，第44—45页。

赋予"机械复制"技术从传统中解放艺术、为大众所享有的动能,阿尔都塞力图通过对"意识形态国家机器"的揭秘拯救主体,还有霍加特对工人阶级文化的描绘,拉扎拉托对当代西方"大众智能"社会中"非物质劳动"的描述以及奈格里与哈特对"非物质劳动"之主体"诸众"的革命潜能的分析,等等,发展了经典马克思主义对工人阶级在资本主义条件下的境遇的分析,试图探求人的自由和感性解放的途径。

让我们回到马克思的论述:"批判的武器当然不能代替武器的批判,物质力量只能用物质力量来摧毁;但是理论一经掌握群众,也会变成物质力量。理论只要说服人,就能掌握群众;而理论只要彻底,就能说服人。"[①] 西马固然缺少诉诸"物质力量"的路径与能力,不过,其理论构想为摆脱资本主义社会"原子式"的个人视野的限制、打破资本宰制、重建大众文化共同体等议题提供了启迪。将其与经典马克思主义政治经济学视野以及中国马克思主义文论"武器的批判"的实践效力相参照,发展其揭示西方现代性逻辑弊端的理论优长,可为中国马克思主义文艺理论体系的建构提供理论助力。

综上所述,尽管表现形式和程度不同,但中国马克思主义和西马文论皆继承、发展了经典马克思主义的理论潜能,具有批判资本主义的视野与关注绝大多数人的维度,以此为公约数,经典、中国以及西方马克思主义文艺理论之间具有深层对话的基础和空间。当然,对话本身不是目的,在对话的基础上,延展出具有中国特色的概念、范畴,进而构建兼具理论深度与实践效力的理论体系,才是关键所在。

"实践没有止境,理论创新也没有止境。"[②] 党的二十大报告在提出"中

---

① [德]马克思:《〈黑格尔法哲学批判〉导言》,载中共中央马克思恩格斯列宁斯大林著作编译局编译《马克思恩格斯文集》第1卷,人民出版社2009年版,第11页。
② 习近平:《高举中国特色社会主义伟大旗帜 为全面建设社会主义现代化国家而团结奋斗——在中国共产党第二十次全国代表大会上的报告》,人民出版社2022年版,第18页。

国式现代化"的同时，也将"开辟马克思主义中国化时代化新境界"提上日程，并指出："我们坚持以马克思主义为指导，是要运用其科学的世界观和方法论解决中国的问题，而不是要背诵和重复其具体结论和词句，更不能把马克思主义当成一成不变的教条。"①

"解决中国的问题"，这道出了马克思主义中国化的旨归。作为马克思主义中国化时代化有机组成部分之一的中国马克思主义文艺理论建设，则应立足中国的文艺实践，关注文艺新变，介入批评现场，带着"中国的问题"回到经典、中国以及国外马克思主义文论的武库与土壤，进而在理论与实践的互动中、在问题及方法的碰撞中、在抽象和具体的往返中，构建具有中国特色与当代品格的理论体系。

总之，"中国式现代化"的理论和实践促进了中国马克思主义文艺理论研究格局的改观，也对下一步的理论更新提出了要求和挑战。从中国的文艺实践、社会实践中发现问题，并通过解答、解决问题来充实、发展理论，应是今后中国马克思主义文艺理论研究的重要使命。

（原载《中国文艺评论》2023年第6期）

---

① 习近平：《高举中国特色社会主义伟大旗帜　为全面建设社会主义现代化国家而团结奋斗——在中国共产党第二十次全国代表大会上的报告》，人民出版社2022年版，第17页。

作为思想方法的"中国式现代化"

——对中国现代文学研究的再思考

李云雷

《小说选刊》编辑部

2022年，习近平总书记在中国共产党二十大报告中明确提出，"以中国式现代化全面推进中华民族伟大复兴"。"中国式现代化"这一理论与思想命题是在马克思主义立场观念方法的基础上，在新的历史条件下进行的一种社会主义现代化的探索，是对此前马克思主义中国化、中国特色社会主义理论等重要命题的总结与超越。马克思主义中国化突出的是马克思主义的普遍性与中国的特殊性，中国特色社会主义理论突出的是"中国特色"，视野仍然是外在的，而中国式现代化突出的是"中国式"，即中国本来固有的，更加凸显了中国的主体性、主动性与主导性。

"中国式现代化"这一思想命题的提出，是对中国特色社会主义理论的总结，也是对20世纪中国最重要的思想命题——"传统"与"现代"、"中国"与"世界"、"乡村"与"城市"等的超越，从整体上阐释了转型时期中国的来路、现状以及未来发展方向，为我们整合诸多思想资源提供了一种总体性的思想框架。"中国式现代化"理论可以阐释历史上很多纠缠不清的问题，也可以解释现实中很多互相矛盾的现象，但更重要的是，它有着鲜明的未来指向，在这个意义上，它不只是一种思想方法，也是经由总结历史经验而明确的面向未来的思想立场。

一、对"传统"与"现代"等20世纪核心命题的超越

"五四"以来，"传统"与"现代"构成了现代文学史、思想史上的一个核心命题，并形成了一种周期性的循环，也形成了一种价值评判体系。在很多历史时期，某些作家作品如果被指认为是"传统"的，在价值评判上便处于低端，某些作家作品如果被指认为是"现代"的，在价值评判上便处于高端，在另外的历史时期则完全相反。同时我们对一些复杂的作家作品，往往无法阐释或无以名之，比如我们称鲁迅是"反现代的现代性"，但按这种说法我们也可以说鲁迅是"反传统的传统性"（"托尼思想，魏晋文章"）；比如我们觉得赵树理的小说"土"，但却难以阐释其现代性；比如按现代性的理论，我们也无法解释老舍、张爱玲、钱钟书小说的复杂性，尤其是他们与传统的复杂关系。"中国式现代化"的提出，让我们跳出了"传统"与"现代"的二元对立，在一个整体的历史进程中去把握这些作家作品，让我们看到了现代化过程中的传统性因素，以及传统中国现代化过程中的复杂因素。"中国式现代化"不是完全肯定传统，也不是热情拥抱现代，而是在传统的基础上走现代化之路，也是在现代化的过程中对传统进行创造性转化。

在传统中国的社会空间中，无论是乡村还是城市，都分享着共同的思想文化逻辑；无论是《红楼梦》中的贵族世家还是《金瓶梅》中的市民生活，无论是老舍《四世同堂》中的小羊圈胡同还是赵树理《李家庄的变迁》中的李家庄，都充满着熟人社会的人情规范与处世逻辑。这也就是费孝通在《乡土中国》中所说的"礼治秩序"，他指出："礼是社会公认合式的行为规范。合于礼的就是说这些行为是做得对的，对是合式的意思。如果单从行为规范

一点说，本和法律无异，法律也是一种行为规范。礼和法不相同的地方是维持规范的力量。法律是靠国家的权力来推行的。'国家'是指政治的权力，在现代国家没有形成前，部落也是政治权力。而礼却不需要这有形的权力机构来维持。维持礼这种规范的是传统。"[1] 新中国成立后，伴随着大规模工业化与城市化建设，工厂、部队和机关等新的社会空间被构建出来，但有意思的是同时被构建出的还有工厂、部队和机关的大院。作为生活空间的"大院"，虽然内部有着科层制的等级关系，但同时也延续了熟人社会、人情社会的生活逻辑，也就是说在现代城市内部，"传统"仍然在大院、胡同和街区以不同的方式延续着，这与西方现代城市中原子化的孤独"个人"以及充满流动性、偶然性和脆弱性的人际关系有着很大的不同，可以说是中国式现代化的独特之处，或者说是传统与现代的中国式共生。

值得关注的是，传统中国文化注重亲情与伦理，现代的各种集体力量往往会征用母亲或家园的意象以加强凝聚力，如"祖国母亲""人民子弟兵"的比喻，"爱厂如家""校园是我家，清洁靠大家"的号召，以及"小家"与"大家"的辩证理解，等等。在20世纪50—70年代，还有一种说法比较流行，那就是《为了六十一个阶级弟兄》中的"阶级弟兄"，以及国际关系上的"苏联老大哥""同志加兄弟"等说法，这些说法也在马克思主义视野的阶级关系之上叠加了传统中国文化所重视的"兄弟"关系，如同《水浒传》《三国演义》中的"义结金兰"，更凸显出其关系之亲密与独特，这在国际共运史上也是独特的，是唯独中国才有的特殊称呼。

有意思的是，在现代集体与人际关系对传统伦理征用的同时，传统的家族、家庭文化却处于衰落的过程中，其中一个最具表征性的症候是"父亲"形象的软弱化与落后化。在中国的文化传统中，父亲是最具权威性的，是一

---

[1] 费孝通：《乡土中国》，北京大学出版社2012年版，第140页。

家之主，兼具生身之父与教养之父的双重职责，相当于西方基督教文化中父亲、教父的综合。但是现代以来，中国的"父亲"形象却逐渐弱化，鲁迅《呐喊·自序》中的父亲是病人的形象，需要儿子去跑当铺换钱为他买药，朱自清《背影》中的父亲是一个弱者的形象，需要儿子投以怜悯的眼光。在现代文学的视野中，在父一代与子一代的冲突中，父亲要么是家庭的专制者，要么是时代的落伍者，要么是沉默忍耐者，很少有父亲能真正承担起"父亲"的职责。旷新年指出，"在中国现代启蒙运动中，实际上个人与国家在对家族的破坏和批判中构成了一种同谋的关系。个人并不是被个人所解放，而是被国家从家族之中解放出来，砸碎家族的枷锁，最终却是为了将个人组织到国家的结构之中去。现代摧毁了传统的个人/家族的关系，从而在个人/国家之间建立了新的关系"[①]。但在大家族被瓦解为小家庭之后，"父亲"在家庭中的位置进一步滑落，在革命历史小说中，《创业史》中的梁三老汉、《艳阳天》中的萧老大是落后农民，但他们的儿子梁生宝、萧长春则是时代新人，他们不仅在家庭中的位置是附属性的，在时代发展中也是被动的。可以说他们经历了中国文化史上父子关系最剧烈也最戏剧性的转折，那就是从以父亲为中心转到以儿子为中心，而伴随着新时期以来核心家庭的盛行以及独生子女政策的实施，更进一步转到以孙子为中心，"父亲"的形象更加孱弱，位置也更加边缘。在传统家庭的现代化过程中，"个人"作为社会公民，与父亲享有同样的权利和义务，而"父亲"则丧失了传统的权威感与中心位置性，其教养功能大部分被幼儿园、学校、医院等社会机构承担。

如果对比一下，我们对这一点的感受会更加强烈。在《红楼梦》《金瓶梅》所描述的传统生活中，大家族内部还有主奴、妻妾、嫡庶等复杂关系；在《白鹿原》《家山》所描述的晚清民国时期，白嘉轩等族长还可以在祠堂

[①] 旷新年：《民族国家想象与中国现代文学》，《文学评论》2003年第1期。

动用刑罚教训不孝儿孙。但新中国的成立荡涤了家族、家庭内部的不平等关系，在男女平等、婚姻自主等现代观念下重构了家庭的结构。罗岗指出，"将中国农村的变革放在'家庭'的框架中加以把握，是自赵树理以来形成的乡土文学'新传统'，从《小二黑结婚》到《三里湾》，爱情、婚姻和家庭成为了他书写乡土社会'变'与'不变'的特定视角"①。在这里，赵树理关注的是大家族瓦解之后的小家庭，"新传统"之新就在于其思想观念之新，是建立在恋爱自由、婚姻自主等现代观念之上的。但在这里也隐含着家庭的结构性变化，那就是夫妻关系开始取代父子关系在家庭中占主导地位。阎云翔在描述 1949—1999 年一个村庄的私人生活变革时指出，"无论是核心小家庭还是传统大家庭，横向的夫妻关系已经日渐取代了纵向的父子关系而成为家庭的轴心。与此同时，家长的权威日渐下降，过去在家庭中地位低下的妇女与年轻人开始有了自己的独立活动空间。故而夫妻关系重要性的上升成为中国家庭转型的转折点"②。相对于《乡土中国》《祖荫下》《金翼》等社会学人类学名作所描述的传统家族生活，现代小家庭的人际关系更平等、更单纯、更独立，与社会机构而不是家族成员有着更加紧密的联系。从大家族到家庭再到核心家庭的演变中，我们可以看出"传统"与"现代"在私人领域的冲突之激烈，这是传统与现代的中国式共生的另一面。

"中国"与"世界"也是现代以来文学史、思想史上的核心命题。在不少历史时期，很多人容易将两者对立起来，或者站在"中国"的立场上反对"世界"，比如文化保守主义或民族主义；或者站在"世界"的立场上强调改造"中国"，比如"全盘西化"的主张等。在这种理解中，"世界"又往往被理解为一种普遍性的潮流，比如世界革命、全球化和世界主流文明等。

---

① 罗岗：《"创业难……"——浩然和他的先驱者们》，《南方文坛》2008 年第 4 期。
② 阎云翔：《私人生活的变革——一个中国村庄里的爱情、家庭与亲密关系（1949—1999）》，龚小夏译，上海人民出版社 2017 年版，第 29 页。

在何伟亚的《怀柔远人：马嘎尔尼使华的中英礼仪冲突》中，我们可以看到乾隆皇帝与马嘎尔尼使华团在礼仪上的中英"冲突"。"冲突"的双方各有其道理，在天朝帝国的"朝贡体系"中，来自"边远"地区的马嘎尔尼使华团不行跪拜礼，是一种僭越，而在马嘎尔尼的"国际关系"视野中，他作为英国君主的代表向乾隆行跪拜礼也是难以容忍的。发生在1793—1794年的这一礼仪冲突，以及60多年后发生的中英鸦片战争，宣告了传统中国"天下观"的崩溃，中国被卷入现代资本主义与殖民主义体系，不得不为"救亡图存"和"富国强兵"而斗争。经过100多年的奋力追赶与现代化历程，在新时代，"中国式现代化"的提出让我们看到：现代化并不是只有一种，美国有美国的现代化，欧洲有欧洲的现代化，日本有日本的现代化，中国也有中国的现代化；中国与"现代化"并不是对立的，中国必须也只能以自己的方式现代化，中国可以借鉴他国的经验，但他国的经验只能参考，而不能代替中国自身的现代化；"中国"与"世界"也不是对立的，在现代化的过程中，中国融入了世界体系，并且以自己独特的传统与现代化道路，为世界提供了另一种方案。"中国式现代化"让我们超越文明冲突的视野，而有了更开阔的眼光和更丰富的选择。

在中国，"乡村"与"城市"的区别不仅在于城乡二元体制和经济发展水平，也在于来自不同的文明视野，或者说是"传统"与"现代"、"中国"与"世界"等现代核心命题在中国社会内部构造出的差异。在很大程度上，"乡村"与"传统""中国"联系在一起，而"城市"则与"现代""世界"联系在一起，城乡之间的差异（包括大中小城市之间的差异），就是"传统"与"现代"的差异、"中国"与"世界"的差异。路遥小说的主人公高加林、孙少平等想要离开乡村进入城市，从根本上来说是想要脱离传统的生活方式，过上"现代人"的生活，他笔下的"城乡交叉地带"交叉的不只是经济，还是生活方式，是其背后的传统文明与现代文明、中国文明与西方文明。在罗志田的《权势转移：近代中国的思想与社会》等著作中，我们可以看到，1905年科举制的废除导致传统仕进之路终结，原本与乡村融为一体的乡村文化阶层（乡绅）不得不前往城市另谋出路，或经商或留学，接受西方现代文化的冲击。而失去文化阶层的乡村从此成为文化洼地，或传统文化的聚集地，这则构成了中国城乡之间文化差异与矛盾的缘起。此后一百多年，新知识分子虽历经"到民间去""乡村建设""到群众中去""知识青年下乡"等不同时期与乡村融合的实践，但仍未打破城乡之间传统与现代的文化差异。在我们生活的时代，2011年，我国的城镇人口第一次超过了乡村；2022年，我国的城镇化率甚至超过65%。这就意味着更多的人进入了城市生活，原来我们习惯的"乡土中国"已经转变为"城市中国""城镇中国"。我们以这么快的速度将如此巨大规模的乡村人口转变为城市人，踏上了城市化与现代化之路，这正是中国式现代化的独特之处。但快速的城镇化也带来另外一些问题，那就是当更多人成为"现代人"时，我们在何种程度上还是"中国人"？当乡村及乡村的生活方式急剧消失时，传统中国文化将在哪里寄身？我们可以看到，"中国式现代化"在超越上述核心思想命题时，也内蕴着自身的矛盾与张力。

二、"中国式"与"现代化"的内在张力

早在20世纪末，沟口雄三就提出了研究中国现代的难题："中国研究者在考虑中国现代的时候，首先不得不从设定立足点开始：是以中国与欧洲现代化没有类似的东西为前提，还是以证明与欧洲现代化有断片式的相似为己任呢，还是认定一条与欧洲现代化全然不同的中国式的中国现代化进程呢？也就是说他们不得不要处理怎样保持与欧洲的距离、这一距离如何测定、测定的距离如何理论化等等麻烦的问题。而且，后现代的声音日渐高涨，在欧

洲内部对欧洲的价值体系进行解构的尝试变得明显的 20 世纪末的现在，到如今仍不能为自己现代形象造型的亚洲，又面临着如何予以应对的新难题。必须应对——考虑亚洲现代这一问题自身已被容纳于欧洲后现代的课题之中，被他们编入其后现代思考构造之中——这一似是而非的事态。测定与欧洲的距离，不仅仅是要把现代，而且要把与试图解构现代的后现代的距离，作为复杂的函数包容其中"，"在今天我们已经清楚地发现，以欧洲为基准的历史价值观也适用于中国的看法已再不具备生产性，我们应该站在怎样的立场上来面对中国呢？假如现在我们试图确立中国式的历史过程的话，那我们需要沿着怎样的脉络去认定这种历史过程呢？对熟识欧洲历史过程的人来说，需要用哪些不同的叙述形式，从而使这样的中国历史形象具有说服力呢？"[1]"中国式现代化"理论的提出是对这一难题的回应，但也内含着"中国式"与"现代化"，或者说特殊性与普遍性的内在矛盾与张力。晚清以来，中国一直在探寻现代化的道路，中国的现代化包括社会的现代化和人的现代化。社会的现代化不仅包括从农业国向工业国、从传统社会向现代社会的巨大转变，也包括整体社会结构的现代化，或者说正是社会结构的现代化为中国社会的现代化、农业国向工业国的转变提供了支撑。传统中国是多元一体、跨体系的，但其主体结构则以儒家和家族文化为中心，是建立在血缘、亲缘和地缘关系基础之上的，但经过 20 世纪中国革命，中国的社会结构得以重组和改造，传统的家族和亲缘认同被一种更加广泛的现代自我意识与社会认同所取代，那就是崭新的个人意识、阶级意识和国家意识，以及民族主义、民主主义与社会主义。正是有了这些新的自我意识与社会认同，"中国人"和"中国人民"才能够形成一个整体，而这也奠定了新中国的思想意识

---

[1] ［日］沟口雄三：《中国思想与中国思想史研究的视角》，李云雷译，《比较文学研究通讯》（北京大学比较文学与比较文化研究所），2002 年。

与社会结构基础。

但另一方面，中国人在现代化的同时也顽强地保留着自己的民族特性，甚至有着独特的创造性。比如"春节"，虽然民国时期数次废除春节，"文革"时期倡导过革命化的春节，但春节一直是我国民间社会最隆重、最重要的节日，与公历的"元旦"并行不悖；而同为东亚文化圈的日本、韩国，在现代化的过程中则以"元旦"取代了"春节"。再比如我们的纪年方式，新中国采用了世界通用的西方纪年方式，以公元纪年，按照公历（阳历）进行放假等安排，但在乡村和民间，仍延续着传统的以农历（阴历）纪年、纪日的习惯。与之相对照，中国台湾保留了以民国纪年的方式，日本保留了以天皇年号纪年的传统方式，韩国则和我们一样以公元纪年，但这些地区和国家在纪日上仍是按照公历的方式，并未像中国大陆一样发展出一种二元的时间观念和管理体制。这种二元的时间观念和体制，一端连着中国深厚悠久的传统，另一端连着先进便捷的时间管理方式，显示了中国在传统与现代之间独特的创造性与丰富的层次感。当然，以现代的时间观念取代传统的时间观念，也有一个接受的过程，最明显的莫过于对重要事件的命名方式。在辛亥革命之前，我们大多以传统的天干地支来命名，比如辛丑条约、戊戌变法、辛亥革命等，但是在五四运动之后，我们则大多以公历的日期加以命名，比如七七事变、"一二·九"运动、双十二事变等，这种命名方式的变化，显示了我们对于现代时间观念的接受。现代中国人走出了传统的循环时间观，接受了现代西方的线性时间观，而对这种时间观的接受也意味着对科学、进步和后人胜于前人等一系列观念的接受。传统中国人最高的社会理想是"三代之盛"，现代中国人则将理想社会从久远的历史扭转向了未来。中国人的"时间"在现代化的同时，也充分保留了内在的弹性与复杂性。

"汉字"的命运也显示了中国式现代化的独特性。"五四"前后，废除汉字、以罗马字母、拉丁字母或世界语取代汉字的主张曾得到思想界的热烈讨论,陈独秀、鲁迅和钱玄同等人皆极力主张废除汉字,鲁迅甚至说"汉字不灭,中国必亡"!瞿秋白、吴玉章、林伯渠等旅苏的中国共产党人领导发起拉丁化新文字运动。1935年12月,蔡元培、鲁迅、郭沫若和茅盾等688人提出《我们对于推行新文字的意见》:"中国已经到了生死关头,我们必须教育大众,组织起来解决困难。但这教育大众的工作,开始就遇着一个绝大难关。这个难关就是方块汉字,方块汉字难认、难识、难学……中国大众所需要的新文字是拼音的新文字。"新中国成立后,专门成立了中国文字改革委员会(国家语委的前身)从事汉字拼音化和简化的工作。1951年,毛泽东同志指出:"文字必须改革,要走世界文字共同的拼音方向。而在实行拼音化之前,先简化汉字,以便于目前的应用,同时积极进行拼音化的各项准备工作。"1958年,颁布汉语拼音方案,1964年5月,中国文字改革委员会发表了《简化字总表》,收字2274个,随后向全国推广,与之伴随着的就是汉语拼音方案。但在接下来几十年的探索中,人们发现中国不适合用拼音文字,因为在汉语中有太多的同音字和同音词,所以拉丁字母只能当汉字的辅助音标,不能取代汉字的书写,目前中国已放弃汉字拉丁化改革。[1]

石静远在《汉字王国:让中国走向现代的语言革命》一书中指出,"凡是遭遇汉字或对它发起挑战的技术都不得不对它俯首致敬。从电报学到统一码,西方各种技术自诩的普世性被表意文字逼得摇摇欲坠。汉字多次竭尽全力适应西方字母技术,然而它从未发生根本性改变","中国花了一个多世纪的时间学习如何实现自己语言的标准化并将其转变为现代技术,今天它终于走到了这个位置。中国正在成为从人工智能到量子自然语言处理,从自动化到机器翻译的各个领域的标准制定者。这条路才刚刚开始"。[2]张日培在总

---

[1] 参见百度百科(https://baike.so.com/doc/23795940-26434827.html)。
[2] [美]石静远:《汉字王国:让中国走向现代的语言革命》,林华译,中信出版社2023年版,第227—228页、第230页。

结新中国语言文字事业的历程与成就时指出:"新中国成立以来,我们在一个拥有数千年文字史的人口大国成功实施了文字体系改革,文盲率大幅下降;基本解决了语言障碍问题,涌现了大量既会母语母方言、又掌握国家通用语言的双语人;成功解决了汉字及多种少数民族文字进入计算机的问题,自然语言处理也取得重大突破,网民规模超过9亿;国家语言资源得到全面保护、科学保护,中华语言文化得到有效传承;语言文字治理全面纳入法治轨道;中文正在走向世界……"[①]

为了解决汉字现代化的难题——包括早期易学易懂易交流的大众化问题、普通话问题和后来的数字化电子化等问题——一百多年来,从思想文化界到国家领导层上下求索,提出了种种改革的方案,其中不乏激进的方案,到最后我们废弃了拼音化的方案,选择了以简化字为主、以汉语拼音为辅的方案,实现了汉字的现代化改革,并迎头赶上了数字化的浪潮。这是一条独特的中国式现代化道路,我们周边地区和国家走的则是其他道路,比如中国台湾、香港地区仍保留了繁体字,而日本、韩国、朝鲜和越南等原来的汉字文化圈国家则废弃汉字,改用拼音文字。但对于中国这么一个幅员辽阔、方言土语众多的大国来说,如果采用拼音化的方案,必将会带来诸多交流障碍与安全隐患。中国采用的简化字改革方案,既是一个折中的方案,也是一个精心选择的方案;既解决了大众化和电子化等问题,也与诸多以繁体字书写的文化典籍保持了一定的距离。我们可以借鉴学习传统经典,也可以放下沉重的历史负担,更轻松地面对当代问题。

在这里,可以看出中国式现代化的弹性、多元性与复杂性,在这里,最关键的不是何谓"中国式"、何谓"现代化"的概念,按照某种固定的模式、道路或方向去发展,而是充满创造性、创新性地将传统与现代结合起来。当

[①] 张日培:《新中国语言文字事业的历程与成就》,《语言战略研究》2020年第6期。

然，之所以如此，一是传统中国文化积淀的深厚、影响的深远，所以我们的转型便会显得格外笨重、滞后或"未完成"，在某些时期反传统的态度甚至会异常激烈，比如"五四"时期、"文革"时期和20世纪80年代；二是20世纪中国革命的胜利和改革开放的成功为中国奠定了坚实的基础，我们可以更从容镇定地探索中国式现代化道路，而不是急迫地面对"启蒙"与"救亡"、追随世界潮流、被开除球籍等问题。我们仍走在中国式现代化的道路上，未来仍将面临诸多问题，必须在"中国式"与"现代化"的张力中保持平衡。

三、中国式现代化：道路与远景

党的二十大报告中指出了"中国式现代化"的五大特征，即人口规模巨大的现代化、全体人民共同富裕的现代化、物质文明和精神文明相协调的现代化、人与自然和谐共生的现代化、走和平发展道路的现代化。在这里，"人口规模巨大的现代化"是对具体国情的客观陈述，而另外四大特征则是对中国发展目标的展望，也是对未来道路和方向的规范。报告中提出"以中国式现代化全面推进中华民族伟大复兴"，我们可以看出，"中国式现代化"是方法和途径，"中华民族伟大复兴"是目标，"中国式现代化"既是对历史经验的总结，也是达到民族复兴的必由之路。但是仍有一个理论问题需要追问，何谓民族复兴，达到民族复兴之后我们该怎么做？这是有待理论工作者深入探讨的问题。不过这问题仍然涉及一个普遍性与特殊性的关系，当谈论中国式现代化、民族复兴等问题时，我们仍然是在民族国家的框架中谈论中国的内部问题，但同时中国的发展与探索却具有普遍性的意义。

当代中国所进行的探索很多都是前人所没有过的，比如社会主义与市场经济问题，社会主义与现代化问题，社会主义与全球化问题；比如人类命运共同体、人类文明新形态、全人类共同价值等崭新的思想命题。特别是中国式现代化中的"全体人民共同富裕的现代化、物质文明和精神文明相协调的现代化、人与自然和谐共生的现代化、走和平发展道路的现代化"等宏伟构想，都是前人所没有提出过的，也是在新时代实践中提出的理论问题，这是人类文明前沿的新问题。

列文森的《儒教中国及其现代命运》影响深远，其中谈到的儒教从"天下"的普遍性到"中国"的特殊性标志的转变颇具启发，肖京在一篇书评中谈道："20世纪初民族主义在中国兴起，面对中国的落伍和危亡，民族主义者不再将维护中国生活方式当作目的，中国生活方式反倒可以作为维护民族存在的工具。他们建立起了中西之间文化上的平等地位，这与前述从'天下'到'国家'的转变是一致的，在'天下'秩序中，传统价值具备至高无上的权威，它具有普世性，规定着人之为人的存在方式，而一旦'天下'变成了'国家'，这种地位就丧失了，传统价值变成了只属于一个民族的东西，因而不再具备永恒的意义。民族主义要攻击传统，因为传统会妨碍民族的富强；民族主义又维护传统，因为传统使之成为民族。民族主义和前述今古文学之争一样破坏了传统价值的普世性，使之变成了属于民族的独特性，从而不再具有无可辩驳的崇高地位，这种尴尬的价值失落和富强愿望使一些人不可避免地走上了反传统主义的道路，既然儒教已经从普世性的价值观逐步蜕变为中国的'国性'，而传统是导致落后于普世价值的地方性价值，那么为什么不把它抛弃掉呢？"[①]在对中国的研究中，不管是费正清和列文森等人所倡导的"冲击—反应"模式，或是柯文所提出的"在中国发现历史"，美国的汉学界似乎都没有找到一个令人信服的现代中国之现代化根源。罗荣

---

① 肖京：《从儒教中国到共产主义中国——评列文森〈儒教中国及其现代命运〉》，《文化纵横》2013年第4期。

渠教授曾经指出,"不论是'西方中心观'还是'中国中心观',都是片面的。中国走向现代世界是各种内外因素互动作用的'合力'所推动的。这一巨大的转变过程应该按其本来的复杂性,从单向度研究改为多向度的综合研究"①。魏斐德认为,列文森的研究"基于这样一个假设〔这一假设是他从莫里斯·拉斐尔·柯恩(Morris Raphael Cohen)的《理性与自然》(*Reason and Nature*)一书中学来的〕,即'一个稳定的社会就是它的成员能在普遍原则的基础上选择他们与生俱来的特殊文化'"②。近代以来,中国社会一直处于激烈的变化与动荡中,"稳定的社会"需要契机,也需要支撑,特别是经济与价值观念的支撑。笔者曾谈道:"近代以来,除了极少数历史时期,我们已经习惯了以落后者、追赶者自居,但现在则到了根本转变的关头,我们需要对近代以来构成我们思维、美学无意识的庞大知识体系进行反思,我们需要重建以中国为主体的自我意识和新的感知、思维与情感结构,这是一个循序渐进的过程,也是一个系统的长期的工程。另一方面,当我们不再是落后者、追赶者的时候,我们将如何面对世界?当我们领先于世界的时候,我们应该如何去想和如何去做?这是以前的历史时期我们很少或不会去想的问题,也是我们今天必须面对的问题。"③

在今天重新思考这一问题时已置身于不同的时空,我们当然不会在现代化的道路上谋求重建儒家文化的普遍性价值,也不会完全认同西方现代的价值观念,但应该在保持"中国式"与"现代化"之间内在张力的同时,从自身的经验与历史中,在创造性转化与创新性发展中,探索超越特殊性的一种

---

① 罗荣渠:《现代化新论——世界与中国的现代化进程》,北京大学出版社1993年版,第238页。
② 〔美〕魏斐德:《革命和世界主义——〈莫扎特式的历史家:关于约瑟夫·列文森〉序言》,载《讲述中国历史》,岳麓书社2022年版,第77—78页。
③ 李云雷:《再论新时代文学"新"在哪里》,《文艺报》2022年8月16日。

全新的普遍性。酒井直树在讨论普遍主义与特殊主义的关系时指出,"要言之,西方必须代表普遍性的契机,在这个契机之下,所有特殊性被扬弃。诚然,西方本身就是一个特殊性,但是它却作为一个普遍的参照系数,按照此参照系数所有他体能够识别出自己是个特殊性,在这一点上,西方以为自己是无所不在的","但是,必须满足某些条件才能使这一普遍主义成为可能。因为西方的中心被假定为代表最具有普遍性的社会形态,所以从合理化的历史时间来看,它应该比具有更少的普遍性和具有更多的特殊性的社会要更为先进;由于普遍性被等同于改造社会制度并使之合理的能力。西方必然是最先进的特殊性"。① 在他的论述中,我们可以看到西方将自身的特殊性建构为普遍性的方法与支撑,当我们探索"中国式现代化"之路时,既要认识到"中国式"之特殊性,也要认识到"现代化"之普遍性,力求探索出一种全新的普遍性。

贺桂梅指出,"当代性建构、现代性反思和文明根基的视野,这三者的融合是思考中国式现代化理论创新的基本框架,也是探讨百年文学史'重写'可能性的立足点"②。笔者也曾谈道:"当前中国的一个特殊的境遇是,在我们的社会中,既有源远流长的传统农耕文明,也有门类齐全、独立完整的现代工业体系,更有飞速发展甚至在某些领域领先世界的信息技术与产业,在西方不同历史阶段相继出现的农业文明、工业文明与信息文明,被极大地压缩在一个特定的时空中彼此共存、共生。我们的生活中既有传统文明与现代文明的冲突,也有工业文明与后工业文明的矛盾,这是人类历史上前

---

① 参见[美]酒井直树《现代性与其批判:普遍主义和特殊主义的问题》,白培德译,载张京媛主编《后殖民理论与文化批评》,北京大学出版社1999年版。
② 贺桂梅:《"重写"百年文学史:中国式现代化的理论与实践》,《文学评论》2023年第5期。

所未有的文明形态,包蕴着无限的丰富性、复杂性与可能性"[①]。

经由中国式现代化达到民族复兴,进而去探索一种新的普遍性,中国才能最终达致一种新的长期的"稳定的社会"(就像传统中国的"超稳定结构"一样),也就是不再有文化冲突与文明冲突的社会,不再有"中国人"与"现代人"内在紧张的社会,这是"中国式现代化"的远景与未来,也是"中国式现代化"对于新时代中国的价值。

(原载《现代中文学刊》2023年第5期)

[①] 李云雷:《再论新时代文学"新"在哪里》,《文艺报》2022年8月16日。

以"延安文艺"为方法打开中国现代文学经验

董丽敏

上海师范大学人文学院

最近十多年来，伴随着"把革命带回来"[①]逐渐成为一种令人瞩目的学术思潮，如何"向'新革命史'转型"[②]开始成为各学科重要的拓展方向之一。作为与20世纪中国革命实践有着密切关系的知识领域[③]，中国现当代文学领域展开的有关革命—社会主义文学的"再解读"[④]潮流出现得更早，这其中，关于延安文学/文艺的研究探索尤为活跃，出现了一系列值得关注的新思路，大致可以概括为：努力突破立足于沿海城市—出版传媒—文化工业而产生的"现代文学"分析框架，重新评估以偏僻贫穷的内陆乡村为场域而

---

① 应星：《"把革命带回来"：社会学新视野的拓展》，《社会》2016年第4期。
② 李金铮：《向"新革命史"转型：中共革命史研究方法的反思与突破》，《中共党史研究》2010年第1期。
③ 王瑶指出："在我国，现代文学的诞生和马克思主义的传播，几乎是同时发生的。从二十年代末起，马克思主义的世界观和方法论广泛地同我国社会科学实践开始结合起来，在历史学、经济学等学科中出现了马克思主义的学派；萌发于这一时期的中国现代文学研究，也有相当一部分人运用了马克思主义的立场观点和方法。"王瑶：《中国现代文学研究的历史和现状》，《华中师范大学学报（哲学社会科学版）》1986年第3期。
④ 唐小兵主编的《再解读：大众文艺与意识形态》（香港牛津大学出版社1993年版）可谓开风气之先。

展开的"生活与艺术同一"的延安文艺实践经验的激进性,将其视为"一场含有深刻现代意义的文化革命"①;在特定的抗战"政治—文化"框架中讨论延安文学特殊的表达方式和意义生产机制,分析"作为一种意识形态化写作方式的'集体创作'"对"现代中国文学的地形图"的"改写"②;引入"社会史视野",尝试在民族革命与阶级革命彼此纠缠的特定历史格局中,去理解延安文艺所形成的"新的写作作风"③、所打开的面向群众的"情感实践"④以及主体不断再造的"感知结构"⑤;在深化对赵树理、丁玲、艾青和孙犁等经典作家作品研究的同时,越出单一的"文学"范畴,着重挖掘说书、秧歌剧、新歌剧、朗诵诗、大合唱和木刻版画等延安时期为群众所喜闻乐见的文艺样式所内蕴的独特历史意涵⑥。

应该说,上述各种新思路在研究立场、视野和侧重点上存在着差异性,

---

① 唐小兵:《我们怎样想象历史(代导言)》,载唐小兵编《再解读:大众文艺与意识形态(增订版)》,北京大学出版社2007年版,第1—6页。
② 袁盛勇:《历史的召唤:延安文学的复杂化形成》,中国戏剧出版社2007年版。
③ 刘卓:《"新的写作作风"——探讨丁玲整风之后的报告文学写作》,《中国现代文学研究丛刊》2016年第1期。
④ 路杨:《革命与人情:解放区文艺下乡运动的情感实践》,《中国现代文学研究丛刊》2019年第6期。
⑤ 何浩:《历史如何进入文学?——以作为〈保卫延安〉前史的〈战争日记〉为例》,《文学评论》2015年第6期。
⑥ 这方面的著述甚丰,如孙晓忠《改造说书人——1944年延安乡村文化的当代意义》,《文学评论》2008年第3期;贺桂梅《人民文艺的"历史多质性"与女性形象叙事:重读〈白毛女〉》,《文艺理论与批评》2020年第1期;熊庆元《文体革新、文化运动与社会革命——延安新秧歌运动的历史形态及其政治向度》,《中国现代文学研究丛刊》2020年第12期;唐小兵《聆听延安:一段听觉经验的启示》,《现代中文学刊》2017年第1期;刘欣玥《抗战时期的延安歌咏与"青年"的诞生》,《中国现代文学研究丛刊》2018年第7期;李杨《圣咏中国——〈黄河大合唱〉与延安文艺的"民族形式"问题》,《文艺理论与批评》2021年第2期;路杨《"古元的道路":延安木刻下乡的情感实践》,《中国现代文学研究丛刊》2020年第8期;等等。

但又在一定程度上呈现出了某种共通点,即不满足于局限在传统的"革命史"框架或者"现代性"范式下来理解延安文艺,尝试重返特定社会历史语境,希望能够突破相对静态甚至僵化的文学与政治二元分析模式,在政治史、社会史、思想史和情感史等形成的综合视野中,从文化政治的维度进一步打开延安文艺的讨论空间。这一努力,显然与近年来中国现当代文学研究尝试探寻新的更有阐释力的研究范式的大趋势相一致。更为重要的是,借由这样的延安文艺研究所呈现出来的20世纪中国革命的成熟经验及其蕴藏的能量,又在很大程度上触及了对"现代中国"的形态特点、建构路径以及动力机制的新的诠释可能。因而,有关延安文艺的研究嬗变,就不能只是停留在文学研究内部并在方法论的层面上被看待,而更应被视为包含着研究者自觉不自觉地以此为切入口,企图重构文学研究与历史实践之间应有的回应性关系,进而叩问"现代中国"何以成为"现代中国"的意味在里面。

如果立足于这样的格局中,那么可以说,当前有关延安文艺的诸多研究维度,仍然需要与一些更为本源性的问题联系在一起考量,或许才能真正呈现其意义/局限所在而获得进一步推进的动力。这其中,如何在历史的内在视野中以"延安文艺"自身的逻辑来理解"延安文艺",显然是其中的关键所在。卢燕娟注意到,20世纪90年代以来颇为盛行的"再解读"思路仍然存在着以欧美经典"现代性"为旨归的倾向——"努力去挖掘这些文学当中的现代性诉求,重新把现代中国革命、社会主义建设纳入到中国追求现代的整体历史进程当中",进而指出,这将导致对筑基于延安文艺之上的"人民文艺"的理解背离其自身"文化标准的合法性",而出现"以文学性来建立它的合法性,或者以那种人性、民间伦理来建立它的合法性"的"去合法性的合法化"危机。[1] 换言之,尽管延安文艺/人民文艺逐渐成为新的研究热

---

[1] 卢燕娟等:《左翼文艺研究:热点与前沿》,《文艺理论与批评》2014年第2期。

潮而似乎获得了合法性，但这种合法性的建构，其实是建立在将近代以来的中国革命—社会主义实践当作一种特殊的地方性知识纳入"现代性"研究范式基础上的，大多只是将其当作一种"另类现代性"来加以解读，因而也就无法使其挣脱"现代性"的基本逻辑框架而存在着被误读甚至被取消真正的合法性的危险。

进一步讨论这一问题，应该说，在延安文艺研究领域，当前学界对"现代性"研究范式的知识清理工作仍远远不够，还需要向纵深处开掘。其一，如果不能突破貌似普遍主义实则主要由欧美发达资本主义国家发展轨迹所支撑的"现代性"史观，那么，"延安道路"作为一种"山沟沟里的共产主义"所形成的对于立足于殖民化、工业化、城市化的经典"现代性"理论的反思与克服的一面，显然就无法得以充分显现出来。而这一从不具备经典"现代性"发生条件的半殖民地半封建的中国所探索出来的超克"现代性"的经验，正是延安文艺得以应运而生的历史根基所在。其二，如果不能引入政治经济学视野，关注到新民主主义文化与新民主主义政治、新民主主义经济之间互为支撑的关系[①]，就无法理解延安文艺所追求的文艺生产与政治革命、社会革命高度同一的经验何以能够产生出来，以及这种经验对于欧美现代文艺所表现出来的作家与生活、美学与政治、想象与现实彼此割裂状态的一种弥合，也就不能意识到其在打破所谓"现代文学"自律性的激进探索背后所潜藏着的一种新的文艺重构自身使命与价值的追求。其三，尤其值得关注的是，如果不能在"新的人民的文艺"的高度上来把握延安文艺，注意到其在生产机制上"由专业文艺工作者的活动与工农兵群众业余的文艺活动两个方面构成"，在功能设定上体现为"发动农民斗争，推动农村生产，教育与改造农民自己"，由此才会在具体表现形态上落实为"新的主题，新的人

---

① 参见毛泽东《新民主主义论》，载《毛泽东选集》第2卷，人民出版社1991年版，第695页。

物，新的语言、形式"①，那么，就不能理解延安文艺真正的创造性其实正是从对马克思与恩格斯所发现的"由于分工，艺术天才完全集中在个别人身上，因而广大群众的艺术天才受到压抑"②问题的现实回应为起点而逐渐成型的，让往往被排斥在主流历史之外的群众重新回到历史之中，让被剥夺了文艺创作可能的草根阶层有机会参与文艺实践③而获得作为历史实践主体的整全性，可以说构成了延安文艺最鼓舞人心也最值得重视的特质所在。

由此，要想回到延安文艺自身的理路去探寻更有历史回应性的研究范式，就不能仅仅回到作为一般精神产品的文艺产品的内部，在习见的文艺成规层面上来进行；也不是仅仅运用诸如先锋性、情感结构、视觉文化、听觉文化和大众文艺等现成的理论工具就足以实现。更为根本的，是要立足于"延安道路"，将延安文艺作为打开"现代中国"何以成为"现代中国"的一把钥匙，而不是在由经典"现代性"理论所形塑出来的"现代中国"格局中以削足适履的方式简单植入延安文艺。甚至可以说，并不是这样的"现代中国"构成了理解延安文艺的必要前提，恰恰相反，要想切实把握从半殖民地半封建的土壤中萌发的"现代中国"的历史行进脉络，就必须建立在对新民主主义革命的深切认识和理解基础上——而"延安道路"以及作为其重要组

---

① 周扬：《新的人民的文艺》，载《周扬文集》第1卷，人民文学出版社1984年版，第513、523、525页。
② 北京大学中文系文艺理论教研室编：《马克思、恩格斯、列宁、斯大林论文艺》，人民文学出版社1980年版，第28页。
③ 邵荃麟指出："所谓文艺大众化，我以为并不仅仅是单纯的普及运动或通俗运动，也不仅仅是作品的形式或作家的生活方式的问题。更主要的，它应该是一种人民的与非人民的思想斗争，一种社会革命的实践。到农村中去也好，到民间去也好，如果不是把它看作这种斗争的实践，不是把它和社会斗争紧密联系起来，则所谓民众艺术的'理论'将始终停留在一些琐碎的形式问题讨论上，而所谓'实践'，也只不过是唐·吉诃德式的农村观光罢了。"邵荃麟：《伸向黑土深处》，《邵荃麟全集 第一卷 文艺理论与批评（上）》，武汉出版社2013年版，第80—81页。

成部分的延安文艺则正是新民主主义革命的成熟标志。一言以蔽之，只有以革命为底色来把握"现代中国"，才能深描出"现代中国"所特有的"现代性"的历史意涵。

尽管如此，仍需要强调的是，以"延安文艺"自身的逻辑来理解"延安文艺"，并不意味着就是将延安文艺研究简单地意识形态化，从而又兜兜转转回到传统僵化的革命史研究老路上；而是希望进一步指出，有关延安文艺的研究恰恰需要克服单一的意识形态化所导致的抽象化、概念化乃至教条化的倾向以及由此导致的历史实践能量的流失，需要回到元气淋漓的发生现场，借助血肉丰满的文艺形式努力去还原和诠释历史中的人情事理，以"在历史中逐渐生成"的"境况性知识"[1]抵达革命的肉身形态。

在这一思考脉络中，如何在历史化的前提下，发掘甚至发明更为有效的概念，重建讨论延安文艺社会功用的理论前提，仍然是无法回避的重要问题。倪伟指出，"在思考与中国革命相关的一系列问题时，不能拘泥于西方的分析框架"，提出要在中国革命情境中来重新打开对"社会"概念的理解："社会与其说是一个先在的带有规限性的结构，不如说是各种实践活动得以具体展开的一个开放场域以及在此基础上逐渐整合而成的统合体。这意味着我们需要更多地关注行动者主体在此过程中所发挥的创造性作用，把主体的实践而不是客观的结构作为社会分析的起点。"[2]当"社会"不再被理解为由外在于人的静态的观念、政治或制度构成的社会，而是在各种各样的历史主体的实践活动中逐渐生成的时候，可以认为，在这样的社会场域中，类似于延安文艺这样的社会文化现象的出现，就不可能只是单一的主流意识形态自上而下形塑的结果，而更应该被视为由革命所推动的社会与各色人等的有机

---

[1] 宋少鹏、高夏薇：《境况性知识、内在历史的视域：回看中国百年妇女运动的历史与经验》，《开放时代》2022年第6期。

[2] 倪伟：《社会史视野与文学研究的历史化》，《文学评论》2020年第5期。

互动、协商而达成共识的结晶——延安时期所形成的无论是"赵树理方向"还是"古元的道路",其在参与社会建构的同时也是在被社会塑造中逐渐显现出来的丰富性与创造性,其实都可以在这样的格局中来加以讨论。

另外,如何在充分政治化的基础上,以新的理论视野来把握延安文艺的艺术性以及其可以发挥作用的空间,也是当前推进延安文艺研究所需要触碰的难题。吴晓东认为:"尽管历史中的主体与文本中的主体在历史的和逻辑的双重层面上均有一种同构的关系,但是文学文本在积淀历史的表象的过程中,显然还生成了自身的逻辑,这就是审美之维与形式之维的介入。"① 这一在肯定文学历史化必要性前提下通过强调"文学性"以激活"文学'与现实对话的活力'"的观点,给人的启示在于,可以从另一个方向推进如何以"延安文艺"自身的逻辑来理解"延安文艺"——如果认可延安文艺作为鲜活的感性形式在某种意义上探索了对于这段历史的独特赋形方式,那么它一定蕴蓄了溢出时代意识形态的能量,就不能被简单看作服从于政治的尺度或者说成为革命所需要的宣传工具;但与此同时,又能以怎样的理论方法描述并提炼这一能够充分汲取并转化政治能量的延安文艺其感性形式的艺术内涵与特征,使其能有效弥合大众性与艺术性、文学性与政治性、低级文化与高级文化之间的彼此分离的状态,从而走出传统革命史框架中相对生硬的普及与提高二分法张力结构,仍值得进一步思考。

总之,在今天的社会文化语境中,以回到"延安文艺"本身的理路来认识其发生发展的逻辑及其合法性,并以"延安文艺"为方法来打开乃至激活当前的中国现当代文学研究,仍然面临着一系列立场上、知识上、情感上的问题和挑战,需要在主体与现实、理念与行动、文艺与政治和革命与社会等

---

① 吴晓东:《释放"文学性"的活力——再论"社会史视野下的中国现当代文学研究"》,《文学评论》2020年第5期。

一系列看似非此即彼的二元项中找到可以突破的空间。当然，这种突破不能仅仅停留在概念、话语和观念等层面上，而需要以特定历史情境中形成的实践经验以及相应的逻辑作为支撑，从而才能在"有经有权"的辩证框架中来揭示延安文艺真实的生命力所在。尽管这样的探索颇为艰难，但却是中国现当代文学研究能否真正在地化"再出发"的开始。

［本文为国家社科基金重大项目"人民文学与20世纪中国文学历史经验研究"（编号：17ZDA270）的阶段性成果］

（原载《现代中文学刊》2023年第2期）

"中国式现代化"与
真理—政教—美学机制的转型

朱 羽

上海大学文学院

"中国式现代化"的提出是一个"当代"事件，这一事件蕴含着重新整理乃至扬弃既有历史环节的力量，同时力图成为价值评判的根源——它当然会囊括文学评价的标准。"中国式现代化"所涉及的四个主要面向——规模巨大、平等发展、心物平衡、天人和谐，一方面触及了晚清以来中国现代道路的历史规定、集体渴望乃至"文明"特质；另一方面也回应了政治哲学的核心关切：什么是善好的生活，以及如何看待善好生活的实现条件，也即由真实的"力量"所决定的条件。在这一双重意义上，"中国式现代化"切中当下人文学术研究的核心关切：什么是中国的独特性？中国所能带给世界和人类的较大贡献是什么？如何在极致"现代"乃至所谓"后现代"的情境中思考合适的心物关系、身心关系和天人关系？以及如何形塑出平等而可持续的理想社会？"现代化"这个诞生于20世纪五六十年代且蕴含着"趋同性"和"发展主义"取向的概念可能会引发一些忧虑。但正如马克思在《1857—1858年经济学手稿》"导言"中所说："资产阶级经济学只有在资产阶级社会的自我批判已经开始时，才能理解封建的、古代的和东方的经济。"①循着这一"理解"和"自我批判"的辩证法，我们也可以说，"中国式现代化"绝非"多元现代性"的"一元"——若是这样，"中国"只是成为"特殊"项，而"现代"本身并未经受激烈的自我批判，因此并没有获得真正的自觉——毋宁说，"中国式现代化"就是"现代化"本身的自我批判。"中国"这一表述具有普遍意义，是对"现代"概念的深刻反思与重写。

中国现当代文学实践本就联通着"中国式现代化"这一批判面向。为了看清楚这一点，不妨先从"研究"的历史入手。近40年的中国现当代文学研究整体面目的变迁，呈现出了"文学""现代""中国"三个关键词地位的起伏变化。用一种极其简化的方式来说就是，20世纪80年代，处处凸显"文学"："文学"成了主导叙事，文学尝试摆脱政治，然而背后却是对西方现代化有意或无意的"认同"/"误认"；20世纪90年代，"现代化"遭到反思，诸种现代性概念尤其是"审美现代性"概念涌现，"反现代的现代"说法提出，"资本主义批判"和重估中国社会主义革命开始；21世纪特别是2008年以后，"中国"崛起，对"现代"的不同路径日益自觉，现代中国的生成作为一种具有普遍意义的现代事件，改变了世界。

当然，20世纪80年代、90年代的取径并非以"线性"的方式消失于当下，反而会顽强地"新瓶装旧酒"。这归根到底关乎对于"现代"的不同理解。在某种意义上，这种张力的存在恰恰是必然的，即一方面历史的矛盾并未得到完全解决；另一方面"中国式现代化"的名实之间尚有裂隙，无法真正彰显出普遍性的力量。但不管承认不承认，愿意不愿意，我们必须正视一个基本的现实：文学创作、文学批评与研究归根到底要和"中国"这一国家形态产生某种联系——不管是形式的还是实质的联系。在这个意义上，"中

---

① ［德］马克思：《1857—1858年经济学手稿》"导言"，载中共中央马克思恩格斯列宁斯大林著作编译局编译《马克思恩格斯文集》第8卷，人民出版社2009年版，第30页。

国式现代化"之于"中国现当代文学",既是一种清醒的认知基础,也是一种带有未来指向的激励。

这一思路可能意味着两件事情:一是中国现当代文学实践繁复而矛盾的线索可以获得新的"秩序",一种源于集体性、复归于集体性的新理解。举例来说,已有关于陈翔鹤20世纪60年代两篇历史小说《陶渊明写〈挽歌〉》《广陵散》的阐释,多移情于知识分子,但其是否可以跳脱出过分个人化的作家癖好与特殊遭遇,将文学书写把握为社会主义文化内部的一种革新努力呢?"中国式现代化"意味着一种扬弃性的包容,一种更高程度的统一性。这种思路有助于打破20世纪80年代以来所形成的种种二元对立,如文学/政治、个体/集体等,从而把握真实的历史脉动。二是文学批评与研究将更加自觉于自身的"文化政治"环节。任何真诚的研究最终不得不回答这样一个问题:我的研究对于我所身处的共同体意味着什么?"文化政治"是任何研究都无法回避的一种承诺,是无法被学科化、专业化束缚的集体性的伦理—政治冲动,是对科层化、虚无化的抵抗。

但是,用"中国式现代化"来重新整理中国现当代文学研究实践,首先需要直面这一"现代化"进程自身的矛盾,并由此矛盾进入文学实践的困境。罗岗曾敏锐地指出"当代文学"内在的不一致性,即一方面有着社会主义革命和实践所赋予的特质,另一方面需整合1979年以来的文学变化。[①]我们在此已然看到了某种"转型"——这一转型涉及文学与"中国"这一独特国家形态的关系。在"中国式现代化"的脉络里,此种关系落实为一种具体的机制,我将之概括为"真理—政教—美学机制"。它在日丹诺夫1934年全苏作家代表大会的发言中得到了具体规定。所谓"社会主义现实主义"正

---

① 参见罗岗《"当代文学":无法回避的反思——一段学术史的回顾》,《当代文坛》2019年第1期。

是这一机制的具体表达,它涉及两个相互关联、相互强化但又相互制约的根本要素:(一)对"真理""本质"的持续追踪与再现的要求(当然,"真理"用"实践"+"唯物辩证法"来"检验"还是用"实践"这一唯一标准来"检验"之间的纷争[①],造成了"真理"体制本身的巨变)。(二)实施改造与教育,彰显明确的政治—伦理要求。毛泽东1942年的《在延安文艺座谈会上的讲话》则为这一机制赋予了另一些具体的规定,如提示文艺与政治必须是一元论(即"从属于")而非"二元论"的关系(仿佛文艺与政治拥有"对等"的本体基础),群众路线与"双向启蒙"等。"真实性"和"政治性"的统一,是"真理"与"政教"这两个要素及其关系的另一种表述。西蒙诺夫1954年以及秦兆阳1956年对"政治性"即用社会主义精神教育群众这一条产生质疑,正是试图论证"真实性"本身——背后即"现实主义"美学模型——的充分性。

这一机制正是"革命机器"在文艺领域的化身,其根本规定在于真理—教化的双重性以及某种独特的感性显现的需要。其中一些更加细微的关键环节尤其值得考察,主要有以下几个方面:(一)始终在场的"党"的引导,涉及"远景"的阐释权与此刻的"政治"(往往关乎核心政策);(二)预设的求真求善意志与"热情"以及"理想"("革命浪漫主义"),涉及"新人"与"向上"提升要求,拒绝灰色、犬儒与虚无;(三)与之相联系的"教"与"学"的良性互动与承认/认同关系(文学="生活的教科书");(四)对感性活动中情绪、分心、娱乐、失控等因素的警觉;(五)由"真理"和"政教"推导出的"现实主义"美学模型的要求(批判"现代派"的变形与颓废)、"大众化"和民族形式的要求(拒绝晦涩,诉诸喜闻乐见)以及以"正面人物"(英雄人物)为焦点的文学创作诉求。

---

① 参见《新建设》编辑部《检验真理的方式问题的讨论》,《新建设》1963年第3期。

毛泽东同志《在延安文艺座谈会上的讲话》谈及"文艺从属于政治""政治标准第一",也只有在这一机制及其具体环节中才可以获得恰切的理解,而新时期将"文艺为工农兵服务"调整为"文艺为社会主义服务"(为"社会主义现代化建设"服务),进而将文艺的功能与作用划分为教育、认识、审美和娱乐四个几乎具有平行关系的要素,则可以视为真理—政教—美学机制的内在调整乃至巨变的开始。后续的变化实际上波及了刚刚谈及的每一个环节:(一)党的引导方式的变化(阶级斗争变为经济建设,"共同理想"变化),"真理"问题的变迁(实践"上升",唯物辩证法或理论原则"下降","革命发展"中把握"现实"这一问题开始失去决定性作用),政治性弱化(不顾生死的"主人"之斗争转为维持生命、形塑事物的"奴隶"),远景与历史哲学动力弱化("初级阶段"论);(二)社会主义文化所内涵的"现代"诉求和实践过程中的"分化"(专业化)趋势导致了"个体化"和科层化、常态化、庸常化,集体性和"热情"遭遇危机;(三)与之相关的,个体不愿意接受集体教育,但可以选择自我教育(获得另类资源的可能性),也可以单纯是以激愤来否定教育,"政教"危机显形;(四)技术化与社会分化过程导致娱乐、分心强化,越来越"脱嵌"于已有机制,以及延伸至21世纪以来印刷文化向数字文化转型所引发的书写与阅读的变化;(五)先是"现实主义"美学模型从"政教"中逐步摆脱出来,进而现实主义美学模型丧失其"真理"认知的基础(语言呈现不透明性),"真实性"产生危机,以"人物"创作为焦点的文学书写丧失动力。

我们依旧处在这一机制转型的漫长后果当中。当然,决定这一机制衰退的原因本身也必须结合"中国式现代化"的复杂面目来思考,同时这一变迁也缠绕着世界格局的变化和技术的变迁。

真理—政教—美学机制是"中国式现代化"落实在文学领域的重要印记之一,某种意义上也包含着理解中国现当代文学的关键线索。不过,当下最有挑战性也是最有意义的追问恰恰可能源于一系列挫败与难题，下面所提及的，也许只是一些碎片式、未完成的追问。

（一）文学与行动的连结问题。这是真理—政教—美学机制本身内含的命题，也即"模仿"。但"挫败"似乎早已出现，比如《组织部新来的青年人》中刘世吾的"文学观"便指认了此种"模仿"的不可能："看的时候很入迷，看完了又觉得没什么。"① 刘世吾不仅是官僚主义者，更有着犬儒式的"清醒"——他觉得自己拥有一种"真理"——这份清醒指向了领域"分化"和功能分离；他抵制了"政教"，同时切断了文学与行动的连接，站在了社会主义现实主义"同一性"的反面。但是，一种可能的反讽在于刘世吾的文学观本身可能在现实中被模仿，当时的文学批评一度大力批判"中间人物"，或也源于此种"模仿"的焦虑。也就是说，"模仿"问题并没有被完全取消，刘世吾这一文学人物也可能会发挥现实效用。关键在于，我们既要揭示出刘世吾"文学观"的布尔乔亚现代性特征，也得点破林震所拥抱的"娜斯佳精神"以及"小说"和"工作"相互同一的困境。这涉及文学人物所产生的审美效果究竟和"认同"是何种关系。我们需要细致辨析不同的文学人物所带来的认同效果——这其实反驳了刘世吾的"切断"，也复杂化了林震的"一体化"——并在新的语境里重新激活"真理""政教"和"美学"三者的关联，思考文学在社会结构当中的恰切位置，"补完"文学与行动之间的中间环节。

（二）文学研究中历史经验的"无关性"。这一观察可能会对如今已经蔚然成风的"历史化"潮流泼一点点冷水。"历史化"可以恢复历史"经验"的各个环节，凸显历史"现场性"，乃至细致地呈现种种历史实践中的难题和应对的智慧。但是，经验越具体，也就显示出它越受特殊历史条件的规

---

① 王蒙:《组织部新来的青年人》,《人民文学》1956年9月号。

定，也就越成为"历史"。真理—政教—美学机制当然需要"历史化"，但也因此容易成为"历史"而丧失其与当下的对话能力，变得无关紧要。"历史化"很可能掩藏了自身的立场，也可能迷失在相对性和虚无化当中，因此转变为自身的反面：另一种抽象化。中国现当代文学研究在历史化操作中应该更诚实一些，说出或努力想清楚自己的前提与立场，这是克服弊端的方式之一；也需要拥有一种当代意识，"中国式现代化"为这一意识提供了基础，从而激活一种想象力，"将对象从对象的位置上解放出来"。①

（三）第三个难题，我将之临时概括为"沈从文问题"对于固有真理—政教—美学机制的挑战。沈从文这种拥有自觉的审美追求和形式创新的作家，始终保有"抒情"的企图和"顽固"的个体趣味，究竟应如何应对？中华人民共和国成立后，沈从文私下里多次表达过不喜欢赵树理的创作，这又意味着什么？关键就在于，不能够完全将这些看似"异端"的要素排除出去，推给那些陈旧的框架，而是要将之吸纳在更普遍的框架里，让它们重新统一于更具有包容性的解释。"个体"远非最后的措辞，它也会向它的反面转化，"个体通过经验得知，当它把它的生命抓取过来时，这个行为包含着一种双重的意义：它想要抓取生命，但拿到手的却是死亡"②。

（四）当代需要重新理解"书写"，因为"我们都成了书写动物"③。今天我们读得少，写得少吗？恰恰相反，我们反而见证了书写的膨胀，但"书写正在围绕着电脑格式进行重组"④。某种意义上，这也可以说是 19 世纪读写

---

① 汪晖：《世纪的多重时间——〈20 世纪的中国〉第二部序言》，"文艺批评"微信公众号，2019 年 10 月 27 日。
② [德] 黑格尔：《精神现象学》，先刚译，人民出版社 2015 年版，第 225 页。
③ [英] 理查德·西摩：《推特机器：为何我们无法摆脱社交媒体？》"前言"，王伯笛译，上海文艺出版社 2023 年版，第 v 页。
④ [英] 理查德·西摩：《推特机器——为何我们无法摆脱社交媒体？》，王伯笛译，上海文艺出版社 2023 年版，第 5 页。

能力第一次爆发的 21 世纪对应物，也彰显出一种文化革命特性。但书写也陷入了新的"格式"当中，变得社交媒体化。同时，网络文学的鸿篇巨制又在不断生成，如数据库般扩大。此种书写经验和中国现当代文学经验之间究竟有什么关系？依托于新文学传统——背后是现代印刷文化——的文学教育与之又有何种张力性关联？如果引入真理—政教—美学机制的变迁来看，"书写"这一维度又能引出何种新的可能性？或许也可以反过来说，正因为"书写"产生了变化，真理—政教—美学机制的"当代化"反而变得紧迫了起来。

〔本文系国家社科基金重大项目"人民文艺与 20 世纪中国文学的历史经验研究"（编号：17ZDA270）阶段性成果〕

（原载《现代中文学刊》2023 年第 1 期）

马克思主义文学批评的中国之路

胡亚敏

华中师范大学文学院

党的二十大报告指出："马克思主义是我们立党立国、兴党兴国的根本指导思想。实践告诉我们，中国共产党为什么能，中国特色社会主义为什么好，归根到底是马克思主义行，是中国化时代化的马克思主义行。"对于研究马克思主义文学批评的人来说，就需要进一步探讨和回答，作为马克思主义组成部分的马克思主义文学批评为什么行，特别是中国马克思主义文学批评为什么行。对这些问题的研究和回答已不仅是一种责任和必需，更是一种理论自觉。

一、马克思主义文学批评的魅力

马克思主义之所以至今在全球风云变幻中长久不衰，是因为马克思是从超越资本主义生产方式的高度研究和批判资本主义的。英国马克思主义者伊格尔顿写过一本书——《马克思为什么是对的》，针对"马克思的时代过去了"的观点，伊格尔顿首先表示，听到这样的说法可以使马克思主义者如释重负，因为马克思主义者为之奋斗的目标就是要让马克思主义过时。但他接着话锋一转：马克思主义退出历史舞台的前提是资本主义结束，只要资本主义制度还存在一天，马克思主义就不会消亡，目前资本主义的性质没有改变，"那就是当今资本主义世界的不平等程度甚至可以与古老的维多利亚时代相提并论"①。因此，批判资本主义、超越资本主义的马克思主义仍具有强大的生命力。

（一）马克思主义与马克思主义文学批评的关系

马克思主义文学批评不是马克思主义加文学批评，而是马克思主义理论体系中不可分割的组成部分，它的理论基础是马克思、恩格斯所创立的唯物史观。法国马克思主义者阿尔都塞曾指出，马克思主义不是一个专门的学科，马克思的学说是所有学科的理论基础，"只有极少数知识分子具有足够的哲学修养，能够认识到马克思主义不仅是一门政治学说、一种分析和行动的'方法'，而且作为科学，它是发展社会科学、人文科学、自然科学和哲学所不可缺少的基础研究的理论领域"②。

在《〈政治经济学批判〉序言》（1858 年 11 月—1859 年 1 月）中，马克思首次把文学艺术纳入经济基础和上层建筑的社会结构中，这为文学艺术活动奠定了坚实的历史唯物主义基础，并为人们认识和界定文学的社会性质以及在各种社会联系中研究文学问题提供了宏观的解释框架和坐标系。不仅如此，马克思主义文学批评与马克思主义的联系还表现为多个方面。马克思、恩格斯在其哲学、政治经济学等著作中提出的一系列范畴和所阐述的一些基本问题，如"资本""分工"等概念，在一定程度上丰富和扩展了马克思主义文学批评的研究视域和对象。马克思主义经典作家在评价具体作家作品时

---

① ［英］特里·伊格尔顿：《马克思为什么是对的》，李杨等译，新星出版社 2011 年版，第 7—8 页。
② ［法］路易·阿尔都塞：《保卫马克思》，顾良译，商务印书馆 2006 年版，"序言"第 7 页。

所提出的文学批评观点，更是直接为马克思主义文学批评提供了理论支撑和实践范例。此外，马克思本人有着深厚的文学素养，他青少年时期就非常喜爱文学和诗歌创作，在其后来的著述中引用了大量文学作品，其范围包括古希腊罗马文学、但丁、莎士比亚、17世纪以来欧洲的作家作品，等等。后来虽然马克思选择了投身无产阶级革命事业的道路，但终其一生都表现出对文学的强烈兴趣和爱好。

不可否认，马克思的精力主要致力于解释世界和改造世界，他的研究兴趣往往根据斗争需要不断转移，从哲学转向政治经济学乃至人类学、历史学等，由此马克思主义文学批评必然与哲学、历史、政治和政治经济学等有着密切关系，这在一定程度上增加了马克思主义文学批评的混杂性。而这种不纯性恰是文学批评这个学科的基本属性，只是马克思主义文学批评的跨学科特征表现得更为明显。其实，学科本身就是近代才逐步出现的，是一种人为的划分，不同学科的确立有助于对研究对象的深入探讨，但也有失之整体的危险。如今，学科的交叉和融合已成大势，马克思主义文学批评走在前列。

马克思主义文学批评与马克思主义的关系又不仅仅是部分和整体的关系，还表现为互相融合和互相激发的过程。以往人们多是从哲学、政治经济学的立场阅读马克思和阐释马克思，而从文学批评的角度切入马克思经典著作，将会领略不同的风采。马克思在抨击当时社会现象和阐述理论问题时所表达的愤激或涌出的诗意，尤其是字里行间洋溢的激情，体现了一种文学与哲学的交响。马克思的许多文章文笔犀利幽默，展示出一种独特的表达方式和表述风格，对此，我们在阅读马克思的《路易·波拿巴的雾月十八日》中感受特别明显，这些都是从其他学科的角度难以感受到的。在这个意义上，马克思主义文学批评成为激活和重新发现马克思的又一窗口。

(二）马克思主义文学批评的方法论优势

与其他批评方法相比，建立在唯物史观基础上的马克思主义文学批评具有方法论优势。这主要表现在马克思主义文学批评具有明确的历史意识，即坚持物质第一性前提下追求人的历史活动与人的解放的统一。这种历史意识规定了马克思主义文学批评的研究视野、研究对象和研究方法，其中考察文学与社会、文学与人的解放等问题成为马克思主义文学批评的标志。马克思主义文学批评的方法论优势还在于它所具有的辩证精神，"辩证法在对现存事物的肯定的理解中同时包含对现存事物的否定的理解"[①]。这使马克思主义文学批评得以超越其他批评方法非此即彼的对立，获得自我更新的活力。在此基础上，马克思主义文学批评通过深入洞察文学活动的诸多关系，可以发现其他批评方法所忽略或不能发现的盲点。纵观20世纪以来，俄国形式主义、英美新批评、精神分析、接受美学、女权主义等各种批评流派、批评模式此起彼伏，不断被否定或替代，主要原因就在于这些批评流派不同程度地存在"洞见中的盲视"。而马克思主义文学批评之所以能够一直保持影响力，就在于其拥有这种历史的辩证的方法论优势。

马克思主义文学批评在发展中也曾遭到非议，其中比较有代表性的观点是认为马克思主义文学批评仅仅是对作品的政治或阶级因素的考量。这是一种误解，有将马克思主义文学批评简单化和片面化之嫌。基于历史唯物主义的立场，马克思主义文学批评在审视文艺现象、分析文艺作品时，主张将文艺活动置于具体的历史语境中，从人们的社会活动所建构起的社会关系中，从历史必然性的高度，去考察文艺与政治、经济、社会等的关联，揭示文艺的社会性质，这些是马克思主义文学批评的基本特征。但是马克思主义文学

[①] ［德］马克思：《资本论》，载中共中央马克思恩格斯列宁斯大林著作编译局编译《马克思恩格斯文集》第5卷，人民出版社2009年版，第22页。

批评并不仅止于此,马克思提到的物质生产的发展同艺术发展的不平衡关系,马克思对古希腊艺术永久魅力的赞美,等等,启发我们重新看待文学艺术与经济基础、与其他意识形态的关系,并认识到艺术的发展充满复杂性,即艺术除受社会发展制约外,还有其自身的特性和一定的超越性。马克思主义文学批评不仅具有深刻辩证的理论阐述,而且对文学作品也有独到的艺术分析。在评论拉萨尔的《弗兰茨·冯·济金根》时,马克思、恩格斯不约而同地都首先从韵律入手,并认为理想的性格描写应该"莎士比亚化",即对现实关系有广泛真实的描写,且具有情节的生动性和丰富性。

从今天的眼光看,马克思主义文学批评还论及了一些传统文论没有涉足过的新的理论命题。马克思在政治经济学研究中所阐述的生产与消费的关系,对当今艺术生产具有相当的启示意义。马克思不仅第一次明确提出"艺术生产"这个概念,而且他关于生产与消费关系的阐发为今天认识艺术生产活动内部的运行机制和规律特别是文学艺术与资本的关系提供了新的视域。还有马克思多次论及的"交往"理论、"劳动"理论等,为数字化时代的马克思主义文学批评提供了广阔的研究空间。

马克思主义文学批评的这种丰富性和生成性为后续出现的各种马克思主义批评流派提供了多个生长点,不同国度、不同流派的学者基于自身的立场和用途,从不同角度解读马克思主义文学批评,形成了形形色色的马克思主义文学批评形态。这些不同批评形态的涌现本身又证明了马克思主义文学批评的生命力。

二、中国马克思主义文学批评的特质

中国马克思主义文学批评在继承马克思主义的基础上又具有整体的差异性。党的二十大提出,应不断开辟马克思主义中国化时代化新境界,这是马克思主义在新时代的历史使命。对于中国马克思主义文学批评而言，用唯物史观观照当代文学活动，根据变化了的形势和条件对马克思主义文学批评不断调整、充实和开拓，这种对马克思主义的发展正是对马克思主义最好的坚持。

（一）扎根中国大地的实践品格

毛泽东同志在1938年就说过："离开中国特点来谈马克思主义，只是抽象的空洞的马克思主义。因此，使马克思主义在中国具体化，使之在其每一表现中带着必须有的中国的特性，即是说，按照中国的特点去应用它，成为全党亟待了解并亟须解决的问题。"[①] 党的二十大报告进一步明确提出，坚持和发展马克思主义，必须同中国具体实际相结合，必须同中华优秀传统文化相结合。这两个结合不仅具体规定了中国马克思主义的发展路径，而且是中国马克思主义得以发展壮大的基础。只有坚持这两个结合，才能使中国马克思主义富有生机和活力，也才能回答中国大地上出现的重大问题。

马克思主义必须与中国具体实际相结合，这一点已经被百年来的中国革命实践证明。马克思主义本身也正是在思考和回应当时激烈的阶级斗争或在与当时各种机会主义思潮的论争中诞生的。在社会主义建设时期，坚持和发展马克思主义同样必须与中国的具体实际相结合。邓小平同志指出，"马克思去世以后一百多年，究竟发生了什么变化，在变化的条件下，如何认识和发展马克思主义，没有搞清楚。绝不能要求马克思为解决他去世之后上百年、几百年所产生的问题提供现成答案。列宁同样也不能承担为他去世以后五十年、一百年所产生的问题提供现成答案的任务。真正的马克思列宁主义

[①] 毛泽东：《中国共产党在民族战争中的地位》，载《毛泽东选集》第2卷，人民出版社1991年版，第534页。

者必须根据现在的情况，认识、继承和发展马克思主义"[①]。21世纪的中国进入百年未有之大变局，国内国际都出现了一些以往没有碰到的新问题，有些矛盾还相当尖锐。中国马克思主义文学批评只有立足于脚下这片土地，正视和思考现实问题，才能做出创造性的理论阐发，拓展马克思主义中国化的研究空间。

中国马克思主义文学批评如何从中华优秀传统文化中汲取智慧以获得更好的发展，需要进一步探讨。中华优秀传统文化是中华民族的精神命脉，中华民族之所以能够生生不息，是与优秀传统文化的生命力和超越性分不开的。优秀传统文化的传承是中华民族伟大复兴的必然要求，这种传承和光大首先体现在中华民族的精神追求上。"范仲淹的'先天下之忧而忧，后天下之乐而乐'，陆游的'王师北定中原日，家祭无忘告乃翁'、'位卑未敢忘忧国'、'夜阑卧听风吹雨，铁马冰河入梦来'，文天祥的'人生自古谁无死，留取丹心照汗青'，林则徐的'苟利国家生死以，岂因祸福避趋之'"[②]，等等，都体现了中华优秀传统知识分子深切的家国情怀。发掘中华优秀传统文化中被湮没、被压制的美好的东西，也是中国马克思主义文学批评的历史责任。马克思在《人类学笔记》中提到，前资本主义社会中的一些可以借鉴的经验（如原始氏族社会中的财产分配、权力运作等雏形）遭到了资本主义制度的破坏，因此，晚年马克思把目光转向了人类的童年和人类走过的历史。马克思的这一思想对中国马克思主义文学批评进一步审视中国优秀传统文化很有启发，面对当今文学批评价值判断的缺失以及理论表述上的艰涩之风等问题，为当代社会所忽视的"风骨"、"弘毅"、重感悟重诗意的批评方式以及论诗诗、小说评点等中国古代批评文体，都可以成为中国马克思主义文学

---

① 邓小平：《结束过去，开辟未来》，载《邓小平文选》第3卷，人民出版社1993年版，第291页。
② 习近平：《在文艺工作座谈会上的讲话》，人民出版社2015年版，第24页。

批评的重要补充，进而融为中国马克思主义文学批评的文化底色。

中华优秀传统文化之所以能够代代相传，还有一个重要方面，即传统文化所具有的超越时空的特性，也就是马克思所说的传统的"普遍的形式"，这是细读马克思经典著述时的一个发现。1861年7月22日，马克思在再次回复拉萨尔关于英国遗嘱法问题的信中，提到路易十四时期法国剧作家所坚持的三一律对希腊戏剧的继承问题。① 马克思认为，与法律一样，文学艺术也会根据某一特定历史时代的需要来理解和继承前代遗产，而继承的这些部分"正好是普遍的形式，并且在社会的一定发展阶段上是适合于普遍应用的形式"②。马克思提到的传统所具有的"普遍的形式"这一概念为中国马克思主义文学批评与优秀传统文化结合提供了又一路径。这里的"普遍的形式"可理解为优秀的文化基因，这种"普遍的形式"或文化基因可以脱离其生长的环境而留存，但只有与特定时代的文化环境和文学活动结合，才能获得新的生命。而中国古代文学批评内含的这种"普遍的形式"就使中国马克思主义文学批评与传统优秀文化结合成为可能。拉萨尔指责法国剧作家对希腊三一律的继承是一种"曲解"，马克思认为这种"曲解"恰是继承中的发展，因为"他们正是依照他们自己艺术的需要来理解希腊人的"③。在今天看来，不妨把这种根据现在的需要对传统文化的"曲解"理解为"创造性误读"或

---

① ［德］马克思在《致斐迪南·拉萨尔》（1861年7月22日）中指出："例如，毫无疑问，路易十四时期的法国剧作家从理论上构想的那种三一律，是建立在对希腊戏剧（及其解释者亚里士多德）的曲解上的。但是，另一方面，同样毫无疑问，他们正是依照他们自己艺术的需要来理解希腊人的，因而在达西埃和其他人向他们正确解释了亚里士多德以后，他们还是长时期地坚持这种所谓的'古典'戏剧。"参见中共中央马克思恩格斯列宁斯大林著作编译局译《马克思恩格斯全集》第30卷，人民出版社1975年版，第608页。

② ［德］马克思：《致斐迪南·拉萨尔》（1861年7月22日），载中共中央马克思恩格斯列宁斯大林著作编译局译《马克思恩格斯全集》第30卷，人民出版社1975年版，第608页。

③ ［德］马克思：《致斐迪南·拉萨尔》（1861年7月22日），载中共中央马克思恩格斯列宁斯大林著作编译局译《马克思恩格斯全集》第30卷，人民出版社1975年版，第608页。

称为"创造性转化"。

由此,中国马克思主义文学批评与中华优秀传统文化的结合须在现实语境中进行,并在当代中国的批评实践中发扬光大,以真正实现创造性转化和创新性发展。这样一来,中国马克思主义文学批评与中华优秀传统文化的结合就与中国具体实际的结合关联在一起了,两个结合在同一时空相遇。

(二)以人民为中心的批评原则

党的二十大报告提出"人民至上",这一理念是唯物史观的集中体现,人民是历史的主体,是历史的推动者,是整个现代化建设中的主力军。"人民"作为一个集合概念,有多重含义。党的二十大报告中主张社会财富、发展成果应该由人民共享,"让现代化建设成果更多更公平惠及全体人民",强调的是社会的全体成员。同时,人民又是特定历史时期的具体存在,"人民不是抽象的符号,而是一个一个具体的人,有血有肉、有情感、有爱恨、有梦想,也有内心的冲突和挣扎"[①]。人民也不是单个的人,而是马克思所说的"自由人的联合体",是由众多的自由人组成的。在马克思看来,人"不仅是一种合群的动物,而且是只有在社会中才能独立的动物"[②],人民是由社会上不同阶层的人构成的共同体,其主体是作为社会基本成员的普通人。中国马克思主义文学批评坚持"以人民为中心"的批评原则,就是"要把满足人民精神文化需求作为文艺和文艺工作的出发点和落脚点,把人民作为文艺表现的主体,把为人民服务作为文艺工作者的天职"[③]。"人民优位"是中国马克思主义文学批评的显著特征,也是其与西方马克思主义文学批评的一个

---

① 习近平:《在文艺工作座谈会上的讲话》,人民出版社 2015 年版,第 17 页。
② [德]马克思:《1857—1858 年经济学手稿》"导言",载中共中央马克思恩格斯列宁斯大林著作编译局编译《马克思恩格斯全集》第 30 卷,人民出版社 1995 年版,第 25 页。
③ 习近平:《在文艺工作座谈会上的讲话》,人民出版社 2015 年版,第 13—14 页。

重要区别。

坚持"以人民为中心"的批评原则需要在理论上和实践中全面落实。"热爱人民不是一句口号，要有深刻的理性认识和具体的实践行动。"① 中国马克思主义文学批评旗帜鲜明地主张人民应作为文学艺术表现的主体，特别倡导文学作品要塑造代表历史发展方向、推动社会进步的历史新人。马克思、恩格斯曾在给拉萨尔的信中谈到剧本中人物的选择问题。马克思认为拉萨尔剧本中的主人公济金根是骑士阶层的代表，作为垂死的阶级，结局必然是悲剧。恩格斯也批评拉萨尔："我认为对非官方的平民分子和农民分子，以及他们的随之而来的理论上的代表人物没有给予应有的注意。"② 恩格斯在信中特地点出应关注"非官方的平民分子和农民分子"以及他们的代表。毛泽东在看了平剧《逼上梁山》后高兴地肯定了剧组恢复历史面目的做法，因为该剧让人民登上了历史舞台。③ 中国马克思主义文学批评应继续坚持这一历史唯物主义的方向，大力支持和鼓励文学作品描写那些为了人民的幸福和民族的复兴而奋斗的新时代的创造者，讴歌这些中国的脊梁、人类的脊梁。同时，如何表现作为社会基本成员的普通人，也是中国马克思主义文学批评需要探讨的一个重要方面。人民虽然不等于底层，但底层是人民的基础，对底层人物的态度如何是中国马克思主义文学批评衡量文学作品的又一尺度。如今有些文学作品对普通劳动者的态度是我们难以认同的，如对普通百姓的疾苦视而不见，一味展示纸醉金迷的繁华，或以优越的姿态俯视底层，表现出廉价的同情，甚至以猎奇的方式将人民的苦难作为噱头来炒作，这些都应

---

① 习近平：《在文艺工作座谈会上的讲话》，人民出版社 2015 年版，第 18 页。
② [德]恩格斯：《致斐迪南·拉萨尔》(1859年5月18日)，载中共中央马克思恩格斯列宁斯大林著作编译局编译《马克思恩格斯全集》第 50 卷，人民出版社 2021 年版，第 533 页。
③ 参见毛泽东《致杨绍萱、齐燕铭》(1944年1月9日)，载《毛泽东书信选集》，人民出版社 1983 年版，第 222 页。

该遭到中国马克思主义文学批评的抵制。真实地描写底层人民的生活，正视人民的苦难，揭示苦难的根源，展示苦难中不屈的灵魂，特别是致敬那些在苦难中奋斗的劳动者，这些才是值得书写和崇尚的。

从社会效果看，坚持"以人民为中心"的批评原则还应考察文学作品与读者接受的关系。一部作品是否表达了人民的愿望，传达了人民的心声，得到了人民的认同，这是衡量文学作品的金标准。不过是否受到人民的欢迎和喜爱绝不是迎合和取悦，而是使之获得一种精神上的提升和震撼，旨在激发起人民对美好人生、美好社会的向往。

（三）独立自主的世界意识

当今世界格局正在发生改变，文学批评的中西关系也在悄然发生变化。在中西交汇的大潮中，中国马克思主义文学批评一方面坚持在独立自主中追求普遍性，另一方面又在开放中走自己的路。无论是对20世纪以来的各种形式主义批评流派的批评，还是与西方马克思主义文学批评的对话，中国马克思主义文学批评一直是在交流和交锋中前行。

应该说，20世纪以来的西方文学批评流派，特别是以俄国形式主义为代表的立足文本的批评观念和方法，以其"片面的深刻"有其可取之处，它们对文本、语义、叙事结构、叙述方式的关注和研究，对强调文学的社会历史作用的中国马克思主义文学批评来说，是一种补充和丰富，促使其更好地思考和协调文本的内外关系。但中国马克思主义文学批评并不认同这些批评流派所持的语言本体论观点，因为建立在语言本体论基础上的形式主义批评将世界完全符号化，不仅取消了主客体的存在，而且在符号化的过程中无视了所有对象的客观性和物质性。文学批评不可能脱离现实参照物，文本本身也不可避免地带有政治和意识形态因素，局限于文本内部的构造或迷恋语言的歧义会损害文学艺术的浑圆，并在一定程度上使批评本身丧失理想的激情。

西方马克思主义文学批评作为20世纪西方政治文化的产物，是在经典马克思主义和当代人文科学成果的基础上对马克思主义的坚持、修正和发展。它们继承了马克思的批判精神，旗帜鲜明地批判资本主义，并在批判中内含了对美好社会的憧憬和设计。西方马克思主义者卢卡奇、本雅明、阿尔都塞、詹姆逊等提出的"总体性""问题域""政治无意识"等概念，对中国马克思主义文学批评建设具有重要的参照和借鉴意义。但西方马克思主义毕竟是在西方社会文化中产生的，必然带有西方社会的经验和体会，并且西方马克思主义多在形而上的层面或文化的层面上讨论问题和展开批判，只是一种学术话语，其作用仅仅是解释世界而已。与西方马克思主义文学批评相对，中国马克思主义文学批评具有一种整体的差异性，体现出了中国自身的特点，其中人民的幸福和民族的复兴构成了中国马克思主义文学批评的核心理念和显著标志。

当今世界正经历深刻复杂的变化，各国文学批评都面临着同样或相似的问题，例如数字化对文学活动的挑战、消费社会中文学活动与资本的关系、生态文明建设与人类发展的关系等，这些问题既是中国的问题又是世界的问题，构成了对中国马克思主义文学批评的挑战和机遇。马克思主义的生命力就在于它能够解释和回答当代世界出现的新问题。毋庸讳言，在当今世界马克思主义文学批评领域，中国声音是偏弱的，这与时代的要求是不相称的，因此，中国马克思主义文学批评需要以更加主动的姿态参与到国际文学批评对话之中，提出和研究当今一些带有普遍性的问题，推动世界马克思主义文学批评的发展。在向世界发声时，中国马克思主义文学批评又需要用国外同行可以理解的语言叙述中国思想，有效地加强中国马克思主义文学批评与世界的沟通和理解。

在未来的道路上，中国马克思主义文学批评应有所作为，努力构建一种既有本土特色又具有开拓性的中国马克思主义文学批评。立足中国大地，坚持以人民为中心，保持独立开放的品格，这就是马克思主义文学批评的中国之路。

（原载《文学评论》2023 年第 2 期）

"现实"的话语重构
——瞿秋白对"现实主义"的译介新论

潘天成

南京大学马克思主义学院

"Realism"在不同的学科中有不同的翻译方法，在哲学中一般翻译为"实在论"，但是在文学理论中，则经历过一个从"写实主义"到"现实主义"的改译过程。瞿秋白的这一改译既体现了他对马克思主义的独特理解，也蕴含了构建中国自主知识体系的理论尝试。近年来，学界将现实主义文艺理论理解为"古今中外"不同话语博弈的产物。[①] 在这一思路的引领下，不同学者对"十七年"文学以及新时期文学中的现实主义进行了分析。[②] 但是，具体到瞿秋白的译介，目前的研究还主要局限在瞿秋白对苏联拉普文艺理论

---

① 参见汪一辰《作为话语构成的现实主义及其历史化考察——以秦兆阳"广阔的现实主义"为中心》，《江淮论坛》2021年第3期。
② 参见洪子诚《可爱的燕子，或蝙蝠——50年前西方左翼关于现实主义边界的争论》，《现代中文学刊》2019年第5期。

的重构上①，没有从更宏大的视角对这一译介进行分析②。本文通过追溯"现实主义"的译介过程，从中国传统文化、革命实践与马克思主义这一多维视角出发，阐释"现实"概念的话语构成，从而提炼其中蕴含着的理论意义和现实价值，以期为建构自主知识体系提供历史参照。

一、"Realism"：从"写实主义"到"现实主义"的话语转换

"写实主义"与近代中国许多新兴的词汇、概念一样，都经历了一个缘起于西方，以日本为中介，再进入中国的历史过程。在这个过程中，"现实主义"的每一次转换都不是原样地复制，而是话语和知识体系的融合，最终在瞿秋白那里形成了中国自己的现实主义文艺理论的原初形态。

（一）"Realism"的原初内涵：从法国现实主义到马克思主义

"Realism"本来是一个哲学概念，它被应用于文学领域，是从法国19世纪的现实主义运动开始的。法国现实主义具有两个特点：第一，现实主义应当是对现实的忠实模仿。1826年，被称为现实主义第一篇理论文章的《19世纪的使者》中写道："就目前文学理论的现状来看，整个情势的发展显示，大家都赞成文学应该趋于忠实地模仿由自然所提供的模型……这种学

---

① 参见杨慧《"现实"的诞生——再论瞿秋白对马克思主义文学理论的译介》，《中国现代文学研究丛刊》2008年第3期。
② 参见杨慧《一次被忽视的"现实主义"理论探索——中俄文本对勘视域下的瞿秋白文学思想》，《吉林大学社会科学学报》2015年第2期。

说可以称之为写实主义。"①随后直到19世纪50年代,现实主义都还仅仅意味着对细节的准确而细致的描绘。②第二,现实主义还具有鲜明的政治性,与当下时代密切相关。法国画家库尔贝于1855年举办了名为现实主义的个人画展,对当时的文艺界产生了巨大的冲击。在作品目录上,他自述创作理念:"要按照我的所见来表达我们时代的风格、思想、面貌,不仅做一名画家,还要做一个人。"③因此,他的绘画突破了当时流行的浪漫主义和新古典主义,表现了工人、农民等平民的日常生活与苦难,对当时法国贵族的复辟政权构成了一种有力的挑战。可以说,正是关于库尔贝的争论极大地发展了法国现实主义理论。对此进行总结的是小说家尚弗勒里,他认为,"艺术之美,是一种被反映出来的美,而它的根源,存在于现实中"④,这是对法国现实主义文学思潮的根本概括。受此影响,现实主义文学以准确、完整、真实地复制人们所处的社会环境和时代为根本宗旨。

马克思和恩格斯的现实主义蕴含了对于上述法国现实主义的超越。第一,一方面,现实主义不是"复制"现实,而是对现实的提炼和分析:"现实主义的意思是,除细节的真实外,还要真实地再现典型环境中的典型人物。"⑤另一方面,这里的典型人物不是抽象的普遍性,而是有血有肉有个性的人物。恩格斯说:"每个人都是典型,但同时又是一定的单个人,正如老

---

① [波]瓦迪斯瓦夫·塔塔尔凯维奇:《西方六大美学观念史》,刘文潭译,上海译文出版社2006年版,第288页。
② Wellek, "The Concept of Realism in Literary Scholarship", *Neophilologus*, Vol. 45, 1961, p.1.
③ Gustave Courbet, *Realist Manifesto*, *Realism and Tradition in Art*, 1848–1900, New Jersey: Prentice Hall, 1966, pp.33-34.
④ 参见蒋承勇《十九世纪现实主义"写实"传统及其当代价值》,《中国社会科学》2019年第2期。
⑤ 中共中央马克思恩格斯列宁斯大林著作编译局编译:《马克思恩格斯文集》第10卷,人民出版社2009年版,第570页。

黑格尔所说的，是一个'这个'，而且应当是如此。"[1] 第二，现实主义的政治性不应当沦为教条主义，而是应当隐蔽地体现出来。恩格斯强调文学区别于政论文的特殊性就在于文学再现应当将立场隐藏起来，不能像德国人所作的"倾向性小说"那样粗陋："作者的见解越隐蔽，对艺术作品来说就越好。"[2] 他认为，巴尔扎克的文学写作是"现实主义的最伟大的胜利之一"，虽然巴尔扎克在政治立场、情感倾向上都是站在没落的贵族的一边，但是他对他们的讽刺又是很彻底的。可见，只要对现实达到足够深刻的理解，就必然会把握到社会运行的内在规律，从而使得作品超越作者自身的局限。由此可见，正是写实性与政治性之间的张力驱动着法国现实主义到马克思主义的现实主义的发展，而这一对矛盾同样存在于现实主义之后的发展过程当中。

（二）从"写实主义"到"新写实主义"：本土话语与邻邦中介

"Realism"进入中国后，最早被翻译为"写实主义"。这一译法来自梁启超。1902年，梁启超提出小说有"理想"和"写实"两派，并且认为在当时中国的环境下"写实"更为重要。[3] 梁启超所肯定的"写实"成为新文化运动中文学创作的主流，比如胡适在《文学改良刍议》中就提出："惟实写今日社会之情状，故能成真正文学。"[4] 虽然当时新文化运动的干将呼吁并践行着写实主义文学，但是实际上他们并不十分了解马克思、恩格斯对现实主义的具体规定，以至于用被马克思主义阵营批判的自然主义来规定马克思

---

[1] 中共中央马克思恩格斯列宁斯大林著作编译局编译：《马克思恩格斯文集》第10卷，人民出版社2009年版，第544页。

[2] 中共中央马克思恩格斯列宁斯大林著作编译局编译：《马克思恩格斯文集》第10卷，人民出版社2009年版，第570页。

[3] 参见梁启超《论小说与群治之关系》，载陈平原、夏晓虹编《二十世纪中国小说理论资料》第1卷，北京大学出版社1997年版，第51页。

[4] 欧阳哲生主编：《胡适文集》第2册，北京大学出版社1998年版，第8页。

主义的现实主义。比如陈独秀就将写实主义与科学相连，并认为左拉的自然主义是写实主义之最。由此可见，新文化运动中的"写实主义"也存在很多问题，"一是浓厚的自然主义倾向，二是背离了新文化运动改造社会、改良民心的主张"①，最终导致写实主义的退却和新写实主义的诞生。

所谓"新写实主义"，来自日本的文艺理论家藏原惟人。他受到苏联拉普的影响，将苏联的"无产阶级现实主义"翻译为"新写实主义"，并经由太阳社和创造社进入国内，在20世纪20—30年代产生了不小的影响。②新写实主义与拉普一样，强调"辩证唯物论的创作方法"，要求"真实"又"正确"地描写生活，但是在这一理论诉求中，却又走向了对马克思主义的现实主义文艺理论的偏离。第一，为了典型性而忽视细节的真实，丧失了真实性。作为拉普杂志《在文学岗位上》的编委，法捷耶夫强调，文学"要摒弃一切琐细的、偶然的东西，要'掀开事物本质'的帷幕"③。这就是所谓的"辩证唯物主义方法"。可见，拉普对现实主义的规定只偏重于现实主义所要再现的对象，对现实主义所使用的方法则表述不多，不仅没有揭示与过去时代的现实主义的区别，还陷入了对细节的忽视当中。第二，过于偏重政治性功能，从而丧失了文学艺术的感性维度，脱离了群众。拉普的另一个倾向是将文学作品简化为概念化的理论推演，藏原惟人的"新写实主义"存在的问题与之相似。追根究底，这种文艺观点与文艺创作脱离群众密切相关，在日本语境中表现为福本主义，即"只对纯粹性的意识方面过分地强调，在阶级斗争中偏重知识分子而忽视劳动者阶级的领导权，从而招致与群众相隔

---

① 赵炎秋：《现实主义：中国文学理论的独特底色》，《中国文学批评》2022年第3期。
② 参见王智慧《福本和夫主义、新写实主义之于中国"革命文学"》，《山东社会科学》2004年第5期。
③ 中国社会科学院外国文学研究所外国文学研究资料丛刊编辑委员会编：《"拉普"资料汇编》，中国社会科学出版社1981年版，第378页。

离"①。以这样一种自上而下的方式是无法创作出被劳动群众真正接受的作品的。总而言之,20世纪初期,现实主义文艺理论在中国、苏联、日本的发展并没有真正处理好真实性与政治性这对矛盾,反而在理论与实践中造成了两者的分裂,这正是瞿秋白所面临的理论问题。

(三)从"新写实主义"到"现实主义":瞿秋白的适时改译

直到1931年MEGA¹第Ⅲ部分第四卷出版,马克思、恩格斯关于现实主义的四封书信才得以面世,马克思主义的现实主义文艺理论终于有了可靠的文本依据。②正是在这一背景下,瞿秋白在《现代》杂志上发表《马克斯、恩格斯和文学上的现实主义》一文,首次将"写实主义"改译为"现实主义"。③瞿秋白的这一改译恰恰回应了现实主义的上述内在矛盾。

在瞿秋白这里,真实性与政治性的矛盾可以理解为经验主义与教条主义的矛盾。经验主义固然可以做到事无巨细的细节真实,但是忽视了细节真实背后的政治性;教条主义固然可以确保表面上的"政治正确",却将鲜活的生命体验变得枯燥,拒人于千里之外。"现实主义"包含着对于这样两个极端的超越。第一,"现实主义"的翻译标明了马克思主义的现实主义与自然主义、经验主义之间的区别。瞿秋白指出"写实主义"是"自欺欺人的客观主义或明知故犯的客观主义"④。在瞿秋白编译的《拉法格和他的文艺批评》中有这样一段话进一步说明了这一点:"拉法格很刻毒的讥刺一般的资产阶级现实主义者,这些人不能够认识社会之中的过程,而想要用经验主义的表

---

① 靳明全:《中国现代作家与日本》,山东文艺出版社1993年版,第198页。
② 参见赵玉兰《从MEGA¹到MEGA²的历程:〈马克思恩格斯全集〉历史考证版的诞生》,中国社会科学出版社2013年版,第136—138页。
③ 瞿秋白:《瞿秋白文集 文学编》第4卷,人民文学出版社1986年版,第19页。
④ 瞿秋白:《瞿秋白文集 文学编》第5卷,人民文学出版社1987年版,第324页。

面观察来冒充科学的认识。"①如果说这还只是对拉普理论文章的翻译，未必代表瞿秋白本人的观点的话，那么在给高尔基的文集作序的时候，瞿秋白则明确表明了自己的态度。高尔基"绝不会把现实主义解释为'纯粹的'客观主义……不会从'realism'的中国的译名上望文生义地了解到这是描写现实的'写实主义'。写实——这仿佛只要把现实的事情写下来，或者'纯粹客观地'分析事实的原因结果，——就够了"②。第二，瞿秋白力图通过"现实主义"的译名突破"新写实主义"存在的教条主义问题。拉普坚持唯物辩证法是没有问题的，因为这是现实社会的内在规律，文学描写的对象是社会生活，那么文学作品也要体现这个规律。但是瞿秋白强调，文学的方法具有特殊性，必须"用'描写''表现'的方法，而不是用'推论''归纳'的方法，去显露阶级的对立和斗争，历史的必然和发展"③。否则，沦为概念演绎的文艺作品根本无法做到大众化，更无法发挥革命的力量。由此可见，瞿秋白区分了唯物辩证法与现实主义创作方法，避免了将世界观和创作方法混为一谈，其"现实主义"更加契合马克思和恩格斯对于真实性与政治性的辩证关系的理解。

综上所述，与近代中国其他新的概念不同，源自日本的"写实主义"并没有最终成为被认可的翻译版本，而是瞿秋白的创造性改译，即"现实主义"被普遍接受。这是由于此翻译更加契合马克思主义现实主义文艺理论的原义，又突破了当时复杂的话语争论，并为日后现实主义文艺理论的发展奠定了基础。

---

① 瞿秋白：《瞿秋白文集 文学编》第4卷，人民文学出版社1986年版，第131页。
② 瞿秋白：《瞿秋白文集 文学编》第5卷，人民文学出版社1987年版，第324页。
③ 瞿秋白：《瞿秋白文集 文学编》第1卷，人民文学出版社1985年版，第476页。

二、理论意义:"现实主义"理论资源的三重拓展

瞿秋白通过"现实主义"的译法来突破经验主义和教条主义,那么他为什么选择"现实"而不是其他词语呢?这是由"现实"在中国传统文化以及马克思主义中的意蕴决定的。以此为切入点,深入挖掘瞿秋白这个翻译背后隐含着的理论资源,能够为当前文艺理论的自主知识体系的建立提供参照。

(一)向中国传统文化的拓展

以往探讨中国传统文化中的现实主义文艺理论资源时,人们往往忽视了佛学。但是,自称"韦陀"的无产阶级革命家瞿秋白则是带着佛学的视角理解"现实"概念的。汉语中"现"和"实"的连用是从唐代的佛学典籍中才开始的。《华严经疏》中说:"梦亦有三义:无体,现实,与觉为缘。"① 在唯识论里,梦境被划归为意识的一种——独头意识,也就是不与五识俱起,而单独生起的意识。因此,这里的"现实"指的是梦中实在在意识中的再现。换句话说,"现实"并不是实在本身,而是人的意识活动的构造。此外,现实还有"当下实在"的含义,与佛学"诸行无常""缘起性空"的哲学观紧密相连:因为"诸行无常",所以现实必然处于"成住坏空"的时间性流转当中;因为"缘起性空",实在只是"能变"(识)的"所变"(表象)而已。② 这种思路实际上渗透在瞿秋白20世纪20年代对"现实"的理解当中。

第一,瞿秋白认为"现实"是基于感性的生存体验。1920年,瞿秋白以《晨报》《时事新报》特派记者的身份启程前往苏联,自述其"责任是在于研究共产主义——此社会组织在文化上的价值"③。对于这一研究,瞿秋白

---

① (唐)澄观:《华严经疏》第23卷,日本大正新修大藏经本。
② 参见(唐)玄奘译,韩廷杰校《成唯识论校释》,中华书局1998年版,第10页。
③ 瞿秋白:《瞿秋白文集 文学编》第1卷,人民文学出版社1985年版,第84页。

有着方法论自觉。他认为，只有借助感性生存的体验，才能够准确把握苏联社会的状况："第六识（意识）的理解所不能及之境界，却为最浅薄最普通的'现实感觉'所了然不误的。……传达思想的文辞（理论），表示情况的名物（事实），却都只能与人以笼统抽象的概念，不见现实生活是绝对不能明白了解的，而且常常淆乱人的思断。"① 瞿秋白使用的"第六识"是唯识论概念，指的是"眼耳鼻舌身意"中的第六识"意识"。他认为"现实"不能被理性的意识把握，相反，要依靠前五识的感性能力——"最浅薄最普通的现实感觉"。值得注意的是，瞿秋白使用佛教概念大多是"六经注我"，因此这里的"五识"并不是被动的、静止的感性对象性，而是能动的、实践的生存体验。

第二，"现实"是一个不断流动的过程。瞿秋白在《赤都心史》中说："无谓的浪漫，抽象的现实，陷我于深渊；当寻流动的浪漫，现实的现实……流动者都现实，现实者都流动。"② 既然"现实的现实"是一个流动的过程，那么就不能被概念的教条主义蒙蔽："现实是活的，一切一切主义都是生活中流出的，不是先立一理想的'主义'……真正浸身于赤色的俄罗斯，才见现实世界的涌现。"③ 正如张历君所指出的那样，这一论述背后是柏格森的生命哲学和唯识宗。④ 1919 年，瞿秋白分析林德扬自杀事件时，将生命理解为一个流动的过程："生命的巨流本来是'瀑流恒转'，意识和物质的激战息息不已，所以有进化。"⑤ 过了两年，在苏联写作《赤都心史》时，瞿秋白再一次提到了这一事件，并且基于此解释"现实"的内涵："'动'而'活'，

---

① 瞿秋白：《瞿秋白文集　文学编》第 1 卷，人民文学出版社 1985 年版，第 83 页。
② 瞿秋白：《瞿秋白文集　文学编》第 1 卷，人民文学出版社 1985 年版，第 220 页。
③ 瞿秋白：《瞿秋白文集　文学编》第 1 卷，人民文学出版社 1985 年版，第 247—248 页。
④ 参见张历君《瞿秋白与跨文化现代性》，香港中文大学出版社 2019 年版，第 87 页。
⑤ 瞿秋白：《瞿秋白文集　政治理论编》第 1 卷，人民出版社 1987 年版，第 37 页。

活而'现实'。现实的世界中,假使不死寂——不自杀,起而为协调的休息与工作,乃真正的生活。"① 可见,正因为"现实"是个体的生存体验,因而是一个流动不息的生命过程,不能将其理解为静态的物质。

质言之,20世纪20年代的瞿秋白赋予了现实以个体体验和流动性两个特征,从而区别于庸俗的唯物主义。但是,此时瞿秋白割裂体验与理性的做法,导致他对现实的理解缺少概念的中介,因此他对于庸俗唯物主义的超越还显得不那么彻底。此外,他在思想上的底色依旧是柏格森的生命哲学和唯识宗,有着陷入人本主义、主观论的危险,还达不到马克思主义科学的程度。不过具体的革命实践逐渐使瞿秋白突破了上述限制。

(二)向当下革命实践的拓展

如果说,20世纪20年代,瞿秋白受到唯识论的影响,强调"现实"的体验性和流动性的特征,那么,到了30年代,瞿秋白已经不仅仅是一个文艺理论家,还是一个有着丰富经验的革命家。从1927年"八七"会议瞿秋白实际上成为党的总书记到1931年六届四中全会退出政治工作,这一段工作经历让他切身地认识到宗派主义以及或"左"或右的教条主义的严重危害。这样一种来自实践的教训也体现在他的现实主义文艺理论当中。此时的瞿秋白强调,现实主义所要再现的现实是鲜活的、具体的、普罗大众的现实,而不是某些知识分子的"摩登化"②、学术化的现实。因此,这里的"现实"并不是作家只能静观的客观对象,而是社会共同实践的产物,只有真正参与到这个社会的实践中去才能把握得到。

第一,"现实"具有鲜明的阶级性。经验主义有一个信念,那就是可以

---

① 瞿秋白:《瞿秋白文集 文学编》第1卷,人民文学出版社1985年版,第251页。
② 瞿秋白:《瞿秋白文集 文学编》第1卷,人民文学出版社1985年版,第470页。

如实地复制唯一的真实。但"现实"实际上是具有阶级性的体验，每一个阶级会有自己的现实。左拉将法国医学家裴乃德（Claude Bernard）的实验方法应用到文学中来，创立"实验小说"，认为作家应当不带任何偏见地观察，描摹事物的现象以及"最近因果"，而非解释事物的本质。① 这一流派在20世纪发展为超现实主义。卢卡奇指出："这些流派把握现实，正如现实向作家及其作品中的人物所直接展现的那样。"② 但如上所述，"现实"乃是一种体验，不能脱离人的实践活动而存在。故而任何一种文学写作都是作家特殊体验的文字表达，并不存在超然复制客观现实的文学写作。此外，艺术在再现现实的时候必然经过了作家的中介、语言的中介，而这种中介中已然蕴含着理解的成分："艺术除了再现生活以外还有另外的作用——那就是说明生活；在某种程度上，这是一切艺术都做得到的。"③ 在马克思那里，这种中介性蕴含着政治性。这种政治性并不是政治经济学批判中的对资产阶级的范畴的历史前提的反思，而是感性的分配方式。如同朗西埃所说的那样，艺术通过介入"可感物的分配和重新布局"④ 成为政治性的。丁玲的《太阳照在桑干河上》提供了一个绝佳的案例：老雇农分得果园之后，他对于果园的感性发生了巨大的变化："他的嗅觉像和大地一同苏醒了过来，像第一次才发现这葱郁的，茂盛的，富厚的环境，如同一个乞丐忽然发现许多金元一样，果子都发亮了，都在对他睐着眼呢。"⑤ 冯雪峰盛赞这一段描写，就是因为这一

---

① 参见［法］左拉《实验小说论》，张资平译，上海社会科学院出版社2017年版，第4—6页。
② ［匈］乔治·卢卡契：《现实主义辩》，载《西方二十世纪文论选》第4卷，中国社会科学出版社1989年版，第181页。
③ ［俄］车尔尼雪夫斯基：《艺术与现实的审美关系》，周扬译，人民文学出版社2009年版，第95页。
④ ［法］雅克·朗西埃：《美学中的不满》，蓝江等译，南京大学出版社2019年版，第26页。
⑤ 张炯主编：《丁玲全集》第2卷，河北人民出版社2001年版，第185—186页。

段文字从切身的感性层面，写出了现实的阶级性和政治性。

第二，现实主义应当站在无产阶级的阶级立场上，描绘无产阶级的"现实"。这一点对于马克思主义者来说似乎是不言而喻的，但是，在20世纪30年代的左翼文艺中，这样一个简单明了的主张却蕴含着悖论——无产阶级文学的创作者往往自己并不是无产阶级。单单有为无产阶级创作的觉悟，并不意味着真正地理解无产阶级，反倒有可能成为鲁迅所讽刺的"Salon的社会主义者"①，陷入"革命的浪漫蒂克"。因此，瞿秋白强调："单是有无产阶级的思想是不够的，还要会像无产阶级一样的去感觉。"②文艺工作者只有转换自己的社会位置，深入大众的生活和民间艺人中去，去体验"工人和贫民的生活和斗争"③，才能体验到普罗大众的"感性"和"现实"。这正是1932年4月瞿秋白批评阳翰笙《地泉》的内在逻辑。瞿秋白设问"中国社会的现实是什么？中国最近几年的'大动乱'的大动力是什么？"并强调推动中国社会现实发生巨大变动的"显然不是什么英雄的个性，而是广大的群众"。④但是，阳翰笙的写作却脱离了具体的革命实践，导致《地泉》没有表现这种动力和过程……连庸俗的现实主义都没有能够做到"。因此，瞿秋白说《地泉》正是"新兴文学所要学习的'不应当这么样写'的标本"。⑤显然，这是强调无产阶级的文学不应该是知识分子"自上而下"的写作，而应当是知识分子转变自己身份后"自下而上"的写作。

总而言之，瞿秋白的革命实践让他清醒地认识到现实主义文艺所要描绘的"现实"的政治性不是浮于表面的，而是浸润着感性的层次。作家只有深

---

① 鲁迅：《鲁迅全集》第4卷，人民文学出版社2005年版，第238页。
② 瞿秋白：《瞿秋白文集 文学编》第1卷，人民文学出版社1985年版，第481页。
③ 瞿秋白：《瞿秋白文集 文学编》第1卷，人民文学出版社1985年版，第481页。
④ 易嘉：《革命的浪漫谛克》，载华汉《地泉》，湖风书局1932年版，第3页。
⑤ 易嘉：《革命的浪漫谛克》，载华汉《地泉》，湖风书局1932年版，第3页。

入无产阶级的日常生活中去，将革命的觉悟、无产阶级的立场转化为无产阶级的"感觉"才能够真正转变为无产阶级的有机知识分子，这才是现实主义文艺最为细腻而深刻的表现现实的方法。

（三）向马克思主义哲学与政治经济学批判的拓展

虽然瞿秋白在《多余的话》中说自己从没有读过《资本论》，[①]但是他选择的"现实"概念实际上把握到了马克思哲学批判与政治经济学批判的关键，并且提供了一个连接文艺理论和政治经济学的理论中介。从词源上看，"现实主义"是一种意译，因为"realism"的词根是拉丁语的"物"（res），而西方语言中的"现实"（actuality）的词根则是"活动"（actus），这表明"现实"区别于静止的"物"（Ding），是"事物"（Sache）的集合、动态的过程。虽然这是一个错位的翻译，却准确把握到了马克思恩格斯思想的精髓，为中文学界建构现实主义的知识体系提供了一条在原初语境中反而被遮蔽的思想线索。

首先，马克思通过哲学批判扬弃了亚里士多德和黑格尔的"现实"概念。"现实"这一本体论概念贯穿在亚里士多德和黑格尔的哲学当中。亚里士多德基于"形质论"认为现实是质料被赋予形式的运动过程，"现实（energeia）这个词连同完全实现（entelekheia），最主要来自运动"[②]。黑格尔继续亚里士多德的思路，将"现实"规定为"本质与实存所直接形成的统一"[③]。于是经验的东西不再被哲学弃之如敝履，恰恰相反，本质融化在经验对象的发展过程当中。马克思扭转了上述"现实"的唯心主义特征，将其改

[①] 参见瞿秋白《瞿秋白文集　政治理论编》第7卷，人民出版社1991年版，第705页。
[②] ［古希腊］亚里士多德：《形而上学》，苗力田译，中国人民大学出版社2003年版，第179页。
[③] ［德］黑格尔：《小逻辑》，贺麟译，上海人民出版社2009年版，第275页。

造为实践的唯物主义，用"实践"取代黑格尔那里概念的自我扬弃，从而将黑格尔的唯心主义辩证法改造为辩证唯物主义。因此，"现实"不是"实体即主体"的运动过程，而是人类的实践活动的产物。于是，现实的本质不再是神秘化的实体，而是广义的生产方式，以及它的结构变动。[①]

其次，马克思区分了两种"现实"，一个是经验到的现实，另一个是被再现出来的现实。在《1857—1858年经济学手稿》的"导言"中，马克思介绍了自己政治经济学批判的方法是"从抽象到具体"，而非"从具体到抽象"。这里的"具体"有两层不同的内涵，恰好对应着"现实"的两重内涵：第一类"具体"是马克思研究过程的起点，也就是经验的现实，是既有的范畴体系和我们的感性经验构造出来的经验具体、经验现实，是混沌的"整体（Ganzen）"；第二类"现实"是叙述过程的终点，也就是在理论中再现出来的现实，由范畴体系构成的具体，是有机的"总体（Totalität）"。[②] 换句话说，第一个具体是作为认识对象的现实，第二个具体是被科学再现出来的现实。文艺同样如此，它再现现实，但绝不等同于现实本身，而是利用已有的人物、故事来再现社会的内在结构和发展规律。

最后，马克思用范畴体系来再现现实，这些范畴具有社会历史性、内在矛盾性和总体性，并不是知性抽象出的抽象的普遍性，而是辩证理性抽象出的具体的普遍性，这为典型人物论提供了理论参照。政治经济学批判通过以商品为起点的范畴体系来再现资本主义生产方式，而文学艺术则通过典型人物的生存体验来再现社会现实，因此典型人物也具有社会历史性、内在矛盾性的特征。总而言之，瞿秋白的改译为我们提供了一个突破"就文学谈文学"的理论框架，从而将马克思的哲学批判和政治经济学批判纳入了现实主

[①] 参见吴晓明《马克思的现实观与中国道路》，《中国社会科学》2014年第10期。
[②] 中共中央马克思恩格斯列宁斯大林著作编译局编译：《马克思恩格斯全集》第30卷，人民出版社1995年版，第41—42页。

义文艺理论的思想体系当中，极大地拓展了现实主义文艺理论的理论资源。

三、现实价值：对当前文艺创作与理论研究的启示

瞿秋白"现实主义"的翻译不仅拓展了现实主义的理论资源，而且为当前的文艺创作以及理论研究提供了重要启示。关于文艺创作，"现实主义"这一翻译回应了两个问题，即如何避免典型人物的抽象化，以及如何平衡文艺与政治的张力问题。关于理论研究，瞿秋白当年的实践，为我们在今天继续建构自主理论体系提供了重要启示。

（一）对人物塑造的启示：典型人物的具体普遍性

在对现实主义文艺理论的批评中，人们往往认为过于强调典型人物必然带来抽象化的问题，因为典型就意味着普遍性，而普遍性又意味着消除个性、特殊性。但借助瞿秋白的译介，我们得以将马克思关于具体的普遍性的分析纳入对典型人物的理解当中。

首先，典型人物的典型性是辩证的、具体的普遍性，而不是抽象的普遍性。抽象的普遍性是知性的产物，也就是去除个别性、保留普遍性的过程。使用知性的抽象方法塑造人物会造成形式化、抽象化的问题。辩证理性的抽象则与之不同，它强调普遍性乃是具体的、历史的。典型人物的普遍性不是永恒的、孤立的抽象物，而是对立的关系。比如，当作家描写某一阶级的时候，如果他对阶级的理解是建立在知性抽象的基础上，就会简单化地塑造脸谱化的阶级形象。瞿秋白对此保持高度警惕："反革命的一定是只野兽，只要升官发财，只要吃鸦片讨小老婆；而革命的一定是圣贤，刻苦，坚决等

等……这种简单化的艺术，会发生很坏的影响。生活不那么简单！"① 如果作家能够真正理解马克思主义，就会明白所谓"阶级"是一定的生产关系的产物，它的行为方式、抉择都是在一定的社会关系中变化着的，那么这个阶级的典型形象就会变得丰富，在生产关系中处于同一个位置的人可能会有截然不同的行为特点，进而会产生不同的典型形象。

其次，现实主义通过典型人物"典型化"的生成过程来再现现实。瞿秋白将其表述为："应当表现真正的生活，分化，转变，团结的过程，方才能够给布尔塞维克的教育。"② 柳青用了"典型化"这一非常精彩的提法来总结这一叙述过程的辩证法特征，所谓"典型化"就是人物在一定的社会环境中逐步成长为典型人物的过程。柳青认为，"我们马克思主义者所要求的典型性格，必须在典型的冲突中表现出来，而不可能在一些非典型的冲突中或静止的状态中表示出来"③，这一方法落实在《创业史》对梁生宝的塑造过程当中：柳青写的梁生宝不是一上来就是一个有觉悟的社会主义建设者，而是在生产生活中逐步成长为梁生宝的。柳青详细地分析了这个发展的辩证过程，就像毛泽东同志在《中国社会各阶级的分析》中所做的那样，从动态的角度来看待阶级与人物，在一系列具体的抉择中展开一个人、一个阶级的存在。正是这一点使得《创业史》在新中国成立后前三十年的"农村社会主义"小说中脱颖而出：《三里湾》和《山乡巨变》还只是停留在"就事论事地描述运动的展开过程"；浩然的《金光大道》教条化地描写"阶级斗争"，将复杂的合作化过程简化了；柳青写的则是社会主义制度内在生成的历史进程，并通过典型人物的思想、心理变化将其再现出来。质言之，瞿秋白对典型人物"脸谱主义"的反思有着深刻的马克思主义基础，典型人物不是孤立的、

---

① 瞿秋白：《瞿秋白文集　文学编》第 1 卷，人民文学出版社 1985 年版，第 479 页。
② 瞿秋白：《瞿秋白文集　文学编》第 1 卷，人民文学出版社 1985 年版，第 479 页。
③ 柳青：《柳青文集》第 4 卷，人民文学出版社 2005 年版，第 283 页。

抽象的，而是运动的、具体的，这对于今天的文艺创作和文艺批评依旧有参考价值。

（二）对作者身份的启示：文艺与政治的辩证关系

对现实主义文艺理论的另一个批评是"真实"与"政治"之间、"审美"与"功利"之间的矛盾。换句话说，如果要"如实"地表现社会现实的话，那么就不必包含政治性，而对文学功能的强调则必然抹杀文学的审美性。这种观点在文学实践中很容易走向文学与现实的分离、作家与社会的脱节；在理论研究中很容易走向对瞿秋白的文艺理论进行简单化的外部批判，比如，有学者认为"现代共产主义革命视域中的现实主义文艺思想探索……虽然呈现出它在意识形态美学上的锐利锋芒，却模糊了更高层面的人性与社会群体的温暖情怀"[1]。这显然是用人性论来取代阶级论，在这一点上，鲁迅的《文学和出汗》依旧具有当下意义。[2] 虽然现实主义的文学实践曾经出现过教条化、片面化的问题，但是对这些文艺思潮的反思不应该转变为"去政治化的政治"，而是应该辨析现实主义文艺中真实与政治的辩证关系。在这一点上，瞿秋白提供了重要的启示。

首先，现实主义的政治性并不是庸俗意义上的派系斗争，而是阶级政治，即作家应该站在人民群众的立场上。在瞿秋白牺牲之后，鲁迅将其译介的《"现实"》一书汇编在《海上述林》当中，成为毛泽东同志在延安文艺座谈会时期的阅读材料。[3] 基于瞿秋白，毛泽东同志对"真实"的政治性做了更为充分的说明，毛泽东同志认为"现实"的政治性的基础是阶级政治，只

---

[1] 傅修海：《瞿秋白与左翼文学的中国化进程》，人民出版社 2015 年版，第 155 页。
[2] 参见鲁迅《鲁迅全集》第 3 卷，人民文学出版社 2005 年版，第 581—582 页。
[3] 参见中共中央文献研究室编《毛泽东年谱（1893—1949）》中卷，中央文献出版社 2013 年版，第 446 页。

有通过群众路线,才能够把握到一个阶级所体验到的真正的现实。"革命的思想斗争和艺术斗争,必须服从于政治的斗争,因为只有经过政治,阶级和群众的需要才能集中地表现出来。革命的政治家们……只是千千万万的群众政治家的领袖,他们的任务在于把群众政治家的意见集中起来,加以提炼,再使之回到群众中去,为群众所接受,所实践,而不是闭门造车,自作聪明……正因为这样,我们的文艺的政治性和真实性才能够完全一致。不认识这一点,把无产阶级的政治和政治家庸俗化,是不对的。"[1] 由此可见,只有通过自下而上和自上而下的反复过程,才能真正把握阶级和群众的现实体验。

其次,作家立场的转变必须深入到日常生活的感性情感层次,而不能流于表面。毛泽东同志分析知识分子改造时说,只有真正意识到"最干净的还是工人农民,尽管他们手是黑的,脚上有牛屎,还是比资产阶级和小资产阶级知识分子都干净"[2] 的时候,才是触及灵魂的改造。只有这样,才"叫做感情起了变化,由一个阶级变到另一个阶级"[3]。在这一过程中,知识分子经历了一个从个人主义者到无产阶级革命者的转变,这不仅仅是革命的要求,而且从文学本身的性质来看,这样的改造也是有必要的。曹征路对文学下过这样一个定义:"文学是人类认识把握世界的一种方式,这种认识是通过形象情感的审美来实现的。"[4] 这个判断最重要的地方在于将文学的创作主体规定到了"人类"的层面上。用黑格尔的话来说,文学是人类精神自我扬弃的产物;用马克思的话来说,文学是社会性的产物。那么,作家就必须了解占

---

[1] 中共中央文献研究室编:《毛泽东年谱(1893—1949)》中卷,中央文献出版社 2013 年版,第 866—867 页。
[2] 中共中央文献研究室编:《毛泽东文集》第 3 卷,人民出版社 2004 年版,第 851 页。
[3] 中共中央文献研究室编:《毛泽东文集》第 3 卷,人民出版社 2004 年版,第 851 页。
[4] 曹征路:《曹征路文集(随笔文论卷)》,海天出版社 2014 年版,第 84 页。

人类大多数的群众是如何生存的，在生活上与他们打成一片，在情感上和他们融为一体，才有可能创作出真正具有生命力的作品。

最后，作家的创作过程是社会再生产的重要组成部分。瞿秋白明确强调文艺创作是要通过揭发和暴露的方式，为激发阶级斗争、培育革命主体服务的。[①] 实际上，承认文学艺术的社会功能并不是否定文学艺术的美学价值，而是基于社会再生产的客观陈述。文学一旦进入社会领域，就不再是超然独立的审美对象，因为文学的生产、交换、消费本就是社会主体的再生产过程。因此，瞿秋白实际上将现实主义的文艺创作本身视为社会性的革命实践。质言之，文学的政治功能并不是将文学简化为关于政治立场的简单演绎，而是要求作家真正地深入群众，作为一个有觉悟的主体，去再现一个群体的生存体验，并以身为马克思主义者的立场，将其引导至社会主义的方向。

（三）对自主知识体系建构的启示：回应时代问题

通过梳理瞿秋白对现实主义的译介可以发现，瞿秋白面对当时新潮的、时髦的文艺理论，并没有无所适从、迷失方向，而是结合中国革命的实际需要，站在无产阶级的立场上，融合中国传统文化、革命实践以及马克思主义哲学和政治经济学批判三重话语，为中国的革命实践贡献文艺的力量。瞿秋白之所以可以做到这一点，与他对社会主义、共产主义的信念，对中国实际的了解密不可分。

在当下，这样的信念与问题意识仍然是不可或缺的，尤其是在文艺界存在资本化、脱离实际、脱离群众等问题时，现实主义文艺理论体系更应该在回应时代问题的基础上守正创新，为社会主义的建设发挥文艺的力量。只有以此为前提，才能以更加具有自主性的姿态接受当前的西方左翼文艺理论，

---

① 参见瞿秋白《瞿秋白文集 文学编》第1卷，人民文学出版社1985年版，第473页。

否则就会丧失理论的自主性。在当前的现实主义文艺理论研究当中，存在使用齐泽克等西方激进左翼的理论来解读现实主义的趋势。虽然这一思路拓展了现实主义的理论资源，却在理论上带来了不可知论，在实践上导向了无政府主义。如果将其与瞿秋白进行对比，可以发现两点显著的差异。第一，瞿秋白将现实主义所要再现的"现实"规定为一定生产方式当中特定阶级的典型人物的生成过程，但是在齐泽克拉康化的历史唯物主义中，归根到底起决定作用的不是一定的生产方式，而是永远无法被象征界的符号系统达到的实在界。用这种"唯物主义"来建构现实主义文艺的话，就会陷入一种不可知论："与其说现实主义是在'揭示'现实，毋宁说现实主义有可能'尊重'现实本身的昏暗不明……现实主义乃是象征界与想象界的交汇，传统现实主义哲学基础中的'真实''现实'诸问题都在此需要重新反思和整理。"[①] 之所以出现这样的问题，与缺少对当前世界的严肃的马克思主义政治经济学分析密不可分，这使得文艺理论工作者较少从经典的历史唯物主义的角度来分析社会和文艺作品。第二，瞿秋白认为文艺创作应当发挥革命的作用，这种革命并非无政府主义的革命，而是在先锋队的领导下的有组织的革命。但是，齐泽克的革命路径则陷入了精神分析的窠臼，将革命理解为类似于强迫症的神经官能症。由于实在界是永远无法被象征界占有的，因此革命就是不断被实在界的匮乏驱动的空无的行动。于是在齐泽克看来，当代的思想任务恰恰是保留马克思的政治经济学批判"而又不将共产主义的乌托邦意识形态作为其内在标准"[②]。与之形成对照的是，1935年，瞿秋白是唱着《国际歌》与《红军歌》走向刑场的，这不仅是对其革命信念的确认与坚定，更是对于

[①] 周志强：《敢于面对自己不懂的"生活"——现实主义的文体哲学与典型论的哲学基础》，《中国文艺评论》2021年第8期。

[②] ［斯洛文尼亚］齐泽克：《易碎的绝对——基督教遗产为什么值得奋斗》，蒋桂琴、胡大平译，江苏人民出版社2004年版，第16页。

后来者的召唤。① 两相对比，更凸显出中国现实主义文艺理论所独有的革命传统。理论研究者应当珍视并传承，而非在异彩纷呈的新理论中遗忘这一传统。瞿秋白这种对时代问题的积极回应，对社会主义的坚定信念是继续构建中国化的马克思主义文艺理论所不可或缺的具体路径。

总而言之，瞿秋白将"Realism"从"写实主义"改译为"现实主义"的话语重构，回应了20世纪30年代中国、苏联、日本的"写实主义"文艺思潮中所面临的真实性与政治性之间的矛盾。与"写实"相比，最初出现在唐代佛学典籍中的"现实"概念更强调任何现实都是被中介的、运动中的过程，因而不是绝对客观的、静止的物质性存在。在当时的革命背景下，"现实"还具有鲜明的阶级性与感性的切身性，瞿秋白强调文艺所要表现的"现实"应当是普罗大众真实而鲜活的阶级体验。要做到这一点，作家不应当仅仅去观察，而应当像普罗大众一样去"感觉"。此外，这一改译还提供了一个结合现实主义文艺理论与马克思主义哲学批判和政治经济学批判的中介，提供了重新思考典型人物论的理论资源，典型人物如同马克思的政治经济学范畴一样，不是抽象的普遍性而是具体的普遍性。由此看来，瞿秋白的译介过程实际上是一个建构自主知识体系的生动案例，为我们提供了一条结合马克思主义与中国传统文化，结合马克思主义与中国具体实际，回应时代问题，接续革命传统的理论创新路径，为当前的文艺创作和理论研究提供了重要启示。总结瞿秋白的理论实践为我们正本清源，让我们在面对西方新兴的文艺理论时，能够站稳自己所处的理论传统，在对话中建立而不是丧失自己的理论主体性。

（原载《江淮论坛》2023年第4期）

---

① 参见王铁仙《瞿秋白传》，人民出版社2011年版，第461页。

国外马克思主义文艺理论研究

艺术生产论的"受众商品"批判

万 娜

华中师范大学文学院

湖北文学理论与批评研究中心

加拿大学者达拉斯·斯麦兹于1977年在《传播：西方马克思主义的盲点》(以下简称《盲点》)一文中提出"受众商品"说[①]，引发了西方学术界长达二三十年之久的"盲点之争"，至今仍余波未散。"受众商品"说在当下方兴未艾的数字劳动研究领域中，重又与"非物质劳动""免费劳动""玩劳动"等现象一同激发起研究者更为深入的探讨。从马克思主义艺术生产论的当代建构角度来看，将"受众商品"维度纳入讨论范围，既有向马克思主义生产—消费理论内部寻求合法性依据的可行性，又有激活马克思主义文学批评楔入当代艺术生产的现实意义，确是一个值得继续深入探究的问题。

概而言之，受众商品说是斯麦兹对传播政治经济学的重要理论贡献之

[①] [加]达拉斯·斯麦兹：《传播：西方马克思主义研究的盲点》，载曹晋、赵月枝主编《传播政治经济学 英文读本（上）》，复旦大学出版社2007年版，第38—58页。近年来，这篇文章才见有中译版发表，参见杨嵘均《大众传播系统：西方马克思主义研究的盲点》，操远芃译，《国外社会科学前沿》2021年第9期，本文对斯麦兹这篇文章的引文均来源于此中译版。

一，就其研究缘起而言，是斯麦兹不满于20世纪上半叶西方马克思主义学者对文化工业中大众媒介深度参与的政治经济学维度视而不见，着力将文化研究从意识形态的云端拖拽到经济基础运转机制之中的尝试。以霍克海默、阿多诺等为代表的批判理论虽被斯麦兹指认为在"受众商品"研究维度上存在盲点，但也的确不乏（有限的）洞见。正因为如此，从"受众商品"维度甄别特定阶段内艺术生产论发展演变存在的缺失，不失为探寻艺术生产论当代发展路径的一种方法。

一、"受众"而非"大众"是当代艺术生产研究的重要维度

从马克思主义生产理论的角度来看，生产与消费在整个生产过程中是辩证的关系。正如马克思在《政治经济学批判》"导言"中所论述的那样："生产直接是消费，消费直接是生产……生产媒介着消费……消费也媒介着生产。"[①] 当然，马克思也专门强调过资本主义的精神生产和物质生产并不遵循完全一致的原则，甚至"资本主义生产就同某些精神生产部门如艺术和诗歌相敌对"[②]，但物质生产作为整个资本主义社会关系赖以建立在其上的基础，精神生产从最根本的意义上是受其制约的。如果将艺术生产视为精神生产的分支之一，那它也在社会层面遵循资本主义的生产—消费逻辑。因而艺术消费的主体——消费者，是谈论艺术生产的题中应有之义。

在面对艺术生产处于特定历史阶段内的特殊形态——文化工业时，法兰克福学派的研究者们关于艺术生产的思考深度与20世纪美国艺术生产的蓬

---

① 中共中央马克思恩格斯列宁斯大林著作编译局编译：《马克思恩格斯全集》第30卷，人民出版社1995年版，第32页。
② 中共中央马克思恩格斯列宁斯大林著作编译局编译：《马克思恩格斯全集》第26卷第1册，人民出版社1972年版，第296页。

勃现状委实说不上相称。换个角度来看，文化工业批判理论似乎更倾向于在传统的艺术创作—接受范式中指出当代艺术生产的问题症结所在，他们将文化工业生产方视为被资本利欲熏心的创作者在社会层面的人格化显现，偏重于强调创作方或生产方对艺术创作和接受的荼毒，据此表达他们对这种艺术生产现状的不满和否定。他们对文化工业的批判往往落脚在"意识""心灵""个性"等层面上，认为"对大众意识来说，一切也都是从制造商们的意识中来的"[1]。这种思考指向和表述方式实际上还滞留在创作主体中心主义的思维惯性中，无论是他们对"工业社会的力量留在了人类的心灵中"[2]这一现状的无奈，还是他们痛斥"在文化工业中，个性就是一种幻象"[3]的愤怒，从中都可以见出从文化工业批判角度所做的艺术生产研究内部存在着拉扯割裂。霍克海默和阿多诺（又译作"阿道尔诺"）在《启蒙辩证法》"前言"中说文化工业批判旨在阐明"启蒙意识形态的倒退"[4]，然而无论是文化工业也好，还是艺术生产也罢，它们本身并不仅仅简单地隶属于意识形态领域，对它们的研究当然也不应仅仅简单地归结为对某种意识形态的批判。既然法兰克福学派称其为"文化工业"，既然艺术生产本身就不单纯只是抽象的艺术，而是与生产结合在一起，那么在文化工业、艺术生产中考量生产时，就不能简单地将创作者中心平移为生产者中心，换而言之，生产与消费的互动关系必须在文化工业、艺术生产中得到应有的审视和评判。

---

[1] ［德］马克斯·霍克海默、西奥多·阿道尔诺：《文化工业：作为大众欺骗的启蒙》，载《启蒙辩证法——哲学断片》，渠敬东、曹卫东译，上海人民出版社2006年版，第112页。

[2] ［德］马克斯·霍克海默、西奥多·阿道尔诺：《文化工业：作为大众欺骗的启蒙》，载《启蒙辩证法——哲学断片》，渠敬东、曹卫东译，上海人民出版社2006年版，第114页。

[3] ［德］马克斯·霍克海默、西奥多·阿道尔诺：《文化工业：作为大众欺骗的启蒙》，载《启蒙辩证法——哲学断片》，渠敬东、曹卫东译，上海人民出版社2006年版，第140页。

[4] ［德］马克斯·霍克海默、西奥多·阿道尔诺：《启蒙辩证法——哲学断片》"前言"，渠敬东、曹卫东译，上海人民出版社2006年版，第5页。

艺术生产中的受众具有文学接受者和艺术消费者的双重身份，前者更多见于传统的艺术创作—接受模式中，后者则更加凸显现代艺术消费的受众身份。但当文化工业理论将自己研究对象的称谓从"大众文化"转换为"文化工业"[1]时，除却避免因"大众"一词引发与民间自发文化之间不必要的混淆一说，很显然，研究者的重心不在"大众"，而在"文化"。在某种程度上可以说，消极的文本接受者/艺术消费者身份是法兰克福学派一部分研究者在面对大众接受状态时失望情绪的理论投射。在他们看来，这种被动接受媒介文本的习惯是在战争时期的政治宣传中被培养起来的，战争之后又在文化工业领域得以延续和强化。曾经领教过法西斯大众媒介宣传压力的法兰克福学派，熟悉大众媒介操纵意识形态的运作方式及其效果。流亡美国之后，他们继续谨慎地与商业气息浓厚的大众媒介保持距离。据美国学者罗纳德·V. 贝蒂格（Ronald V. Bettig）在《法兰克福学派和传播政治经济学》一文中的描述，20 世纪 30 年代时，阿多诺曾参与拉斯菲尔德在普林斯顿的广播研究工作室，但开展工作的过程中多有掣肘[2]，这让批判理论在美国大众媒介商业运作领域一开始就受到一定程度的限制。作为法兰克福学派的理论代表人物，阿多诺的研究体验在很大程度上影响了文化工业批判理论与美国传播媒介现实经验层面的结合。他们将欧洲经验中的大众媒介功能移植到对美国文化工业的理论审视中，看到的是诸如新闻、电影、电视节目、流行歌曲等文化文本被广播电视卷入商业运作，作为文化商品提供给它们的接受者/消费者，并且通过广告与大众媒介背后的资本连接在一起，凭借无孔不入的灌输

---

[1] T. W. Adorno, *The Culture Industry: Selected Essays on Mass Culture*, Routledge, 2001, p. 98.

[2] R. V. Bettig, "The Frankfurt School and the Political Economy of Communications", 该文收录于曹晋、赵月枝主编《传播政治经济学 英文读本 上》，复旦大学出版社 2007 年版，第 27 页。

机制控制大众。他们谴责文化工业的操控者："这种无所不在的声音代替了它的内容……用不同的商标来推荐相同的商品，或者用《茶花女》和《黎恩济》序曲中平缓的曲调来称赞泻药的科学作用，都很清楚地说明它们已经不再是什么作品了，而是到了荒唐至极的地步。"① 文化工业是一种从生产端开始就充斥着经济强制性意识形态的灌输机制，它是对它的接受者/消费者的启蒙欺骗。无产阶级本应反抗这种欺骗，但他们失去革命斗志，被驯化成一群"快乐"的"大众"，在文化工业提供的快乐中"逃避最后一丝反抗观念"②。当大众被认为只能陷于传播媒介的指令，不复那种能对文化文本做出理性反思和阶级反抗，反而还热衷于参与文化商品的消费而与资本同流合污时，受众③的具体面貌就在霍克海默和阿多诺的理论思辨中被一带而过了，缺少历史规定性。即便在《文化工业：作为大众欺骗的启蒙》文末，霍克海默和阿多诺承认一部分受众具有一定的自我反思性，"在文化工业中，广告已经取得了胜利：即便消费者已经看穿了它们，也不得不去购买和使用它们所推销的产品"④，但这一部分受众是哪些人，他们在怎样的生产关系中做出什么层面的反思，他们的消费者身份与受众身份之间的关系是如何构造的

---

① [德] 马克斯·霍克海默、西奥多·阿道尔诺：《文化工业：作为大众欺骗的启蒙》，载《启蒙辩证法——哲学断片》，渠敬东、曹卫东译，上海人民出版社 2006 年版，第 144—145 页。

② [德] 马克斯·霍克海默、西奥多·阿道尔诺：《文化工业：作为大众欺骗的启蒙》，载《启蒙辩证法——哲学断片》，渠敬东、曹卫东译，上海人民出版社 2006 年版，第 130 页。

③ 参见 [英] 丹尼斯·麦奎尔《受众分析》，刘燕南、李颖、杨振荣译，中国人民大学出版社 2006 年版，第 2 页。麦奎尔在书中的观点很值得借鉴："对于多数大众传媒来说，除了零散、间接地接触受众外，受众通常都是看不见、摸不着的。所以，受众一词，与社会科学领域中其他诸如社会（society）、公众舆论（public opinion）等一些看似简单的概念一样，是一个抽象的、众说纷纭的概念，它所指称的现实事物，通常也是多种多样和不断变化的。"

④ [德] 马克斯·霍克海默、西奥多·阿道尔诺：《文化工业：作为大众欺骗的启蒙》，载《启蒙辩证法——哲学断片》，渠敬东、曹卫东译，上海人民出版社 2006 年版，第 152 页。

等，这些更为隐幽、切实且关键的问题在法兰克福学派的文化批判理论中仍旧语焉不详①。这至少说明站在哲学思辨的立场从文化角度或者意识形态角度看取当代艺术生产，想在"创造—接受"/"生产—消费"的理论圈层内寻求革命实践的突破口是困难的。艺术生产理论需要找到与文化工业现实相结合的恰当维度，才有可能深刻把握资本主义生产关系内部已发生更复杂变化的艺术生产实践。

二、艺术生产中的"受众商品"是异化主题的当代表征

面对法兰克福学派在受众身份层面语焉不详的理论缺失，斯麦兹从传播政治经济学的角度提供了接受者/消费者作为受众在资本主义生产关系中现身的研究思路。斯麦兹所论的受众，是在大众传播媒介普及开来的这一历史阶段内生成的特定群体。按照麦奎尔的观点来看，这个群体的特点与大众传播的"中心—边缘"（center-peripheral）传播流形态特点直接相关，大众媒介信息的发送者相对而言占据信息的中心地带，而受众则相对处于信息的边缘区域，后者的存在形态是"分离的、未知的"，表现为"在同一时间关注同一信息的巨大的集合"②。这种匿名的集合体受众也是法兰克福学派从意识形态高空俯瞰它时没能从抽象上升到具体的客观原因所在。

随着以"受众商品"之名挑起的"盲点"之争，之前在资本主义生产关

---

① 参见赵勇《整合与颠覆：大众文化的辩证法——法兰克福学派的大众文化理论》，北京大学出版社2005年版，第68—69页。赵勇在书中论及相关问题："究其原因，关键在于他所谓的听众只是一个抽象的能指，于是，他所指的听众到底是谁就成了一个悬而未决的问题。而一旦听众的身份与属性（年龄、性别、职业、受教育程度等）无法明确，理论的分析就很难走向精微细致。"
② ［英］丹尼斯·麦奎尔：《受众分析》，刘燕南、李颖、杨振荣译，中国人民大学出版社2006年版，第49—50页。

系中相对隐匿于传播维度的受众身份也受到文化研究者以及更广泛研究领域者的共同关注,受众商品与原有的接受者/消费者一起建构出接受者/消费者/受众商品的三重身份,这在受众研究史上具有一定的范式转换意义。当然,从大的时代背景来看,这种范式转换应该与斯麦兹所处的20世纪70年代受众形态发生的显著变化相关。"二战"以后,大众传播技术在商用领域的开发和运用加速发展①,而就传播学本身而言,到了20世纪90年代,学者们已经将三种受众模式视为在制定传播政策时需要考虑的重要因素,即受害者(效果模式)、消费者(市场模式)和交易货币(商品模式)②——这三种模式恰好与文化批判理论和传播政治经济学研究视域融合后的受众研究范式悄然对应。

斯麦兹虽然在《盲点》一文中对西方马克思主义者的文化批判维度颇有微词,但实际上就双方共同揭露当代艺术生产中受众身份的复杂性而言,他们之间更类似于前后相继地完成文化政治经济学③理论拼图的关系,他们共

---

① 参见[美]丹·席勒《信息资本主义的兴起与扩张——网络车尼克松时代》,翟秀凤译,北京大学出版社2018年版,第51页。席勒在书中回溯了美国大众传播媒介演化历程,提出"第二次世界大战是一个分水岭"。
② 参见[英]丹尼斯·麦奎尔《受众分析》,刘燕南、李颖、杨振荣译,中国人民大学出版社2006年版,第108页。
③ [法]阿涅斯·拉布鲁斯、托马斯·拉马什、朱利安·韦科伊:《跨越界限:走向文化政治经济学——对话鲍勃·杰索普》,顾海燕译,《国外理论动态》2014年第5期。"文化政治经济学"是学者Bettig在论述法兰克福学派和传播政治经济学之间的联系时的表述,在《法兰克福学派和传播政治经济学》(收录于曹晋、赵月枝主编《传播政治经济学 英文读本(上)》,复旦大学出版社2007年版)的第二部分用"文化政治经济学"(The Political Economy of Culture)作为标题。Bettig认为"传播政治经济学研究的当代批判路径延续了法兰克福学派的传统,即谋求将媒介放到一种更广阔的历史的、经济的、规范的语境之中。另,还有从国家理论的角度提出的"文化政治经济学",关注资本主义社会中意义的生产,认为"意义创建是社会生活的基础",但同时并不将社会实践简化为意义,而是将其看作"行为主体能继续有意义以有意义的方式行为处事"的再生产过程。

同力证了站在文化批判与政治经济学批判理论版图合龙的立场上重释当代资本主义生产关系中的艺术生产之势已不可抵挡。由此观之，接受者／消费者／受众商品三重身份的指认，既是受众研究范式自身谋求突破的需求，也是马克思主义政治经济学批判重回艺术生产研究的一次尝试，最为根本的，是能切中当代资本主义社会生产实践肯綮的理论建构。三重身份的内部结构不应被认为是简单的叠加关系，或者被认为是分属于三个不同维度的差异性并存关系，而应该以马克思所说的"人体解剖对于猴体解剖是一把钥匙"[①]的思路来观照，将接受者／消费者／受众商品看作一个整体，它是艺术生产—消费在垄断资本主义阶段内对主体更充分的规定性，即接受者／消费者在这一阶段内发展为只能以受众商品现身的规定性：如果说接受者／消费者是"猴体"的话，那么接受者／消费者／受众商品则可视作"人体"；如果说在大众传播媒介还没有系统性地嵌入资本主义生产关系之前，接受者／消费者还有选择是否接受、消费的少许主动权的话，那么当大众传播媒介系统将受众无微不至地置于媒介化的社会生产中时，受众商品就是被物化了的接受者／消费者的现实处境，后者只能以被商品化了的受众形态参与社会生产。这种处境从文化工业批判的角度来说，是霍克海默和阿道尔诺所说的"整个世界都要通过文化工业的过滤"[②]，而从传播媒介的角度来说，则是凯尔纳所说的"媒介文化渐渐主宰了日常生活，成为我们的注意力和活动中的一种无所不在的背景"[③]，这是一个无所遁逃的传播媒介化的社会。

[①] 中共中央马克思恩格斯列宁斯大林著作编译局编译：《马克思恩格斯全集》第 30 卷，人民出版社 1995 年版，第 47 页。
[②] ［德］马克斯·霍克海默、西奥多·阿道尔诺：《文化工业：作为大众欺骗的启蒙》，载《启蒙辩证法——哲学断片》，渠敬东、曹卫东译，上海人民出版社 2006 年版，第 113 页。
[③] ［美］道格拉斯·凯尔纳：《媒体文化——介于现代与后现代之间的文化研究、认同性与政治》，丁宁译，商务印书馆 2013 年版，第 12 页。

斯麦兹正是在这个意义上提出"受众商品"的概念。按照他的论述，"受众商品"可以被理解为在大众传播系统中被大规模生产、由广告商购买的传播商品。这里作为商品出售给广告商的并不是与资本形成雇佣关系的劳动力，而是由大众传播系统在不同时间段俘获的受众注意力；与广告商之间形成价值交换关系的也并非受众的主动行为，而是大众传播系统。后者将广告与电视节目捆绑在一起引诱受众，受众在没有察知的情况下在传播系统中贡献了自己的相关信息数据。[①] 可以看到的是，促使斯麦兹做出"受众商品"论断的 20 世纪六七十年代，那时的大众媒介系统显然还没有能力对受众做有足够针对性的信息传递，因而多按性别、职业、年龄这样的大类来划分受众商品，其形态还比较粗糙。而随着 20 世纪末以来信息传播技术的发展，分众传播、窄播、"窄告"（相对于广告而言）等细分受众的媒介内容，不仅照顾到当代受众活动圈层相对固定、生活经验相对有限、个人兴趣相对单薄等特点，做到了有差别性地传递媒介信息，还不动声色地引导受众参与式地生产媒介内容，催生出更为精细的受众商品。但不论粗糙、精细与否，资本主义生产关系中的传播媒介系统在尽可能多地搜集受众信息、通过数据处理手段筛选分类，并出售给广告商及其背后的资本这一核心议题上却分毫不爽，没有犹豫。

由此观之，受众商品其实是当代资本主义生产关系将人的社会生活处理成"类"存在的关键机制，是马克思曾经批判的人的本质被"理解为一种内

---

① 参见陈世华《"受众商品论"的理论溯源与未来走向》，《新闻知识》2012 年第 1 期。文中提到，对于广告商购买的"受众商品"究竟是何内容，西方部分学者提出了更具体的意见，比如有认为广告商购买的是受众的观看时间，或是受众的类别信息，或者根本否认受众商品这一概念。

在的、无声的、把许多个人自然地联系起来的普遍性"①的技术性复现,是资本变本加厉地将人异化为"物"藏身于大众传播媒介系统中的现实结果。这确实是当代资本主义艺术生产以受众商品对异化主题的遥远回应。

三、受众商品是批判艺术生产被资本主义生产实质吸纳的矛盾焦点

实质吸纳指马克思对以机器化大生产为标志的劳动过程被深度卷入资本主义生产关系的指认,是与形式吸纳相对而言。②当马克思在谈论弥尔顿创作《失乐园》是"出于同春蚕吐丝一样的必要"和后来"他把作品卖了5镑"③时,他看到的是作家的创作过程还相对外在于资本主义生产关系的那种艺术生产,作家的劳动单是与货币交换,"还不能使劳动转化为生产劳动"④,表现为前资本主义艺术生产被资本形式吸纳;当他在谈论"在书商指示下编写书籍(例如政治经济学大纲)的莱比锡的一位无产者作家"时,他看到的是"他的产品从一开始就从属于资本,只是为了增加资本的价值才完

---

① 中共中央马克思恩格斯列宁斯大林著作编译局编译:《马克思恩格斯文集》第1卷,人民出版社2009年版,第501页。
② 参见中共中央马克思恩格斯列宁斯大林著作编译局编译《马克思恩格斯全集》第37卷,人民出版社2019年版,第282页。在《1861—1863年经济学手稿》中,马克思将劳动对资本的关系分为形式上的从属和实质上的从属,国际学术界习惯将其概括为形式吸纳和实质吸纳。
③ 中共中央马克思恩格斯列宁斯大林著作编译局译:《马克思恩格斯全集》第26卷第1册,人民出版社1972年版,第432页。
④ 中共中央马克思恩格斯列宁斯大林著作编译局译:《马克思恩格斯全集》第26卷第1册,人民出版社1972年版,第436页。

成的"①，这显然已经不单纯是受资本监管的关系，而是把这位无产者作家的创作纳入雇佣劳动与资本的关系中，这时的艺术生产是被资本实质吸纳的艺术生产。

"艺术生产"作为一个概念被马克思正式启用是在《导言》中："当艺术生产一旦作为艺术生产出现，它们就再不能以那种在世界史上划时代的、古典的形式创造出来。"②马克思在这里同时使用了两个"艺术生产"，显然各有所指：前一个"艺术生产"是一般艺术生产，而后一个"艺术生产"则是区别于一般艺术生产的资本主义生产关系中的"艺术生产"。既然以"生产"来谈艺术，那就意在区别于春蚕吐丝般的前资本主义艺术创作，也区别于市场经济体系中艺术作品与货币的直接交换，而应理解为被资本实质吸纳成为生产劳动的艺术生产；既然是生产劳动，那么它难以置身其外的目的就在于汇入资本的合唱，生产剩余价值。

法兰克福学派面对的美国文化工业，正是这种以追逐剩余价值为目的的艺术生产的典型代表。虽然霍克海默、阿多诺也注意到广告与文化工业的关系，他们说"广告和文化工业在技术上和经济上融合起来了"③，但他们也确实没有能够从政治经济学批判的角度进一步发掘文化工业与资本之间具体的结构关系：现实世界中生产生活着的大众，对在传媒世界中活跃着的广告、节目、流行歌曲等信息的接受活动是否具有不同于前大众传媒时代的特点？这些媒介信息经由什么途径不但将其接受者转变为文化商品的消费者，还转

---

① 中共中央马克思恩格斯列宁斯大林著作编译局译：《马克思恩格斯全集》第26卷第1册，人民出版社1972年版，第432页。
② 中共中央马克思恩格斯列宁斯大林著作编译局编译：《马克思恩格斯全集》第30卷，人民出版社1995年版，第51页。
③ [德]马克斯·霍克海默、西奥多·阿道尔诺：《文化工业：作为大众欺骗的启蒙》，载《启蒙辩证法——哲学断片》，渠敬东、曹卫东译，上海人民出版社2006年版，第148页。

化为整个资本主义生产关系中"庞大的商品堆积"[1]的消费者？

先考虑第一个问题，20世纪大众传媒时代的信息文本接受的新特点在于：文化艺术等信息在社会层面的传播（递）由印刷媒介主导型跳转到电子媒介主导型，随之而来的是受众对待这些信息的态度发生了从把自我"构建成文化的可靠阐释者"到"对自我构建过程抱游戏态度"的转变。按照马克·波斯特的看法，这是因为在印刷媒介时代，信息的传／受者基于文字符号文本，处于一种相对可共同遵循的符号规则之中，双方"在彼此隔绝的情形下能在线性象征符号之中找到合乎逻辑的联系"[2]。而在电子媒介时代，信息的传播方以转瞬即逝的电子文本面向匿名的大众，但这些电子文本缺乏被明确限定的外部世界作为意义评价的标准，"媒体语言代替了说话人群体，并从根本上瓦解了理性自我所必需的话语自指性"[3]。应该说，受众在由电子媒介打造的文化工业中不得不采取非理性的接受态度，也即阿多诺在批判流行音乐时所说的"心神涣散（distraction）"和"漫不经心（inattention）"[4]。这既是20世纪大众传播媒介一手培养的结果，更是20世纪资本主义生产向消费一端倾斜必然出现的表象。"消费社会也是进行消费培训、进行面向消费的社会驯化的社会——也就是与新型生产力的出现以及一种生产力高度

---

[1] 中共中央马克思恩格斯列宁斯大林著作编译局编译：《马克思恩格斯全集》第44卷，人民出版社2001年版，第47页。

[2] [美]马克·波斯特：《信息方式——后结构主义与社会语境》，范静哗译，商务印书馆2000年版，第66页。

[3] [美]马克·波斯特：《信息方式——后结构主义与社会语境》，范静哗译，商务印书馆2000年版，第66页。

[4] [德]西奥尔多·阿多诺：《论流行音乐》，载赵勇《整合与颠覆：大众文化的辩证法——法兰克福学派的大众文化理论》，北京大学出版社2005年版，第66页。本雅明在《机械复制时代的艺术作品》也论述过大众面对电子媒介时无法"凝神注视"的现象，将其称为"震惊"体验。

发达的经济体系的垄断性相适应的一种新的特定社会化模式"[①]，在消费社会中，消费者如果继续恪守不能"摧毁""耗尽""浪费""用尽"——这是"消费"原有的词义[②]——的生产理性，将会极大降低商品在社会层面流通的效率，从而妨碍这种生产关系对剩余价值最大化的追逐。消费者须得作为一个不那么凭借个人理性就能做出消费决定的匿名群体，一种"心神涣散"的"大众"形态，才能被资本主义生产关系所需要。[③] 大众传播媒介的电子媒介阶段为整个资本主义社会生产形塑出非理性的"接受者／消费者／受众"起到了不可替代的重要作用。

第二个问题，大众传播媒介不但试图将自己的受众驯化成艺术商品的消费者，还试图通过文化工业将受众驯化成整个资本主义社会生产的消费者，并取得了现实意义上相当的成功——这不只是一个意识形态欺骗的问题，而是一种真真切切的政治经济学实践。斯麦兹的"受众商品"说恰好击中了艺术生产被资本主义生产关系实质吸纳的政治经济学维度。借助这一维度，斯麦兹看到充分商业化后的大众传播系统在资本主义生产关系内更重要的功能是生产受众商品，而不只是简单地生产信息商品。这种生产一方面倚赖大众传播系统生产信息商品，以此与受众群体的受众力交换，大众传播系统并不直接从中获利；另一方面大众传播系统以"受众商品"与广告商对潜在消费者的需求交换，大众传播系统从中获利。受众作为商品被大众传播系统生产出来，经广告商中介，极有可能成为实现工业生产所追求的剩余价值的消费

---

① ［法］波德里亚：《消费社会》，刘成富、全志钢译，南京大学出版社2000年版，第73页。
② 参见［英］雷蒙·威廉斯《关键词：文化与社会的词汇》，刘建基译，生活·读书·新知三联书店2005年版，第85页。
③ 参见［英］雷蒙·威廉斯《关键词：文化与社会的词汇》，刘建基译，生活·读书·新知三联书店2005年版，第86—87页。威廉斯考证的结论是"Consumer作为一个普遍而通用的词汇，是制造商以及他们的经纪人所创造的"。

者，这使得受众同时作为生产对象和消费主体被卷入资本流动的格局中。受众既是被生产出来供广告商（及其所代理的工业资本方）消费的商品，又是被广告商在大众传播系统中教导以完成阶段性消费行为、兑现生产劳动价值的主体，即受众拥有既是客体又是主体的双重身份的可塑性，以及这双重身份又并不完全重叠的可能性，大众传播和广告商在其中发挥着塑造这种双重身份并使其重叠度最大化的功能。大众媒介和广告帮助资本从"受众商品"中挖掘潜在的消费者，并希望尽可能引导他们成为真正的消费者，但他们永远不是确定的消费者，消费者和"受众商品"之间总是存在各种难以克服的差距。这是剩余价值兑现闭环上客观存在的沟壑，消费者/受众给资本主义生产对艺术生产实质吸纳的最终效果蒙上阴影。以历史唯物主义的视野来看，"受众商品"说对受众双重身份的发现尽可能如实地描述了资本在追逐剩余价值的过程中，生产劳动波及面的扩张与生产劳动价值链延长的现象，扩张与延长使得生产劳动有创造更多剩余价值的可能性，但它与剩余价值最终被实现的不稳定性之间同时存在日益加剧的矛盾，这无疑已触及资本主义社会经济基础层面的内在矛盾，而这仅是从文化批判意义上看待受众不可能达至的深度。

余论

不可否认，当代艺术生产的相当一部分已深刻地嵌入资本逻辑中，呈现出明显的资本逐利导向，但又仍旧保有某些区别于其他社会生产的特殊性。由于现代艺术概念本身的建构就伴随着现代资本主义生产关系而来，仅凭近代以来建构的"艺术"一词，难以担当起辨认艺术生产特殊性的职责。马克思主义在对资本主义生产关系内在矛盾的揭示和批判过程中提及艺术生产问题，这表明马克思不是站在资本主义生产关系以内去论证艺术生产如何自洽于这种生产关系，而是要用批判的眼光看待当代艺术生产。当代艺术生产区别于其他社会生产的特殊性，从表象上来说，在当下热议的"情感劳动""非物质劳动""玩劳动"等纷繁命名中已可见一斑；从深层关系来看，艺术生产既与其受众的情感情绪需求须臾不可分割，又与商品化的受众群体的市场运作相衔接，还需要现代媒介传播向生产—消费各环节的渗透来维护，艺术生产的特殊性确实指向"受众商品"。

从"受众商品"角度看艺术生产论，一方面能够站在资本主义生产关系的对立面看待现代文学艺术理论的体系化建构，从而严肃对待这一理论体系在看待艺术创作和接受问题时的思辨性痼疾；另一方面，从"受众商品"角度把握当代艺术生产的脉搏，有利于为历史唯物主义的资本批判视野注入切合当代艺术生产—消费语境的阐释内容，帮助艺术生产论真正重拾马克思主义政治经济学批判武器，探寻当代艺术生产的困境与出路。

［本文系国家社科基金重大项目"马克思主义文学批评经典重铸与当代拓展研究"（编号：19ZDA263）的阶段性成果］

（原载《华中学术》2023年第3期）

流放者的悖论
——20世纪50—70年代英国左翼的奥威尔批评

赵柔柔

中央民族大学中国少数民族语言文学学院

一、噩梦般的怪物：冷战与奥威尔现象

正如波兰思想家伊萨克·多伊彻（Issac Deutscher）写于1954年的著名批评文章《"1984"——残暴的神秘》开篇所说，这个时代里很少有小说如奥威尔的《一九八四》那般流行和对政治产生影响。[1] 这种影响显然并未停止于20世纪50年代，而是一直绵延至今，其想象细节一次次作为寓言／预言在不同语境中回响。无疑，冷战的开启是促成这种影响的重要因素，它给予了奥威尔始料未及的声誉——他写于30年代的现实主义风格小说并未引发广泛关注，影响力甚至远不及其同时期的纪实与评论作品，而40年代两部政治寓言小说《动物农庄》和《一九八四》却获得了极为庞大多元的

---

[1] Issac Deutscher, "1984—The Mysticism of Cruelty", in *Heretics and Renegades*, Indianapolis and New York: The Bobbs-Merrill Company, 1969, p.35.

读者群。同时，冷战也将奥威尔及其创作缩减为一种单一的政治立场或文化符号，赋予其强烈的意识形态功用。《一九八四》的影响力并不来自文学上的成就，它感情色彩鲜明、清晰简白的写法恰恰迎合了冷战所创造的需求："冷战创造了这样一种对意识形态武器的'社会需求'，就像它创造了那些对实体超级武器的需求一样……一本像《一九八四》这样的书的用途很可能和作者设想无关。"①《一九八四》在特定历史语境下所获得的巨大影响力，与"作者设想"之间的错位，也引发了英国左翼批评家雷蒙德·威廉斯的警觉——他在20世纪70年代对奥威尔的评述中指出了冷战之前与之后奥威尔作品在出版上的讽刺境遇："奥威尔在1943年11月开始写作《动物农庄》，并于三个月后将其完成。一些出版商拒绝出版它，有的是基于政治考量。具有讽刺意味的是，十八个月后当政治情境发生变化时，这本对抗主流大众观念的书才出版，并被急切地用于日渐凸显的冷战中。《动物农庄》在很长一段时间里都无法脱离这种讽刺性的政治语境……与此同时，当《一九八四》紧接着被出版之后，《动物农庄》毫无疑问是被一些奥威尔完全不赞同的人们利用了。而利用《一九八四》的情况更为频繁，因其证实了一种关于奥威尔的说法——至少他自己认为这种说法是误导。"②

这种对于冷战中《一九八四》简化了奥威尔思想的质疑和反思，在很大程度上来源于同时代作家对他的写作与立场的熟悉。奥威尔出版于20世纪30年代的几部纪实性作品《巴黎伦敦落魄记》(*Down and Out in Paris and London*, 1933)、《通往威根码头之路》(*The Road to Wigan Pier*, 1937)、《向加泰罗尼亚致敬》(*Homage to Catalonia*, 1938)，其细节翔实地记述了他在后厨帮工、摘啤酒花、深入矿工生活、参加西班牙内战的经历，笔法以冷

---

① Issac Deutscher, "1984—The Mysticism of Cruelty", in *Heretics and Renegades*, Indianapolis and New York: The Bobbs-Merrill Company, 1969, pp.35-36.
② Raymond Williams, *Orwell*, London: Collins & Co., Ltd., 1971, p.69.

静、客观、纪实性强著称。而在同时期出版的几部自然主义小说中，极具个人化的经历见闻也往往支撑着主要的叙事线索，如奥威尔的第一部长篇小说《缅甸岁月》(*Burmese Days*，1934）便是以 20 世纪 20 年代他在缅甸担任皇家印度警察部队警官的经历为背景，有着明显的自传色彩。甚至在某些情况下，这种对记录现实经验的急切会干预叙事的流畅性，如在《牧师的女儿》(*A Clergyman's Daughter*，1935）这部并不成功的作品中，叙事明显存在着断层：外层由乡村牧师女儿多萝茜循规蹈矩、干涸枯燥的生活构成，而内层则是她从既定轨道上"跌落"后，与流浪汉一同在收容所之间流浪、摘啤酒花的生活。两层之间的衔接极为生硬、充满戏剧性：在某日睡醒后，多萝茜毫无缘由地失忆且身无分文地倒在伦敦的街上，而在经历了种种潦倒生活后，她又十分偶然地恢复了记忆并且重回父亲身边。这种过于刻意的、毫无耐心的情节突转，显然仅仅是为了容纳奥威尔伦敦底层生活中的种种见闻而设的。

以奥威尔 20 世纪 30 年代的创作为参照，可以显影出一些在阅读《一九八四》时易被忽略的问题。首先，尽管在《一九八四》中，奥威尔并未贯彻他早期作品中有意选择的自然主义风格，而是虚构了一个荒诞而黯淡的未来世界，但是与其他作品相似，《一九八四》的想象来源也与奥威尔的经验有明显的相关性。不过，正如多伊彻指出的那样，这种相关性并非如很多批评者所认为的那样仅仅是某一现实政权的直接投射，或者是对斯大林的简单控诉，而是具有十分驳杂和含混的内容，糅合了奥威尔在三四十年代的诸多经验，这些经验同样转化为自然主义式的细节填充在作品中。如"新话"或许是对英美新闻业的"电报略语"（cablese）的讽刺，而小说中虚构的国家也混杂着苏联和英国工党等成分，"就像每一场噩梦一样，奥威尔眼中的怪物，是由许多种熟悉或不熟悉的面孔、特征和形状构成"①。其次,尽管《一九八四》诞生于历史转折点,但这并不意味着奥威尔的思想与写作会因此毫无凝滞地断裂与突转。在冷战初期围绕着《一九八四》的讨论中,曾有一些批评声音困惑于奥威尔前后的矛盾,尝试将他作为一个整体进行把握,以此来对抗冷战式的简单立场选择,恢复奥威尔作为文化现象的复杂性。可以看到,奥威尔较早期的写作提供了一条重要的线索,特别是出版于20世纪30年代的四部成就与影响力并不突出的小说,其较为模式化的叙事结构、视角与人物,与《一九八四》存在某种内在的互文性,提示着后者更为具体的现实语境。

经由冷战历史,《一九八四》凝成了一个极具辨识性的时代隐喻,将19世纪的社会理想与20世纪的失败实践扭结起来,启发着一种借未来讽喻现实的独特方式,即此后被称为"反乌托邦"的叙事类型。但与此同时,《一九八四》与奥威尔作为作家个体的关联变得简单和浅显,作家的矛盾、犹豫和选择及其背后的多重历史地层被削减和抽象化了。因此,笔者认为,重新将对《一九八四》的讨论放置到奥威尔贯穿20世纪三四十年代的多重文体实践中,并重读冷战早期试图解释奥威尔悖论的左翼批评声音,是抵达奥威尔所处的时代困境、恢复《一九八四》这个"噩梦般的怪物"的复杂性的重要路径。

可以看到,《一九八四》在冷战早期引发的关注中,影响较大的是伊萨克·多伊彻《"1984"——残暴的神秘》的发表以及它所引发的英国左翼知识分子的回应,如詹姆斯·沃尔什(James Walsh)的《乔治·奥威尔》(*George Orwell*)以及雷蒙德·威廉斯(Raymond Henry Williams)的《文

---

① Issac Deutscher, "1984—The Mysticism of Cruelty", in *Heretics and Renegades*, Indianapolis and New York: The Bobbs-Merrill Company, 1969, p.43.

化与社会》中的"奥威尔"一节等,这些讨论深化了对奥威尔的反思。在1973年出版的《奥威尔》(Orwell)中,威廉斯进一步拓展了对奥威尔的讨论,尽管这种尝试在冷战的语境中引发了一定的质疑和不解。同样,特里·伊格尔顿(Terry Eagleton)在其出版于1970年的著作《流放者与流亡者:现代文学研究》(Exiles and Émigrés: Studies in Modern Literature)一书中也延续了威廉斯的研究框架,将奥威尔放置在20世纪上半叶英国文学发展中加以讨论。在笔者看来,重返这些对话或许可以在一定程度上显影奥威尔的复杂与悖谬,进而推进对奥威尔及其历史债务的理解。

二、理性主义的困境:冷战初期左翼视野中的《一九八四》

《一九八四》出版后不久,多伊彻便关注到其引发的阅读热潮,并警觉到它在冷战中的政治效力。但是,与奥威尔同为《观察家报》驻德国的记者甚至曾共处一室[1]的多伊彻,也分享着和他相似的时代压力,因而并没有简单认同那种判定《一九八四》仅仅是"政治恐怖漫画"[2]的论断,认为奥威尔的小说在思想和情感上都更复杂一些,只不过,奥威尔的"无边的绝望"[3]击溃了他希望提出的警示,使之最终简单化为了一声尖叫。值得注意的是,更令多伊彻关切的是这种绝望的肇因,他指出症结在于奥威尔"对政

---

[1] Issac Deutscher, "1984—The Mysticism of Cruelty", in *Heretics and Renegades*, Indianapolis and New York: The Bobbs-Merrill Company, 1969, p.48.

[2] Issac Deutscher, "1984—The Mysticism of Cruelty", in *Heretics and Renegades*, Indianapolis and New York: The Bobbs-Merrill Company, 1969, p.36.

[3] Issac Deutscher, "1984—The Mysticism of Cruelty", in *Heretics and Renegades*, Indianapolis and New York: The Bobbs-Merrill Company, 1969, p.49.

治缺乏历史感和理论洞察力"[①]：比如，《一九八四》中三种力量的制衡产生的利益分配与权力集中，映射着奥威尔经历"二战"之后对阴谋论的敏感，以及对雅尔塔会议的悲观情绪。再如，奥威尔"如大多数英国社会主义者一样"，并没有真正获得马克思主义的视野，"唯物辩证法对于他来说太深奥了"[②]，而仅仅是凭借着社会良知与理性来进行判断。因此，他既不能充分理解自己的处境，又无法安于舒适的、自我欺骗的思想，只能绝望地陷于一种"令人尊敬的困扰"[③]，如同《一九八四》中温斯顿·史密斯所言，"我懂得方法：我不懂得原因"[④]。在这个意义上，多伊彻敏锐地指出了被冷战放大了影响的《一九八四》的真正危害——一种"残暴的神秘"取代了严肃和深入的思考，"这尖叫被我们时代的'大众媒介'所放大，吓坏了千百万人。然而这并没有帮助他们更好地理解世界所要解决的问题"[⑤]，亦即，在核威胁带来的恐惧氛围中，人们避而不谈面对的人类命运，却将愤怒与绝望发泄在《一九八四》所提供的那个怪物兼替罪羊（Bogy-cum-Scapegoat）身上。[⑥]

多伊彻的批评很快引发了左翼知识分子的回应：1956 年 1 月号的《马克思主义季刊》（*Marxist Quarterly*）上刊载了一篇题名为《乔治·奥威尔》

---

① Issac Deutscher, "1984—The Mysticism of Cruelty", in *Heretics and Renegades*, Indianapolis and New York: The Bobbs-Merrill Company, 1969, p.48.

② Issac Deutscher, "1984—The Mysticism of Cruelty", in *Heretics and Renegades*, Indianapolis and New York: The Bobbs-Merrill Company, 1969, pp.44-45.

③ Issac Deutscher, "1984—The Mysticism of Cruelty", in *Heretics and Renegades*, Indianapolis and New York: The Bobbs-Merrill Company, 1969, p.45.

④ [英]乔治·奥威尔：《一九八四·动物农场》，董乐山、傅惟慈译，上海译文出版社 2003 年版，第 79 页。

⑤ Issac Deutscher, "1984—The Mysticism of Cruelty", in *Heretics and Renegades*, Indianapolis and New York: The Bobbs-Merrill Company, 1969, p.49.

⑥ Issac Deutscher, "1984—The Mysticism of Cruelty", in *Heretics and Renegades*, Indianapolis and New York: The Bobbs-Merrill Company, 1969, p.50.

的文章，作者沃尔什直接引述了《"1984"——残暴的神秘》中的大量观点和论证，如《一九八四》对扎米亚京的《我们》的借鉴、在冷战中充当意识形态武器的负面影响、奥威尔的视野局限，等等。但是，沃尔什借此引向了更为直接的结论和严厉的批评，将奥威尔式的绝望与幻灭判定为小资产阶级（petit-bourgeoisie）的傲慢与无知——这个群体"夹在资产阶级与工人阶级之间，把我们社会的丑恶人性发挥到了顶点"[1]。在此基调上，他批评《动物农庄》的政治讽喻一方面显示了对无产阶级的不信任和侮辱，认为他们没有能力分辨对错，因而"无法进行统治"[2]；另一方面则通过领导者的无耻将一般意义上的政治污名化，"人们从他们的资本主义经验中得知政治是一场肮脏的游戏，而《动物农庄》让这场游戏更脏了"[3]。这种"对人民、对工人阶级、对共产主义的无知"[4]在《一九八四》中更为清晰，如奥勃良对温斯顿的规训意在说明"在有技巧的宣传中，普通人十足愚蠢、十足软弱，以至于要拒绝自己的经验、不相信自己的眼睛"[5]。

沃尔什的批评代表着冷战时期一类来自左翼的批评立场，对比多伊彻的文章可以看到，尽管分享着相似的判断，但是前者较为急躁和刻板，以单薄的审判与否定代替对文本和语境的细察。然而，这也引起了另一些左翼批评家的不满与警惕。在1958年出版的《文化与社会》中，威廉斯多次引用沃尔什的文章，明确指出"这种苛责既傲慢又粗鲁"[6]，"不能简单地用某些阶

---

[1] James Walsh, "George Orwell", *Marxist Quarterly*, 3, 1956, p.26.
[2] James Walsh, "George Orwell", *Marxist Quarterly*, 3, 1956, p.32.
[3] James Walsh, "George Orwell", *Marxist Quarterly*, 3, 1956, p.32.
[4] James Walsh, "George Orwell", *Marxist Quarterly*, 3, 1956, p.33.
[5] James Walsh, "George Orwell", *Marxist Quarterly*, 3, 1956, p.34.
[6] [英]雷蒙·威廉斯：《文化与社会：1780—1950》，高晓玲译，吉林出版集团有限责任公司2011年版，第310页。

级原罪来诠释一个人"①。在威廉斯看来，对于奥威尔个人的审判与嘲讽并不能提供一种有效的解释路径，与此相比，更重要的是如何理解作为文化征候的奥威尔：在埃里克·布莱尔（Eric Blair，奥威尔的原名）选择成为"奥威尔"后，他便逐渐变为一个特定的形象，携带着一种不断被人借用的写作样式、介入态度和生活方式。②真正令威廉斯感兴趣的，恰是"巨大膨胀的奥威尔形象"这样一个被时代塑成的、承载着特定情感结构的文化表征："在1950年代的英国，沿着你前进的每一条道路，奥威尔的形象似乎都在那里静候。如果你尝试发展一种新的大众文化分析，奥威尔在那里；如果你想要记录工作或者日常生活，奥威尔在那里；如果你参与了对任何一种社会主义的论证，一个巨大膨胀的奥威尔形象在那里向你发出回头的警告。"③因此，尽管经受着重重的误解，威廉斯仍旧试图声明，他希望讨论的"不是奥威尔的书写，而是什么书写了奥威尔"④。

三、"文化与社会"框架下的奥威尔研究

值得注意的是，威廉斯对奥威尔的关注并未止于短暂的论争，而是此后一再地尝试阐释奥威尔的复杂与矛盾，特别是他在1973年出版的专著《奥威尔》，整体性地讨论了奥威尔的生平与创作，在某种程度上是《文化与社会》中"奥威尔"一节的拓展与深化。可以看到，"悖论"（paradox）始终

---

① ［英］雷蒙·威廉斯：《文化与社会：1780—1950》，高晓玲译，吉林出版集团有限责任公司2011年版，第308页。
② Raymond Williams, *Orwell*, London: Collins & Co., Ltd, 1971, p.85.
③ ［英］雷蒙德·威廉斯：《政治与文学》，樊柯、王卫芬译，河南大学出版社2010年版，第398页。
④ ［英］雷蒙德·威廉斯：《政治与文学》，樊柯、王卫芬译，河南大学出版社2010年版，第403页。

是威廉斯描述奥威尔的关键词，他以其重重内在矛盾作为思考的起点：在写作上，奥威尔批评语言滥用现象，但"他自己却实践了对语言的几种主要的和典型的滥用"①；他强调经验，以客观详尽记录自己在西班牙、威根码头、伦敦和巴黎下层的真实体验著称，但也常常"犯下貌似有理实则徒有其表的过分概括化毛病"②；他的文学趣味较为复杂，对詹姆斯·乔伊斯（James Joyce）等当代作家十分推崇，在实际写作中却一直偏好现实主义式的风格；③在政治信念上，他信仰社会主义却又对其进行了"严厉苛责的批评"，同时，他相信平等，却"在晚期作品中假设了一种天生的不平等和无可逃避的阶级差别"④。在威廉斯看来，奥威尔的悖论性令人难以整体性地理解其思想与写作，但这并不能简单归因于作家个体的智力或道德，相反，这或许提示着某种仍未消散的历史压力，即"一种特定的历史重压，一种特定的反应模式和那些需要回应的失败"⑤。那么，理解奥威尔的悖论性，在某种程度上也是理解这种历史压力的路径。

威廉斯强调，奥威尔的悖论性首先来自他始终对抗着自己所受到的教育与所处的阶级，"不断寻找新的社会身份认同"⑥。他在缅甸担任皇家印度警察部队的警官，但很快因憎恶帝国主义的恶劣行径而辞职离开缅甸；在巴黎和伦敦有一段采啤酒花、酒店后厨帮工的落魄经历；为了记录矿工生活而深

---

① ［英］雷蒙·威廉斯：《文化与社会：1780—1950》，高晓玲译，吉林出版集团有限责任公司2011年版，第301页。
② ［英］雷蒙·威廉斯：《文化与社会：1780—1950》，高晓玲译，吉林出版集团有限责任公司2011年版，第301页。
③ Raymond Williams, *Orwell*, London: Collins & Co., Ltd., 1971, p.38.
④ ［英］雷蒙·威廉斯：《文化与社会：1780—1950》，高晓玲译，吉林出版集团有限责任公司2011年版，第301页。
⑤ Raymond Williams, *Orwell*, London: Collins & Co., Ltd., 1971, p.87.
⑥ Raymond Williams, *Orwell*, London: Collins & Co., Ltd., 1971, p.88.

入威根码头；奔赴西班牙参加反法西斯战争……奥威尔始终不安于自己的既定阶层，尝试身体性地介入被奴役和剥削的底层生活之中，以直接经验作为素材书写和记录。在威廉斯看来，甚至他选择写作本身也是一种突围的尝试，因为"对于奥威尔的年代与所属阶层来说，写作是可疑的""不切实际的"，而成为一个"写作者"（writer）——仅仅写作而不是以事业或者商业成功为目的的作家（author）——则多少意味着"脱离社会生活"[1]，故此，写作"在一定意义上，也是一种突围的可能"[2]。这种对弱势社会群体的关注，对既定角色的拒绝，对所谓的成功的摒弃，文章中自我剖白的直率与坦诚，使奥威尔形象获得了"冷峻的良心"[3]的指认。但是对于威廉斯来说，更重要的是奥威尔与其同时代人（如奥尔德斯·赫胥黎、W.H.奥登、格雷厄姆·格林等）所共享的某种情感结构。这种情感结构比约翰·济慈（John Keats）所说的"消极能力"（negative capability）更为"尖锐且狭窄"，意指"通过不断变化的拒绝来体认到他者的生活，特别是他者的信念、态度和情绪"。[4]虽然这种"冷峻"或许也携带着某种冷漠，对他者的体认带有抽象性和局限性，但是它也让奥威尔不再仅仅是一个"消极形象"，而是带有清晰社会意图的积极介入者，他"步入那个决定了他的历史中心，从而有可能获得另外的经验和决定性"[5]。

其次，20世纪三四十年代的欧洲历史语境同样是奥威尔悖论的重要成因。威廉斯指出，在30年代的萧条中，资本主义民主和法西斯之间的共谋是清晰的，它不可能用于对抗法西斯主义、消除贫穷和解放殖民地。然而在

---

[1] Raymond Williams, *Orwell*, London: Collins & Co., Ltd., 1971, p.31.
[2] Raymond Williams, *Orwell*, London: Collins & Co., Ltd., 1971, p.40.
[3] [美]杰弗里·迈耶斯：《奥威尔传：冷峻的良心》，孙仲旭译，新星出版社2016年版。
[4] Raymond Williams, *Orwell*, London: Collins & Co., Ltd., 1971, p.89.
[5] Raymond Williams, *Orwell*, London: Collins & Co., Ltd., 1971, p.90.

几年后，1939 年的《苏德互不侵犯条约》以及反法西斯战争的爆发，使得资本主义民主成为奥威尔及与他同处境者们仅剩的政治选择——它恰恰处在"超越了旧的矛盾和幻想"而"新的矛盾和幻想仍不可觉察"的时期。[1] 在这一过程中，尤其是冷战中对于共产主义的敌意使得"民主"的概念被进一步抽离了具体语境，与"资本主义"的想象性结合得越来越紧密，而帝国主义的后果则日益被忽视。相对于欧洲其他国家，这一情况在英国尤甚——它在历史上"未因旧秩序与法西斯主义的勾结而进行过必要的抵抗"[2]，对资本主义民主仍然葆有期待。在这个历史齿轮咬合的时刻，奥威尔及其创作恰好出现，应和并且强化了这种联结，而他身份认同的丧失、信念的幻灭也成为重重政治矛盾之下具有代表性的知识分子命运。[3]

可以看到，相对于沃尔什，威廉斯对奥威尔抱持着某种有保留的同情，如在结尾处肯定了奥威尔的"直率、能量和介入的意愿"以及一种"必要的强硬"，认为"我们应该阅读他的作品和他的历史，但不模仿他"，通过他带着"对一段历史的尊重和记忆前行"。[4] 威廉斯借由对"悖论"的强调，一方面摆脱了对奥威尔进行道德或政治立场判定的常见批评导向，另一方面也尝试反思"时代压力"。不过，他的努力似乎反而引发了误解和质疑：几年之后《新左派评论》的访谈中，围绕如何看待奥威尔有过一段有趣的辩论。采访者质疑威廉斯对奥威尔发出的同情，坚持奥威尔"总体影响基本上是非常反动的"，因为一方面他助长了冷战时期的反共产主义情绪，另一方面他在"二战"时从"一个革命的社会主义者"转向了"一个纯粹的爱国主义者"，而这种转变并不能由他的个人遭际所解释，因为其很多同时代人"并

---

[1] Raymond Williams, *Orwell*, London: Collins & Co., Ltd., 1971, p.91.
[2] Raymond Williams, *Orwell*, London: Collins & Co., Ltd., 1971, p.92.
[3] Raymond Williams, *Orwell*, London: Collins & Co., Ltd., 1971, p.94.
[4] Raymond Williams, *Orwell*, London: Collins & Co., Ltd., 1971, p.94.

未如此轻易转变立场"。① 在回应中，威廉斯不断重述此前的讨论，说明自己真正想回答的是究竟什么书写了奥威尔的问题。最终他承认特别是《一九八四》"十分武断和不适当地把丑陋与仇恨投射到革命或者政治变革的困难之上，似乎开启了一个真正颓废的资产阶级写作时期，人类的整体状况在这种作品中被简化了"，而《奥威尔》一书是他"由表示怀疑的尊重所构成的某种认识"的"最后的舞台"。② 尽管如此，威廉斯的态度仍然带有含混之处：在政治立场与是否真诚的人格问题上，他与采访者有一定的共识，对奥威尔从同情偏向了否定；然而，在历史性地理解奥威尔形象，以此来触碰奥威尔及其同时代人所具有的情感结构上，威廉斯的认识并未发生实质性的改变。事实上，采访者因憎恶而论断的"《1984》在1984年将会成为古董"③ 并未发生，与此相对，《一九八四》在冷战结束后的几十年中被一再重读，与更为复杂和多元的现实语境相耦合。

值得注意的是，伊格尔顿在其出版于1970年的著作《流放者与流亡者：现代文学研究》中，延续了威廉斯的研究框架，并将奥威尔放置在20世纪英语文学中进行讨论。伊格尔顿选择了"社会阶层"的切入视角，认为正是20世纪的作家所选取的社会态度，使他们不能像19世纪的重要作家那样把个人的具体生活融入文化整体。④ 由此，他区分了两个不同的作家群体，其一是上层阶级（upper-class），以福斯特、弗吉尼亚·伍尔夫等为代表，受

---

① ［英］雷蒙德·威廉斯：《政治与文学》，樊柯、王卫芬译，河南大学出版社2010年版，第399—400页。
② ［英］雷蒙德·威廉斯：《政治与文学》，樊柯、王卫芬译，河南大学出版社2010年版，第407—408页。
③ ［英］雷蒙德·威廉斯：《政治与文学》，樊柯、王卫芬译，河南大学出版社2010年版，第401页。
④ Terry Eagleton, *Exiles and Émigrés: Studies in Modern Literature*, London: Chatto & Windus, 1970, p.12.

过较好的教育，聚焦在某些"尖锐但有限的、经严格筛选的特定生活和价值"上，对伦理学、美学、形而上学感兴趣，基本意识形态为自由主义；其二是中产阶级下层（lower middle-class），以萧伯纳、威尔斯等为代表，强调自然主义，以琐碎细节和冷峻笔调书写"生活原貌"，热衷谈论科学、政治和社会组织形态，基本意识形态是费边主义。两者都对主流正统观念有对抗性，前者致力于对抗平庸，后者则通过暴露社会现实攻击伪善的资产阶级习俗。而且，两者对他们所共同批判的社会，既无法认同也无法超越。①

在伊格尔顿的区分中，奥威尔写作时间晚于威尔斯等，但同属于中产阶级下层作家序列：虽然曾经就读于伊顿公学，但他始终无法融入，厌弃它所代表的主流社会地位，同时，对工人阶级有某种抽象的赞赏，但也无法真正委以信任；虽然文学趣味较为多元，对亨利·米勒、詹姆斯·乔伊斯等都颇为推崇，但他写作时着意选择了更为朴素的自然主义创作风格，其20世纪30年代作品以冷峻、敏锐地描写社会下层现实细节著称。为何奥威尔选择了这样的写作风格？在威廉斯看来，这是文化趋向变化的结果——有别于20年代对形式和语言的强调，奥威尔选择成为强调内容和经验的"社会意识作家"，是因为"30年代的苦涩之处在于没有一个正派人能够免于暴露在社会与政治的现实之中"②。而在伊格尔顿的阐释中，这个选择与奥威尔自身的阶级属性更为相关。他将奥威尔放置在"英国自然主义"的创作脉络中，认为不同于欧洲自然主义普遍"用暴露社会潜在真实的方式冲击虚伪的社会规则与美学规则"，19世纪晚期开始出现的英国自然主义仅仅是"略带激进

---

① Terry Eagleton, *Exiles and Émigrés: Studies in Modern Literature*, London: Chatto & Windus, 1970, pp.13–14.
② Raymond Williams, *Orwell*, London: Collins & Co., Ltd., 1971, pp.32–33.

色彩的社会现实主义"，缺乏前者所具有的"对社会的系统批判"。[①] 它与其说是一种文学类型，不如说是与特定社会阶层的经验有关："英国自然主义小说在总体趋势上，诞生于中产阶级下层的缺乏安全感的脆弱状态中——他们痛苦地楔在工人阶级和社会主流阶级之间，对两者都无法认同。"[②] 因此，这类小说既拒绝当下的经验，也拒绝总体性的理解；既无法完全接受社会，也无法彻底抛弃它；既批判日常生活，也批判其可能的替代方案，最终仅仅剩下了一种幻灭感。[③] 这种悖谬与幻灭尤为清晰地呈现在奥威尔的《一九八四》当中。

四、流放者的悖论：作为时代征候的奥威尔形象

威廉斯与伊格尔顿所提供的文化与社会的坐标系，令奥威尔看上去风格迥异的20世纪30年代自然主义小说与40年代政治寓言小说之间，显现出了某种内在一致性，从而勾勒出一种未被冷战固定下来的理解《一九八四》的路径。其中，一个较为关键的叙事要素是威廉斯所谓的"奥威尔形象"（Orwell figure），或伊格尔顿的"典型中产阶级下层主角"（the archetypal lower middle–class hero）[④]：在奥威尔小说中，一个处于中产阶级下层的、有着作者生命印记的角色，清醒地意识到自己的处境与周围环境格格不入，做

---

① Terry Eagleton, *Exiles and Émigrés: Studies in Modern Literature*, London: Chatto & Windus, 1970, pp.71–72.
② Terry Eagleton, *Exiles and Émigrés: Studies in Modern Literature*, London: Chatto & Windus, 1970, p.72.
③ Terry Eagleton, *Exiles and Émigrés: Studies in Modern Literature*, London: Chatto & Windus, 1970, p.107.
④ Terry Eagleton, *Exiles and Émigrés: Studies in Modern Literature*, London: Chatto & Windus, 1970, p.76.

出种种逃离的努力，但最终失败而回归原来的生活，这成为被重复书写的情节模式。例如，《缅甸岁月》中，英国木材商人弗罗利在缅甸被夹在彼此隔绝的殖民者和当地人中间，处境尴尬。他已在缅甸生活十年，虽然渴望回到英国，但又无法认同那些欧洲人俱乐部中傲慢短视的白人，因此受到排挤；他对当地人有亲近友好的愿望，却在交往中无法摆脱英国人的身份——医生朋友希冀他的帮助，而地方法官吴柏金则视他为障碍。在几次尝试突破壁垒的努力——选举医生为俱乐部成员、改变女友伊丽莎白的偏见等——均遭失败后，他最终在失意和绝望中开枪自杀。小说浸满了对欧洲殖民者的厌恶，而集中体现着奥威尔"自我厌憎的罪恶感和犹疑不定"[1]的弗罗利，不得不处身在焦躁、内疚和无力中，"那时候我已经知道帝国主义邪恶透顶，一心只希望尽快摆脱这份工作"[2]，"我只知道我仇恨我所服务的大英帝国，又痛恨那些不怀好意的缅甸家伙"[3]。这种内疚和无力感让奥威尔很快离开缅甸，但又在此后持续影响着他，生活上促使他舍弃舒适、不断在苦行中赎罪，在写作上则凝成了他小说中反复出现的对抗与失败。

《缅甸岁月》式的挣扎与无望在此后的小说中延续下来：《让叶兰继续飘扬》中的广告公司文员戈登困于生活的窘迫，为了完成长诗《伦敦之乐》的创作，他决心辞职，改在一家小书店中做店员。然而进一步缩减的资费使他更无法专心写作，无望而乏味的挣扎求存最终耗尽了他的热情——在得知女友意外怀孕后，他放弃了抵抗，重新接受了广告公司小职员的卑微工作。同

---

[1] Terry Eagleton, *Exiles and Émigrés: Studies in Modern Literature*, London: Chatto & Windus, 1970, p.82.
[2] [英] 乔治·奥威尔：《射象》，载《奥威尔杂文全集》（下），陈超译，上海译文出版社2018年版，第757页。
[3] [英] 乔治·奥威尔：《射象》，载《奥威尔杂文全集》（下），陈超译，上海译文出版社2018年版，第758页。

样,《上来透口气》中的"我"厌烦了看似稳定实则乏味的中年生活,渴望童年曾经瞥见的隐秘而丰饶的池塘。一次彩票中奖让"我"的生活有了一次喘息的机会,得以偷闲离开家庭与工作,计划回到记忆中的池塘中钓鱼。然而"我"最终发现故土早已物是人非,只得在疲惫和幻灭中再度返回了自己的生活。《动物农庄》是唯一一部缺失了"奥威尔形象"的小说,但威廉斯指出其中也包含着一个相似的集体形象,即那群"解放了自己却又在暴力和欺骗中重新被奴役"[1]的动物们。而个人化的主观意图的缺失,也令《动物农庄》更为简单化、更为直接地显现出奥威尔形象的功能。[2]

这些角色相似的脱轨历程,叠合成"奥威尔形象"的重要特质。他们重述着一场场相似的抵抗,但是又坦率地记录着一次次抵抗的无力与失败。威廉斯将其命名为"流放者的悖论":它来自一种英国传统,即"摈弃了那些世代相传的稳定生活方式或信仰",选择"随遇而安的生活、独立自主的主张"。[3]这种立场因为缺乏"实质性的共同体",因而显得十分脆弱,态度强硬却又深感无力。在这里,威廉斯区分了"流放"(exile)和"流浪"(vagrancy)——"流放通常有个原则(principle),而流浪一般只有松懈(relaxation)"。当奥威尔是个流浪者的时候,他以记者的敏锐提供了有洞察力的报道,而当他选择了"社会主义"作为支撑他的原则时,他从流浪者转向了流放者。不过,流放者的立场也让他无法信任任何一种社会形态,"只能求助于一种原子式的社会概念",而对社会主义的选择也并没有经过深入的理解和思考,只是出于某种朴素信念——"为那些可以避免或补救的穷困疾苦所触动,他深信补救的措施关涉各种社会手段,涉及信念、结社,甚至

---

[1] Raymond Williams, *Orwell*, London: Collins & Co., Ltd., 1971, p.73.
[2] Raymond Williams, *Orwell*, London: Collins & Co., Ltd., 1971, p.70.
[3] [英]雷蒙·威廉斯:《文化与社会:1780—1950》,高晓玲译,吉林出版集团有限责任公司2011年版,第305页。

有时候他相信自己也应该投入其中"。①

"流放"同样是伊格尔顿《流放者与流亡者》中的关键词之一，提示着20世纪英国文学的重要线索："除了D.H.劳伦斯以外，现代英国文学的最高成就一度为外来者与侨居异地者所占据——康拉德、詹姆斯、艾略特、庞德、叶慈、乔伊斯。"②而劳伦斯的工人阶级经验，也让他在以当地人身份熟知英国真正的问题之外，获得了外来者的批判视域。③对于伊格尔顿而言，英国文化在两次世界大战期间受到根本性冲击，而或许正是文化内部出现的异质成分——如英国化的马克思主义——促发了此时的文学与艺术创作，也就是说在这个时期，"伟大的艺术并非产生于某种简单的、可能的替代性选择，而是产生于记忆和真实、潜在和实存、整合与剥夺、流放与投身其中之间微妙复杂的张力之中"④。如前所述，奥威尔的每一部小说都浸润着这种张力，放逐/自我放逐的主角的经历将之具象化。在写作于"二战"前的四部自然主义小说中，可以看到一种逐渐"失控"的趋势：在《缅甸岁月》和《牧师的女儿》中那种琐碎但精确的社会现实细节，逐渐让位给了抽象概括与修辞性的描写，而作者和角色之间的批判距离也在逐渐缩减，角色在某种意义上成为作家政治与社会理念的传声筒，也越来越清晰地映射出中产阶级下层游移在社会主流内外的困境，即"太清楚自身的贫困，无法赞同那些保守正统观念或是激进的不同意见中脱离现实的种种教条，又太明白自身的挫

---

① [英]雷蒙·威廉斯：《文化与社会：1780—1950》，高晓玲译，吉林出版集团有限责任公司2011年版，第307页。

② Terry Eagleton, *Exiles and Émigrés: Studies in Modern Literature*, London: Chatto & Windus, 1970, p.9.

③ Terry Eagleton, *Exiles and Émigrés: Studies in Modern Literature*, London: Chatto & Windus, 1970, p.17.

④ Terry Eagleton, *Exiles and Émigrés: Studies in Modern Literature*, London: Chatto & Windus, 1970, p.18.

败，无法不加思考地承认他这个角色恰是那个令人厌恶的环境所塑成的"[1]。或许可以说，《一九八四》正是这个抽象化过程的结果：小说中社会的种种细节想象来自奥威尔不同生命阶段经验的拼贴，而"未来"的时间指向也凸显了其虚构和抽象的特征。相应的，温斯顿·史密斯无疑是一个更为清晰的奥威尔形象：他处于社会的中层，既清醒意识到种种规则与制度的问题，试图"自我流放"，但又绝望于秩序的不可更动，最终落回现实；被代表着"上层"的奥勃良背叛、落入后者设下的陷阱，对"下层"无产者有着某种模糊而抽象的希冀——"如果有希望的话，希望一定在无产者身上"[2]——却无法言明这种希望以什么方式实现、无产者以什么形式组织起来。

威廉斯和伊格尔顿所选择的批评视角，将奥威尔显影为一个活跃在"二战"前后英国历史场景中的、充满"悖论"的"流放者"。相对于冷战中立场鲜明的"自由主义斗士"或是"傲慢的小资产阶级"的标签，"流放者"更为清晰地提示着一种20世纪历史中难以挣脱的知识分子困境。在某种意义上，这种困境也构成了以《一九八四》为代表的反乌托邦文学类型的重要叙事动力。面对化装成未来反乌托邦的现实社会，这些无法安置自身的流放者以拒绝作为自己的唯一立场，他们既显现出介入现实的勇气又对现实充满幻灭感；既批判当下的社会形态与日常经验，又无法想象另类选择或提出总体性的理解。他们分享着某种充满否定性的信念，一如《一九八四》中的温斯顿所说："他是个孤独的鬼魂，说了一句没有人会听到的真话。但是只要他说出来了，不知怎么的，连续性就没有打断。不是由于你的话有人听到

---

[1] Terry Eagleton, *Exiles and Émigrés: Studies in Modern Literature*, London: Chatto & Windus, 1970, p.107.

[2] ［英］乔治·奥威尔:《一九八四·动物农场》，董乐山、傅惟慈译，上海译文出版社2003年版，第70页。

了，而是由于你还保持清醒的理智，你就继承了人类的传统。"[1] 这或者也正是反乌托邦小说在 20 世纪的独特生命力：它负载着在历史重压下充满张力和悖论的特定情感结构，并且提供了一种书写否定性历史经验的途径。

［本文系国家社会科学基金后期资助项目"20 世纪英语世界的反乌托邦叙事研究"（编号：19FWWB021）的阶段性成果］

（原载《文艺理论与批评》2023 年第 2 期）

---

[1] ［英］乔治·奥威尔：《一九八四·动物农场》，董乐山、傅惟慈译，上海译文出版社 2003 年版，第 29—30 页。

《边乡》的起点与终点
——对雷蒙·威廉斯"感觉结构"的考古

骈 曼

中国社会科学院大学外国语学院

1987年,雷蒙·威廉斯(Raymond Henry Williams)接受特里·伊格尔顿(Terry Eagleton)的采访,当时他正在创作一部关于"长时段的历史运动在威尔士的一个特别的地方发生和流动、名为《黑山人》(People of the Black Mountains)的历史小说"[①]。当被问及"经过如此漫长的斗争后是否有幻灭感"时,他给出了"幻灭,一点也不;失望,倒是当然"[②]的答案。事实上,与突然遭遇1956年危机的英国左派知识分子不同,雷蒙·威廉斯的精神危机来得更早些,如他所言,"我的确曾被早年的期待狠狠抛弃过,作为一个年轻人,一名战场上的军人,1947年的事件后,我甚至持续了一两

[①] Raymond Williams and Terry Eagleton, "The Politics of Hope", in Terry Eagleton ed., *Raymond Williams: Critical Perspectives*, Cambridge: Polity Press, 1989, p.183.

[②] Raymond Williams and Terry Eagleton, "The Politics of Hope", in Terry Eagleton ed., *Raymond Williams: Critical Perspectives*, Cambridge: Polity Press, 1989, p.176.

年的某种退却"①。然而，这种退却并非政治立场的倒退，而是一种旨在以退为进的重返与超越。其间，他尝试使用第三人称视角讲述父辈在威尔士乡村的生活和斗争经验，以期"找出一种截然不同的智识计划，也涉及思考一个不同的政治计划该是怎样的想法"②。这项旨在超越的重返历程以自传体小说《边乡》（*Border Country*）的形式虚构性地再现了他和父辈记忆中的"边乡"图景，并基于雷蒙·威廉斯本人的情感经验提出了用于丈量过去从而面向未来的感觉结构这一理论的雏形。"边乡"是雷蒙·威廉斯情感结构的来源，更是连接个人与社会、边缘与中心、乡村与城市的不可或缺的纽带。

一、"一个紧要的地方"

"我出生于潘迪，一个农业主导的村庄，它具有典型的威尔士乡村结构……我的父亲是铁路信号员"③，雷蒙·威廉斯常常像这样以"边乡"铁路工人家庭的出身来介绍自己。1939年，凭借优异的成绩和当地语法学校校长的推荐，雷蒙·威廉斯获得了学校、乡镇以及国家共计每年162英镑10先令的奖学金④和前往剑桥大学三一学院学习的资格。⑤此时的剑桥大学，

---

① Raymond Williams and Terry Eagleton, "The Politics of Hope", in Terry Eagleton ed., *Raymond Williams: Critical Perspectives*, Cambridge: Polity Press, 1989, p.177.
② Raymond Williams and Terry Eagleton, "The Politics of Hope", in Terry Eagleton ed., *Raymond Williams: Critical Perspectives*, Cambridge: Polity Press, 1989, p.177.
③ Raymond Williams, *Politics and Letters: Interviews with New Left Review*, London: Verso, 1981, p.21.
④ 其中国家奖学金每年100英镑，县政府奖学金10镑，语法学校给予其明星毕业生的奖金为每年52镑10先令，合计共162英镑10先令。参见Fred Inglis, *Raymond Williams*, London: Routledge, 1995, p.63.
⑤ 据说雷蒙·威廉斯事先并不知情，其父和校长因担心他落榜后失望并未告知考试缘由。当年该语法学校考得奖学金的共有7人，创历史新高。

左派知识分子活跃，校内的社会主义俱乐部具有很强的吸引力。雷蒙·威廉斯以其威尔士工人阶级家庭的出身以及早年对左派读书会和工人运动的热情，很快融入社会主义俱乐部并成为写作小组成员，还声称要加入"红色中最红"的左派学生团体。[1] 于是，入学第一年，他如愿加入了英国共产党，紧接着当上了《剑桥大学校报》的主编，因此身份还接待过包括托尼（R.H.Tawny）和中国大使等来剑桥大学访问的政界人士。这个来自"边乡"的"奖学金男孩"很快找到了属于自己的"圈子"，并未感到"格格不入"。

"令我感到压抑的不是大学而是茶馆"[2]，如他本人日后所言，来到剑桥后，雷蒙·威廉斯虽然找到了属于自己的小"圈子"，但他仍无法忽视那些簇拥在茶馆里令其感到"格格不入"的、"并不是很有学问"却总是在炫耀自己"懂点艺术"且"有教养的人们"。[3] "如果那叫文化的话，我们并不想要它，我们见过其他人生活。"[4] 雷蒙·威廉斯虽然对渗透进茶馆里的精英文化不屑一顾，但当时的他并不明白，更无法清晰表述他"不想要"的原因。在面对他的第二任导师——剑桥大学英语学位考试创始人之一的蒂利亚德（E. M. W. Tillyard）——的提问"那你为什么反对它呢？"[5] 时，他发现自己竟无法用规范的学术语言反驳他或论证自己的观点，蒂利亚德随即列出的作为学术探讨前提的一连串书单更令年轻的雷蒙·威廉斯恼火。他发现，在剑

---

[1] Raymond Williams, *Politics and Letters: Interviews with New Left Review*, London: Verso, 1981, p.41.

[2] Raymond Williams, "Culture is Ordinary" (1958), in Robin Gable ed., *Resources of Hope: Culture, Democracy, Socialism*, London: Verso, 1989, p.5.

[3] Raymond Williams, "Culture is Ordinary" (1958), in Robin Gable ed., *Resources of Hope: Culture, Democracy, Socialism*, London: Verso, 1989, p.5.

[4] Raymond Williams, "Culture is Ordinary" (1958), in Robin Gable ed., *Resources of Hope: Culture, Democracy, Socialism*, London: Verso, 1989, p.5.

[5] Raymond Williams, *Politics and Letters: Interviews with New Left Review*, London: Verso, 1981, p.52.

桥的学术辩论中，自己一直以来引以为傲的左派观点，在扎实的精英传统面前显得不堪一击，甚至无法自圆其说。"在我生命当中，我第一次开始用彻底怀疑的眼光审视自己"，他陷入"一种彻底的不理解和挫败感"。① 然而，接踵而至的征兵令打断了一切，还没来得及"审视"自己的雷蒙·威廉斯在草草应付了剑桥学位考试②的第一部分后便于1941年7月匆匆入伍。在剑桥的这前两年，雷蒙·威廉斯既体会了盛行于20世纪30年代英国知识分子左派中的激进氛围，又从学术层面开始察觉到这种思想的局限性，并将由此引发的矛盾和困惑归结为"个人危机"③。但同众多剑桥学子一样，他不得不将学业与个人危机暂时搁置，踏上了那个更为紧要的"二战"战场。

战争改变了很多事，却没能改变困扰雷蒙·威廉斯多年的"个人危机"。这一危机在他返回剑桥后重新浮现，"而这次我一定要恰如其分地把它做好"④。1945年，英国工党以微弱优势在大选中意外获胜，首相艾德礼（Clement Richard Attlee）任命的劳工大臣艾萨克（George Isaacs）应人民战后企盼与亲人团聚的呼声，宣布加快复员进程，并公布了在当年圣诞节前遣散150万军人的复员目标。⑤ 于是，本以为会继续在军中服役的雷蒙·威廉

---

① Raymond Williams, *Politics and Letters: Interviews with New Left Review*, London: Verso, 1981, p.52.
② Tripos，俗称"三角凳"考试，是剑桥大学本科学位考试，分三个部分，三部分全部通过后获得荣誉学位。雷蒙·威廉斯以一等的优异成绩通过了第一部分，而在其第二任导师蒂利亚德指导期间第二部分的考试仅得二等，关于该考试详见 R. D. Gooder, "What English Was", in *The Cambridge Quarterly*, Vol.34, No.3, 2005, pp.297-311。
③ Raymond Williams, *Politics and Letters: Interviews with New Left Review*, London: Verso, 1981, p.52.
④ Raymond Williams, *Politics and Letters: Interviews with New Left Review*, London: Verso, 1981, p.52.
⑤ Rex Pope, "British Demobilization after the Second World War", *Journal of Contemporary History*, Vol.34, No.3, 1995, pp.65-81.

斯被军事法庭认定为"B 级专业技术人员"后，受命于当年 10 月匆匆踏上了返回剑桥完成学业的旅程。此时的雷蒙·威廉斯是个 24 岁、未拿到学位也没有工作的人。他有家庭、妻女却自顾不暇，更无心经营家庭生活；他热心左派政治，却发现在新环境下自己无能为力，很难有所作为。"威廉斯被困在了太多路的尽头：战争、大学、学业、共产主义、回潘迪的路。"[1] 所幸，这一次，他找到了易卜生（Henrik Ibsen）。

> 在那种背景下，易卜生的某些主题对我产生了强烈的影响：对使命的坚持，对死亡的关注，以及这样的想法——在向一个目标前进的过程中，你从并非出于个人意愿或选择的环境中、阻碍使命的特质中积累力量。这些主题与我自己的关注点都有联系。我认为，就是从那时候起，一个相当不同的人格浮现了，十分不像早期的我。我变得更重质量，更加担忧，更加仔细，总是强调错综复杂和困难重重的重要性。[2]

在剑桥的后两年，雷蒙·威廉斯不仅从易卜生的戏剧中找到了在逆境中前进的精神力量——"抓住一个紧要的地方，不前进也不后退"[3]，而且还在剑桥英文系听到了当红学者利维斯（Frank Raymond Leavis）对日渐衰败的

---

[1] Fred Inglis, *Raymond Williams*, London: Routledge, 1995, p.98.
[2] Raymond Williams, *Politics and Letters: Interviews with New Left Review*, London: Verso, 1981, p.63.
[3] 出自易卜生《当我们死人醒来时》(*When We Are Dead Awaken*)，雷蒙·威廉斯在学位论文中引用了该句诗，并在访谈中提及此事。参见由其学位论文整理出版的著作 Raymond Williams, *Drama from Ibsen to Eliot*, London: Chatto and Windus, 1952, p.94 或 Raymond Williams, *Drama from Ibsen to Brecht*, New York: Oxford University Press, 1968, p.72 或访谈录 Raymond Williams, *Politics and Letters: Interviews with New Left Review*, London: Verso, 1981, pp.62-63。

英语文化的激进批判并获得启发，在一定程度上化解了困扰他多年的"个人危机"。从利维斯那里，雷蒙·威廉斯意识到"在古老的、主要从事农业的英格兰，存在着一种极具价值的传统文化"[1]。这种对于生存环境的自然回应，在英国向现代化工业国家的转型中，被其典型机构刻意地廉价化了，被"一种机械的粗俗"取代，仅在艺术与文学中幸存下来。利维斯认为只有通过教育，通过开发思考和感受的方式，才能使人们理解和维护这种"最细腻的个人价值"[2]。在利维斯分析莎士比亚戏剧中"社区"的概念时，雷蒙·威廉斯惊讶地找到了共鸣，他发现自己"古老的、主要从事农业生产的英格兰"出身才是他始终无法忍受大学茶馆里那种"机械的粗俗"但又难以用学术语言为自己辩护的"个人危机"的根源。而位于威尔士和英格兰交界、背靠黑山、以农业生产为主的家乡潘迪，也因此成为雷蒙·威廉斯心中那个仍然保存了"极具价值的传统文化"的"古老社会"，那个"紧要的地方"。

二、"边乡"

与利维斯观点相似，雷蒙·威廉斯将拯救文化颓势的希望寄托在以"实用批评"（practical criticism）为主要手段的文学与艺术教育上，但他并不完全认同利维斯主义者所持有的小资产阶级精英观。雷蒙·威廉斯坚信，尽管在整个资本主义的生产系统中"存在一种与实际的权力中心密切关联的英国

---

[1] Raymond Williams, "Culture is Ordinary" (1958), in Robin Gable ed., *Resources of Hope: Culture, Democracy, Socialism*, London: Verso, 1989, p.9.

[2] Raymond Williams, "Culture is Ordinary" (1958), in Robin Gable ed., *Resources of Hope: Culture, Democracy, Socialism*, London: Verso, 1989, p.9.

资产阶级文化"[1]，而工人阶级在其中一直处于边缘地位，但在他们中间确实"存在着一种独特的工人阶级的生活方式"[2]。如果说，利维斯让雷蒙·威廉斯看到了两种文化的鸿沟，肯定了存在着另一种区别于资产阶级精英文化、更有价值的传统文化，那么他在工人家庭的成长经验则进一步佐证了他的社会主义文化观："我认为，正如表现在伟大的工人阶级政治和工业机构里的这种生活方式——强调邻里关系、双向责任以及共同进益——才是未来英语社会的最佳基础。"[3] 在实用批评与英国传统的社会主义的双重影响之下，他将重建工人阶级文化自信的希望寄托在由工人教育协会（WEA，Workers Education Association）与各高校的校外培训部（Extra-mural Department）合作的成人教育上。于是，以一等荣誉的优异成绩[4]完成其余的学位考试后，虽然被三一学院给予200英镑的奖学金用以继续其研究生阶段的研究，雷蒙·威廉斯却决定就职旨在"从政治上进步的人士中培养社会主义者"[5]的牛津大学校外培训部，一方面试图在工人阶级中间通过讲授"实用批评"的方法，帮助其重新发现那种被战后形形色色的大众文化掩盖的"共同的文

---

[1] Raymond Williams, "Culture is Ordinary" (1958), in Robin Gable ed., *Resources of Hope: Culture, Democracy, Socialism*, London: Verso, 1989, p.7.
[2] Raymond Williams, "Culture is Ordinary" (1958), in Robin Gable ed., *Resources of Hope: Culture, Democracy, Socialism*, London: Verso, 1989, p.8.
[3] Raymond Williams, "Culture is Ordinary" (1958), in Robin Gable ed., *Resources of Hope: Culture, Democracy, Socialism*, London: Verso, 1989, p.8.
[4] Fred Inglis, *Raymond Williams*, London: Routledge, 1995, p.102.
[5] Fred Inglis, *Raymond Williams*, London: Routledge, 1995, p.107.

化"[1]；另一方面，他需要这份收入可观[2]的稳定工作供养一家四口。[3]此外，他还想像在剑桥的前两年那样，写小说、拍电影、办报刊，作为活跃的左派知识分子通过写作积极介入社会政治生活。基于社会主义理想和现实状况的双重考虑，1946 年，雷蒙·威廉斯在第二个孩子降生、顺利毕业并找到工作后，举家搬迁至他人生中的第二个"边乡"——英格兰南部沿海小镇希福德（Seaford）[4]，开始了他"几乎与世隔绝的情况下写作的十年"[5]。

"与世隔绝"并非雷蒙·威廉斯的初衷，他在离开剑桥时跟奥罗姆（Michael Orrom）约定要写剧本、拍电影，跟同为左派知识分子的曼科维茨（Wolf Mankowitz）和柯林斯（Clifford Collins）筹划着一本名为《政治与文学》（Politics and Letters）的杂志，意图将激进左派与利维斯式的文学批评结合起来。此外，他一直想写一本关于家乡潘迪的小说。但就在这一切似乎都朝着理想的方向前进的时候，1947 年工党政府的所作所为却给包括雷蒙·威廉斯在内的英国左派造成了沉重打击，更令他再一次陷入某种

---

[1] Raymond Williams, "The Idea of Common Culture" (1968), in Robin Gable ed., *Resources of Hope: Culture, Democracy, Socialism*, London: Verso, 1989, p.36.

[2] 根据 Oxford Delegacy file DES/F/10/13, Bodleian Library，合同期限为三年起，起薪 400 英镑 / 年，每年增加 25 英镑，600 英镑封顶，详见 Fred Inglis, *Raymond Williams* (London: Routledge, 1995) 第 6 章注释 2。

[3] 大女儿 Merryn 在雷蒙·威廉斯参军期间即 1944 年出生，儿子 Ederyn 于 1946 年出生，详见 Raymond Williams, *Politics and Letters: Interviews with New Left Review*, London: Verso, 1981, pp.12-13。

[4] 位于英国东苏塞克斯郡（East Sussex）南部的海岸线，与法国隔海相望。1952 年，雷蒙·威廉斯不再租住于希福德，而是在附近的海斯廷斯市购置了圣海伦路 44 号的房子，其地理位置与希福德相似。

[5] Raymond Williams, *Politics and Letters: Interviews with New Left Review*, London: Verso, 1981, p.77.

困境，甚至"持续了一两年的某种退却"[①]。事实上，同众多英国共产党员在 1956 年目睹了苏共二十大以及匈牙利事件后对共产主义理想的幻灭感相似，雷蒙·威廉斯早在 1947 年就受到沉重的精神打击，而其根源正是一直以来被社会主义者们寄予厚望的英国工党。1947 年 1 月 25 日，曾在 1926 年大罢工中崭露头角的工党领袖、后来的英国总工会（T.U.C., Trades Union Congress）主席、时任工党政府外交部长的贝文（Ernest Bevin）在当天的内阁会议备忘录中写道："我们在希腊的军队无疑对于维护该国大部分地区的秩序，已经成为一个决定性要素，阻止了其北边邻国的侵略……对于希腊，危险的根源在于外国支持的共产主义者和'自由马其顿'土匪。"[②] 贝文在备忘录中建议英国政府增加对希腊政府军队的财务及技术支持，同时已经邀请了美国专家到希腊进行考察，建议在 4 月 1 日前让美国接手对于希腊财务、经济和军事等方面的"援助"；对于具有相似情况的土耳其，贝文建议在美国接手前增加英国兵役代表处的人手，同时继续提供有限度的武器支持。[③] 插手希腊和土耳其战后秩序的重建以及对共产主义运动的敌对态度暴露了执政的工党政府保守主义、帝国主义和反共产主义的本质，贝文的建议在当天

---

① Raymond Williams and Terry Eagleton, "The Politics of Hope", in Terry Eagleton ed., *Raymond Williams: Critical Perspectives*, Cambridge: Polity Press, 1989, p.177.

② Ernest Bevin, "POLICY TOWARDS GREECE AND TURKEY: Memorandum by the Secretary of State for Foreign Affairs", in The National Archives, *CAB 129/16 Original Reference CP 1 (47)-50 (47), 1947 4 Jan-5 Feb*, Catalogue Reference: CAB/129/16, pp.257-258.

③ Ernest Bevin, "POLICY TOWARDS GREECE AND TURKEY: Memorandum by the Secretary of State for Foreign Affairs", in The National Archives, *CAB 129/16 Original Reference CP 1 (47)-50 (47), 1947 4 Jan-5 Feb*, Catalogue Reference: CAB/129/16, pp.257-258.

的内阁会议上讨论通过。① 之后，以贝文的建议为主要内容，英国向美国提出了"援助"希腊和土耳其的请求②，这成为"杜鲁门主义"的导火索，并由此引发了持续近半个世纪的美苏"冷战"。这一切令从儿时起就对工人阶级掌权"满怀期待"的雷蒙·威廉斯对艾德礼领导的工党政府彻底失望。

  我记得我自己的第一反应，在40年代末期的时候。除了我的家庭和手头的工作外，我当时感到十分孤立。工党政府早就走错了路，而且另一个重要的传统，我们那种社会的文化批评已经变了，而艾略特与我能感知的一切事物相比，都已经大不相同。我似乎必须试图回到那一传统中，再检视它，并将它与我自身的经验相关联，用我自己的成长经历的模式去理解这种智识传统的存续方式。③

  1947年的事件让雷蒙·威廉斯受到极大冲击，他不得不重新思考英国工人运动以及英国左派何为的问题。思想上"感到十分孤立"的雷蒙·威廉斯也未能按照计划和朋友拍电影，仅和奥罗姆合写了名为《电影序言》（*Preface to Films*，1954）的小册子，为保罗·罗萨（Paul Rotha）的纪录片写作的剧本因其未申得投资而搁浅，《政治与文学》由于资金困难以及编辑

---

① Cabinet Office, "CONCLUSIONS of a Meeting of the Cabinet Held at 10 Downing Street, S.W.1, on Thursday, 30th January, 1947, at 10.30 a.m." in The National Archives, *CAB 128/9 Original Reference CM 1 (47)-49 (47), 1947 23 May-31 Dec*, Catalogue Reference: CAB/128/9, pp.92-93.

② Cabinet Office, "CONCLUSIONS of a Meeting of the Cabinet Held at 10 Downing Street, S.W.1, on Thursday, 20th March, 1947, at 11 a.m." in The National Archives, *CAB 128/9 Original Reference CM 1 (47)-49 (47), 1947 23 May-31 Dec*, Catalogue Reference: CAB/128/9, p.207.

③ Richard Hoggart and Williams Raymond, "Working Class Attitudes (Discussion)", in *New Left Review*, Vol.1, No.1, 1960, p.26.

们的分歧难以为继，仅发行 4 期后于 1948 年停刊。"期刊的破产于我而言是一场个人危机，很多其他想法也是，比如电影，也受阻或失败了。这种经历证实了我在易卜生那里找到的感觉样式（pattern of feeling）。"[1] 面对工党政府执政后引发的社会变化，和自己满腔热血地投入以文学介入政治的事业却处处碰壁的现实，雷蒙·威廉斯身心俱疲，不读报纸也不再听收音机里的新闻[2]，陷入了"某种退却"。

在遭遇了来自工党政府和个人理想的双重打击后，失望的雷蒙·威廉斯并未放弃希望，在与以伦敦为中心的昔日社交圈断联后，他退至偏远的东苏赛克斯郡深耕成人教育和文学批评及创作，将教育和写作当作新的思想实验舞台。他仍然对工人阶级充满信心，他心里仍然酝酿着一部关于家乡潘迪——那个"紧要的地方"的小说。据其女儿梅林·威廉斯（Merryn Williams）回忆，雷蒙·威廉斯将家务事全权交由妻子打理，而他严格遵循着自己的写作计划[3]，上午写作，下午备课，晚上携沉重的书箱乘坐破旧的长途大巴或火车，跨越一个个乡村，到 20 多英里[4]开外某个被临时征用为授课点的村镇小学、教堂或图书馆，为下班后前来学习的工人阶级讲授每次时长三小时的文学课程。在一趟趟往返于居住地和授课地的寒冷黑夜中，在一次次与工人阶级的课堂讨论和对话中，他不仅意识到"工党政府早就走错了路"，还开始尝试"用我自己的成长经历"重新找到回到"另一个重要传统"的路。在东苏赛克斯郡从事成人教育的十多年里，雷蒙·威廉斯心

---

[1] Raymond Williams, *Politics and Letters: Interviews with New Left Review*, London: Verso, 1981, p.77.
[2] Raymond Williams, *Politics and Letters: Interviews with New Left Review*, London: Verso, 1981, p.77.
[3] Fred Inglis, *Raymond Williams*, London: Routledge, 1995, p.123.
[4] Fred Inglis, *Raymond Williams*, London: Routledge, 1995, p.111.

中关于那个"紧要的地方"的自传体小说随着他阅历的增长和对现实的反思而不断丰满，它不再仅仅是关于家乡潘迪以及父亲哈利·威廉斯（Harry Williams）的故事，而是有关以潘迪为代表的"边乡"和以父亲为代表的工人阶级父辈的故事。经历了思想上的震荡和现实生活中的重重困难后，雷蒙·威廉斯不仅试图用文字再现父辈在"边乡"奋斗的一生，更要通过描画这个"古老社会"展现其保存下的"极具价值的传统文化"。因而自1947年起，小说《边乡》便成为雷蒙·威廉斯在英格兰东南边陲之地从事成人教育、在"几乎与世隔绝的情况下写作的十年"里，反复书写和改写的作品。

三、感觉结构

小说《边乡》[①]以一名在伦敦已从业八年的经济历史系讲师马修（Matthew）和其父亲哈利·普莱斯（Harry Price）为主人公，以位于威尔士和英格兰边界地区的乡村戈林陌（Glynmawr）为地理中心，讲述马修的父亲因铁路信号员的工作来到戈林陌安家立业、参与罢工、劳作，直至病逝，以及马修在此出生、成长、读书之后离开乡村的故事。小说用平行蒙太奇式的叙事方式，用形似DNA分子的双螺旋结构，将父与子两条相互交织的故事线呈现在"边乡"戈林陌——这个塑造了主人公马修主要情感经验的地方。小说以父亲病重的噩耗、马修闻讯连夜奔赴"边乡"开始，到父亲的葬礼结束后马修回到伦敦市郊的家中亲吻正在酣睡的儿子们结束。通过讲述马修的父亲哈利在戈林陌的生活、马修的童年及因父生病后马修返回村庄的经历，小说展现了哈利从父辈的农民世界走向属于自己的铁路工人世界，马修

[①] Raymond Williams, *Border Country*, Cardigan, Wales: Parthian, 2006, p.127. 该书初版于1960年，之后虽一版再版但内容并未变动，本文采用Parthian 2006年的版本。

从乡村的铁路工人家庭走向属于自己的知识分子世界的思想过渡。父与子两条生命线在小说的叙述中相互平行又相互缠绕，如同携带遗传信息的 DNA 分子，形成无法分割的整体，也成为生命延续的关键。

故事发生在一个以雷蒙·威廉斯的家乡潘迪为原型，名为戈林陌的边境乡村，它位于靠近英格兰已然被盎格鲁化的威尔士边境地区，行政区划上虽属于威尔士，背后的黑山却与英格兰接壤，这里的人们说英语却坚称自己是威尔士人。小说将地点设定在这个处于威尔士边界地区的小村庄，暗示了一种情感上既不属于英格兰，又不同于威尔士的边缘化的身份体验，一个注定充满张力的地方。

> 历史上，这乡村的面貌大不相同。在向东的高地上，诺曼城堡每隔几英里立着，隔着宽阔的山谷与各山头相望。戈林陌在它们的脚下，是片有争议的土地，不属于任何一方，却遭到双方的袭击。从那儿向南，是官墩城堡，位于这排城堡的尽头。[1]

"边乡"有着骄傲的斗争史，曾经是各方势力争夺的中心，那些随处可见的领主城堡虽已化为历史遗迹，却见证了威尔士与英格兰的交锋。自 11 世纪起，诺曼人开始企图征服威尔士，因遭到威尔士人游击式的反抗，不得不将征服威尔士当作一个缓慢推进的过程。诺曼掠夺者重点争夺的地区是威尔士南部和东部有大片肥沃耕地的地区，各个领主因此纷纷在此安营扎寨。到了 12 世纪中期，威尔士正式分裂为两个部分，一部分是威尔士边地（Marchia Walliae），由边地领主控制；另一部分是由独立的威尔士统治

---

[1] Raymond Williams, *Border Country*, Cardigan, Wales: Parthian, 2006, p.364.

者占领的西部和北部地区（Pura Wallia）。①边地领主间以及领主与英格兰王权间的势力此消彼长，彼此之间战事不断，边地领主们因此具有了强烈的排他性和蔑视王权的传统与特权，他们不仅不受国王敕令和普通法的制约，还享有司法上的独立权。长此以往，边地人民逐渐形成一种种族的优越感和常胜不败感。②因靠近英格兰，像戈林陌这样位于黑山地区的村庄成为一再被试图盎格鲁化的前沿阵地。玫瑰战争（War of Roses，1455—1485）后，随着参与王权争夺的领主们纷纷去世，他们的领地逐步落入英国王室手中。亨利八世统治期间，英国颁布了统一英格兰和威尔士的《统一法案》（Acts of Union，1536—1543），废除边地领主制度，在原有领地的基础上新建郡级政治区域，统一归威尔士。③就这样，像戈林陌和潘迪这样的村庄，由曾经城堡林立、边地领主盘踞的中心、要塞和对抗英格兰殖民统治的前沿阵地，逐渐沦落为边缘化的偏远乡村。

在历史的动态发展中，"边乡"的地理位置从中心滑向了边缘，但对于生活其中的乡民而言则不然——"边乡"从始至终是他们生活的中心，是熟悉的社区，也是日常生活展开的地方。"访客看美景，而乡民看到的是那个他工作和拥有朋友的地方。"④不同于地图上的符号或游客眼中的风景，"边乡"是生活其中的乡民每天面对和改造的对象，是在此基础上创造和积累活生生经验的地方。

---

① Geraint H Jenkins, *A Concise History of Wales*, Cambridge: Cambridge University Press, 2007, p.66.
② Geraint H Jenkins, *A Concise History of Wales*, Cambridge: Cambridge University Press, 2007, p.67.
③ John Davies, *A History of Wales*, London: Penguin, 2007.
④ Raymond Williams, *Border Country, Cardigan*, Wales: Parthian, 2006, p.89.

每个人类社会有其自身的形态、其自身的目的、其自身的意义。每个人类社会将这些表述在其机构，以及艺术和教育里。一个社会的形成就是发现共同意义和方向的过程，其成长就是在经历，接触和发现的压力下动态争论和修正的过程，将他们自己写在了这片土地上。成长中的社会就在那里，但它也被每个人心塑造与重塑。①

乡民们被"边乡"塑造，而"边乡"的一代代乡民们也不断"塑造与重塑"着"边乡"。他们将自己的生命谱写在"边乡"的土地上，与林立的诺曼城堡遗迹一起成为"边乡"不可分割的一部分。"边乡"既是曾经的斗争阵地、是"国"（country），也是如今被边缘化的小地方、是"乡"（country）；既是生活其中的乡民们每天面对和对抗的大千世界，也是夹在英格兰与威尔士中间常常被人遗忘的穷乡僻壤。在呈现这些既对立又统一的矛盾体的过程中，雷蒙·威廉斯将"边乡"从地理空间意义上的边缘地区拉回到历史和社会意义上的中心区域，将自己身为迁出人口之一的边缘化身份体验再现为主人公马修的归乡之旅，通过描写"边乡"的人、事、物，不仅重构了"边乡"的地理意义，而且凸显了其历史和社会层面的文化意涵：如今的边缘也是曾经的中心，对于一些人而言的中心可能在另一些人看来则是边缘，中心与边缘始终是在张力中动态变化、辩证统一的整体。

迁移是贯穿《边乡》始终的另一主题，它不仅表征为小说人物从一地迁往另一地的空间移动，还指涉以1926年大罢工为代表的社会运动，而二者引发的感觉变化不仅在小说伊始以马修的研究课题的形式被明确表述，也是马修返回"边乡"后与父辈反复探讨并尝试解答的问题。

---

① Raymond Williams, "Culture is Ordinary" (1958), in Robin Gable ed., *Resources of Hope: Culture, Democracy, Socialism*, London: Verso, 1989, p.4.

他正在研究19世纪中叶威尔士矿谷的人口迁移。但是我自己就迁移了，他反问说，那我到底要测量什么？我所学习的只是一定恒温下测量冰块的体积和精度的技术。但我实在无法保持其温度；箱子的门是敞开的。这不是从戈林陌到伦敦的人口迁移，而是一种质的变化，他们离开他们的乡村时应该也是如此。测量这种变化的方式不仅在我的学科范畴之外，而且它们一起还存在于其他某些方面，我能感觉到却管不着，摸得到却抓不住。①

迁移显然对人口产生了影响，并引起了变化，但这种内在于具体个人的"能感觉到却管不着，摸得到却抓不住"的变化却难以用精准科学的方法识别和测量，只能由迁移的参与者们"感觉"。例如作为迁出人口的马修厌恶伦敦那种"克制的冷漠"②，感觉回到家乡戈林陌后更放松③，他认为这期间发生变化的仅仅是他的"感觉"，一种无法测量的变化，这是马修归乡前的困惑也是小说的起点。随着小说的展开，在与"边乡"人的互动中，马修表现出同样外显于其行为的"格格不入"：在回戈林陌的路上，他表现出伦敦人那种"克制的冷漠"——宁愿在雨中独行也不愿抬头和前来接他的父辈摩根（Morgan Rosser）搭腔④，归乡后甚至对前来问候父亲病情致使母亲劳累不堪的左邻右舍愤怒不已。⑤然而在戈林陌生活了一段时间后，马修却被电话线另一头的妻子说"你声音已经变得相当不同了……更激动了"⑥。父辈摩

---

① Raymond Williams, *Border Country*, *Cardigan*, Wales: Parthian, 2006, p.4.
② Raymond Williams, *Border Country*, *Cardigan*, Wales: Parthian, 2006, p.3.
③ Raymond Williams, *Border Country*, *Cardigan*, Wales: Parthian, 2006, p.12.
④ Raymond Williams, *Border Country*, *Cardigan*, Wales: Parthian, 2006, pp.9–12.
⑤ Raymond Williams, *Border Country*, *Cardigan*, Wales: Parthian, 2006, p.93.
⑥ Raymond Williams, *Border Country*, *Cardigan*, Wales: Parthian, 2006, p.346.

根则认为马修在伦敦感到"格格不入"只是"你认为自己与他们不同,事实上你只是更像他们了"①。马修无法适应伦敦,在戈林陌同样感觉自己是个外人。这种由环境变化带来的"能感觉到却管不着,摸得到却抓不住"的不同不仅是马修的研究瓶颈,事实上也是他本人作为迁出人口的真切体验。对于马修而言,"边乡"中伴随他长大的一切——历史、风景、人物、事件以及作为整体的生活方式——构成了他主要的情感经验,塑造了他最初的身份认同感,也是他这个迁出人口返乡后重获归属感的关键。但这是一种过去时态的归属感,是属于威尔(Will)——马修的乳名——的归属感。威尔并非马修,他只是曾经的马修,是马修不可分割的一部分。因此,对于马修而言,戈林陌更像是一个由记忆建构出的梦里乡,一个时时刻刻想要回去却无法真正重返的"边乡"。

然而这并不意味着"边乡"不存在或无意义,相反,"边乡"不仅养育了曾经的威尔,更造就了今日的马修,甚至在马修迁出多年后又给予其新的启发。小说中,马修带着对于迁移的疑问踏上返乡之旅,在描述父辈哈利和摩根早年间在戈林陌的生活时,在与父辈一次次对话的过程中,马修不仅找到了准确表述这种变化的方式,而且从父辈的经验中开始理解已然发生和正发生在自己身上的变化。"感觉"虽是个人的,却外显于由个人组成的社会,形成某种可识别的样式,成为理解某一地区某一代人思想和情感的关键。他明白了,他想测量的人口迁移实际上是"像个傻瓜那样,写一整批人被改变的历史",并且"我突然发现那不是一项研究,而是一种情感样式(emotional pattern)"。②这种凝聚了"一整批人"应变化之需而生发的"情感样式",不仅仅带有地理上可见的迁移的痕迹,还包含更加不易被察觉的

---

① Raymond Williams, *Border Country*, Cardigan, Wales: Parthian, 2006, p.352.
② Raymond Williams, *Border Country*, Cardigan, Wales: Parthian, 2006, p.353.

"迁移"对人造成的影响,如阶级的流动、社会运动、代际的变化等。

这些外在的改变对参与其中的人的影响,内在于人本身而外显于人们对于世界的看法和对于生活方式的选择。而测量"影响"的过程,即通过历史性地考察人们的"看法"和"选择"的根源,从而探知其"情感样式"形成的过程。小说中,这种"一整批人被改变的历史"集中体现在对父辈参与1926年的大罢工这一历史事件的叙述上。1926年,应英国总工会的呼吁,大罢工在铁路线尽头的"边乡"以一种更平静的方式展开。按照作者雷蒙·威廉斯的说法,他旨在描写一个历史事件大背景下更可见的"较小范围内的社会情况"①。众所周知,大罢工持续仅九天后,在总工会的妥协及国王的调解下失败了。但在"边乡",一场影响更为深远的思想"迁移"却在大罢工结束后悄然展开。哈利和摩根开始不安于现状,重新思考工人阶级的出路。哈利在担任铁路信号员之余种了更多的地,养了更多的蜂,走上更加倚重农业的自力更生之路,而摩根则放弃了铁路信号员的稳定工作投身解决矿区工人物资短缺的商业实践。以1926年大罢工为代表的社会运动对以哈利和摩根为代表的工人阶级产生了重大影响,两人在罢工失败后作出的选择不同,人生轨迹也截然不同,但均以不同的方式积极回应了罢工这一社会运动。罢工虽然失败了,甚至哈利选择倚重农业以及摩根转向商业的尝试均非改善工人阶级受压迫现状的最佳方案,但他们利用现有资源穷尽毕生精力回应变化和抵抗工业资本的努力,恰恰体现了隐藏在英国工人阶级中"在经济和政治压力下产生的总是出人意料的耐力和韧性"②。迁移对于人们而言,不

---

① Raymond Williams, *Politics and Letters: Interviews with New Left Review*, London: Verso, 1981, p.284.
② Raymond Williams, "The British Left", *New Left Review*, Vol.30, No.1, 1965. See also in Raymond Williams, "Culture is Ordinary" (1958), in Robin Gable ed., *Resources of Hope: Culture, Democracy, Socialism*, London: Verso, 1989, p.135.

仅意味着改变，还意味着斗争。在与不断变化的状况持续斗争的过程中，人们基于从父辈那里继承来的"样式"，创造出属于自己的新"情感样式"，形成共创、共享和共用的意义及价值体系，这既是该地区该时期的人们情感经验的结晶，也是他们作为整体参与创造"共同的文化"的贡献。

通过勾勒哈利和摩根二人在"边乡"的生活和斗争经验，雷蒙·威廉斯不仅试图描画自己的成长经历和父亲的一生，更要展现英国工人阶级为应对迁移而在张力中调整和发展感觉结构的智识传统，一种存续于工人阶级传统中的"对于工业资本主义的道德批判"[1]，一种广义上的文化。换言之，与其说《边乡》是一本雷蒙·威廉斯的自传体小说，不如说是他基于自己的成长经历讲述的一个关于文化与感觉结构的故事。但有趣的是，在十余年间几经修改最终完稿于1958年且发表于1960年的小说《边乡》里，他却一次也未使用"文化"这一几乎贯穿他整个学术生涯的关键词。

事实上，令雷蒙·威廉斯名声大噪并进入大众视野的并非这本倾注其十多年心血的小说，而是那本完稿于1956年首次出版于1958年的学术著作《文化与社会》。"文化"显然是该书的关键词，通过重新定义文化从而重构文学史书写正是写作该书的目的，正如他在20年后出版的《关键词》一书的导论中所言"1945年，对抗德国和日本的战争结束后，我从军队回到了剑桥……虽然仅离开了四年半，但在战争运动中我已与所有大学朋友失联……对周围这个新鲜又陌生的世界充满疑惑"[2]，感叹"他们说的不是同一

---

[1] Raymond Williams, "Culture is Ordinary" (1958), in Robin Gable ed., *Resources of Hope: Culture, Democracy, Socialism*, London: Verso, 1989, p.136.

[2] Raymond William, *Keywords: A Vocabulary of Culture and Society*, London: Fontana, 1976, p.11.

种语言"①。他带着这种"难以捉摸的陌生感"②从剑桥毕业后，借助从艾略特（T. S. Eliot）的新书《关于文化定义的笔记》(*Notes Towards the Definition of Culture*, 1948)中获得的灵感，开始在他的成人教育的课堂上，探索"文化"一词的内涵，"就是那个时候，一项旨在尝试理解若干紧迫的当代问题——真真切切地阻碍了我理解眼前世界的问题——的调查就这样开始了，这些问题在我们试着理解一项传统时会呈现某种特别的形状。这项工程竣工于 1956 年，成了我的书《文化与社会》"③。换言之，《文化与社会》的问题意识来源于雷蒙·威廉斯自"二战"战场归来后对于已然变化的社会状况的"陌生感"，而"文化"一词虽然一定程度上接合了他的这种"陌生感"，但他对现有的定义并不满意，《文化与社会》即在此意义上的一种尝试。"文化"并非仅存于利维斯在其著作《伟大的传统》中收录的少之又少的文学作品中，那里没有雷蒙·威廉斯心中那个"紧要的地方"，而这必须成为重新定义"文化"的起点。

文化是普通的：那是我们必须开始的地方。在那个乡村长大就是见证一种文化的形成和其变化的方式。我可以站在群山之上，朝北看是农田和教堂，朝南看是又一次日落般冒着黑烟和火焰的高炉。在那个家庭长大就是见证思想形塑的过程：新技能的学习、人情世故的变化、不同语言和观念的出现。我的祖父，一名大块头的硬汉劳工，在

---

① Raymond William, *Keywords: A Vocabulary of Culture and Society*, London: Fontana, 1976, p.11.
② Raymond William, *Keywords: A Vocabulary of Culture and Society*, London: Fontana, 1976, p.13.
③ Raymond William, *Keywords: A Vocabulary of Culture and Society*, London: Fontana, 1976, p.13.

堂区会议上说到被赶出自家村舍时，越说越激动，边说边抹眼泪。我的父亲，前不久刚刚去世，说到自己曾在村里开办了一个工会支部和一个工党团体的时候，平静又喜悦，并没有新政治的"小白脸"的痛苦。我说着不同的话，却想着相同的事。[①]

这段文字出自费边社历史学家诺曼·麦肯齐（Norman Mackenzie）[②]1958年年初组稿编辑的《信念》(*Conviction*)一书，"是威廉斯的新文化政治的掷地有声的宣言"[③]。尽管学者艾伦·奥康奈尔（Alan O'Conner）将这篇文章归类为"著作节选"[④]，多部雷蒙·威廉斯作品集也都将这篇文章作为开场白[⑤]，但是，这篇文章最终既未以部分或完整的面貌出现在之后出版的《文化与社会》中，亦非雷蒙·威廉斯首次以文章的形式探讨文化的新定义。事实上，早在1953年，在成人教育的同事兼朋友弗莱迪·贝特森（Freddy Bateson）创刊不久的《批评文集》(*Essays in Criticism*)[⑥]上，雷蒙·威廉斯就发表了《文化的观念》("The Idea of Culture")一文，并在文章结尾处谈到自己正在筹备一本"不同于传统视角""处理自工业革命以来在英格兰提

---

① Raymond Williams, "Culture is Ordinary" (1958), in Robin Gable ed., *Resources of Hope: Culture, Democracy, Socialism*, London: Verso, 1989, p.4.
② 1921—2013年，毕业于伦敦政治经济学院，导师为英国工党领导哈罗德·拉斯基（Harold Joseph Laski），曾参与建立开放大学，并担任校委会成员。详见英国《电讯报》2013年7月5日发布的讣告"Norman MacKenzie"。
③ John Higgins ed., *The Raymond Williams Reader*, Oxford: Blackwell, 2001, p.4.
④ Alan O'Conner, "A Raymond Williams Bibliography", in Terry Eagleton ed., *Raymond Williams: Critical Perspectives*, Cambridge: Polity Press, 1989, p.187.
⑤ 比如：Robin Gable ed., *Resources of Hope: Culture, Democracy, Socialism*, London: Verso, 1989; John Higgins ed., *The Raymond Williams Reader*, Oxford: Blackwell, 2001。
⑥ 由Freddy Bateson依托牛津大学对照剑桥大学的文学批评杂志《细绎》(*Scrutiny*)创办的学术刊物，1951年创刊，每年4期，至今流通。

出的所有关于文化的理论及观念"①的书。但彼时,他对文化的定义并不十分明确,仅提到"文化的观念并不被认为是一个独立进化的过程;它是被整个环境形塑或指引的,它是对整个环境的一种回应"②。次年,他在与奥罗姆合写的《电影序言》里首次使用了"感觉结构"一词:"原则上讲,任何一定时期的戏剧传统一定与那一时期的感觉结构息息相关,这似乎很明显。我使用感觉结构这一术语,是因为它于我而言似乎在这样的语境中比'观念'或'一般生活'更准确。"③然而,值得警惕的是,雷蒙·威廉斯自"二战"战场上归来之后,在从事成人教育的十多年里,不断思考和尝试的正是用重新定义"文化"的方式打破以"二战"为表征的"迁移与运动"引发的"中心与边缘""乡村与城市""左派与右派"之间二元对立的僵局。因此,于雷蒙·威廉斯而言,定义"文化"或引入"感觉结构"的做法,是策略性的而非目的性的,是介入问题的方式而非解决问题的办法,其结果之一就是随着他阅历的增加和其思考的深入,"文化"和"感觉结构"的内涵得以不断拓展和延伸。这篇发表于1958年1月、预告即将问世的《文化与社会》中的《文化是普通的》一文,正如小说《边乡》试图呈现的那样,充满了雷蒙·威廉斯为家乡、为刚刚过世的父亲和为他所代表的工人阶级文化的深情辩护,这是他经历了十多年的沉淀后代表"边乡人"发出的"掷地有声的宣言"。小说《边乡》里没有"文化",却处处彰显着雷蒙·威廉斯所定义的作为日常生活的文化,没有"感觉结构",却处处流露着对"边乡"的人、事、物的不同情感样式,那既是"边乡"的农庄山谷和山头的诺曼城堡,也是父辈、邻里的言传身教。文化是普通的,《边乡》里都有。

---

① Raymond Williams, "The Idea of Culture", *Criticism*, pro Ⅲ, No.3, 1953, p.266.
② Raymond Williams, "The Idea of Culture", *Criticism*, pro Ⅲ, No.3, 1953, p.245.
③ John Higgins ed., *The Raymond Williams Reader*, Oxford: Blackwell, 2001, p.33.

余论

"文化"是小说《边乡》里不在场的在场者,而"情感样式"则代替感觉结构在小说的第一部分结尾处,在与父辈的对话中一闪而过,它是主人公马修为自己的研究课题找到的有待进一步打磨的答案,也是雷蒙·威廉斯写作小说《边乡》的阶段性理论成果,但这并非他创作该小说的初衷。一方面,自"二战"战场归来后的雷蒙·威廉斯面对学业、生活和工作上的压力以及英国左派的困境,迫切地希望为自己、为左派开辟一片新的思考与斗争的空间,这是小说《边乡》的起点;另一方面,随着思考的深入,"边乡"逐步化身为长久以来被左派忽略但却十分"紧要的地方",一种在雷蒙·威廉斯看来存在于工人阶级传统中亟须被重新启用的道德批判,一种存在于工人阶级日常生活中的"活"的文化。这种文化是工人阶级面对不断变化的社会现实,在不利的环境下不懈奋斗、努力抗争的结果,是在不同类型的迁移中积累、继承和创造的宝贵的生存与斗争经验凝结而成的情感结构,"那种在不同形式不同种类的压迫中胜出的价值观"[1]。

随着"情感样式"的清晰表述、马修归乡之旅的结束及其身份危机的解除,小说进入简短的第二部分:哈利去世了,和雷蒙·威廉斯的父亲一样,在一个冬天的早晨。在摩根的指导下处理完父亲的后事后,马修回到了伦敦的家中,亲吻两个已然入睡的儿子——哈利和杰克,小说戛然而止。马修用了父亲的名字为儿子命名,父辈的生命得以在新一代人身上延续,作者是否在提醒读者这并不是马修旅程的终点而是其新旅程的起点呢?对于雷蒙·威廉斯来说,他的归乡之旅在父亲去世(1958)和小说《边乡》完稿后结束,

---

[1] Raymond Williams and Terry Eagleton, "The Politics of Hope", in Terry Eagleton ed., *Raymond Williams: Critical Perspectives*, Cambridge: Polity Press, 1989, p.183.

但随着文化这一斗争新领域的发现，他随即踏上了播种"希望的资源"的新征程。他因《文化与社会》而声名鹊起，加之在牛津大学校外培训部东苏赛克斯郡多年来教育和管理方面的优异成绩，于1960年被调到了牛津总部。7月，他们一家从住了十多年的边陲小城搬迁至牛津。10月，雷蒙·威廉斯参加由全国教师联盟举办的题为"大众文化和个人责任"的大会，在会上，他不仅预告了即将出版的新书《漫长的革命》[1]，还得到两个刚刚入职企鹅出版社的年轻人的约稿，这就是后来的《传播》[2]一书，被称作"为媒体研究提供的第一本也是永远最核心的教科书"[3]。在牛津还未站稳脚跟的雷蒙·威廉斯在第二年即收到来自剑桥大学英文系讲师教职的邀请，他于4月份正式接受邀请后，结束了在牛津大学校外培训部十多年的成人教育事业，再次搬家。这一次，他从围墙外跨到了围墙内。雷蒙·威廉斯说："'边乡'如今遍布各地"，而"边界，我认为，就是用来跨越的"。[4] 这个来自威尔士铁路工人家庭的"奖学金男孩"从威尔士跨到了英格兰，从农村跨到了城市，从学校跨进战场，自战场归来后又从城市退到"边乡"；经过了十多年的积淀，他带着从"边乡"汲取的精神养分，以更加饱满的姿态从边缘再一次跨至中心。虽然这场跨界之旅"注定是一段艰难的旅程"[5]，一场"漫长的革命"[6]，但雷蒙·威廉斯以此为己任，奋斗一生，"他几乎是单枪匹马地把文化研究从他发现的比较粗糙的状态改造成异常丰富、资源雄厚的研究领域，因此而不可逆转地改变了英国的思想和政治图景，使成千上万的学生和同行和读者

---

[1] Raymond Williams, *The Long Revolution*, London: Chatto & Windus, 1961.
[2] Raymond Williams, *Communications*, Harmondsworth: Penguin, 1962.
[3] Fred Inglis, *Raymond Williams*, London: Routledge, 1995, p.171.
[4] Nicholas Garnham, "Raymond Williams: Border Country", *One Pair of Eyes: Border Country*, Sat 1st Aug 1970, 20: 15 on BBC Two England.
[5] Raymond Williams, *Border Country, Cardigan*, Wales: Parthian, 2006, p.436.
[6] Raymond Williams, *The Long Revolution*, London: Chatto & Windus, 1961, p.13.

长久地得到他的思想赐与"①。然而，正如小说《边乡》里的父亲哈利终会去世一样，雷蒙·威廉斯在接受伊格尔顿的访谈六个月后，于1988年1月在家中离世；也正如小说《边乡》看似未完待续的结尾一样，那本有关威尔士"边乡"的历史小说《黑山人》还未被写完。这个毕生以"跨越边界"为己任的"边乡人"留给后世的，不仅仅是文化研究这个"资源雄厚的研究领域"和《文化与社会》《漫长的革命》《马克思主义与文学》等以他之名摆在书架上的精神遗产，还应该是如今千千万万"边乡人"续写自己的人生篇章时理解、丈量、沟通和跨越边界的行动指南。

（原载《文艺理论与批评》2023年第2期）

---

① Terry Egaleton, "Introduction", in Terry Eagleton ed., *Raymond Williams: Critical Perspectives*, Cambridge: Polity Press, 1989, p.9. 译文参见［英］特里·伊格尔顿《希望之旅的资源：雷蒙德·威廉斯（1989）》，载《历史中的政治、哲学、爱欲》，马海良译，中国社会科学出版社1999年版，第266页。

重访卢卡奇的苏联时期：历史、文本与再评价

李 灿 张 亮

南京大学哲学系

1971年6月5日，也就是G.卢卡奇（Georg Lukács）逝世后的第一天，《纽约时报》发表的纪念文章《创立马克思主义美学：卢卡奇，马克思主义哲学家》，称卢卡奇是"自卡尔·马克思以来最伟大的马克思主义者"，并列举了卢卡奇的三个重要贡献："在共产主义文学中捍卫人文主义；阐述了马克思关于工业社会的物化理论；形成了一套美学体系，否认社会主义对艺术家的政治控制，强调美的阶级本质"。[1] 如果说物化理论代表的是以《历史与阶级意识》为标志的青年卢卡奇，那么捍卫共产主义中的人文主义和马克思主义美学体系的建构则主要体现在卢卡奇的苏联时期。卢卡奇的苏联时期具体是指1930—1945年。在这15年间，卢卡奇以共产主义哲学家和党的理论家的身份在柏林和莫斯科开展马克思主义理论的学术研究和意识形态领域的斗争。随着政治和意识形态环境的变化，国内外研究者都意识到需要关注长期被忽视的苏联时期[2]，进而重新评估作为经典西方马克思主义者的卢

---

[1] Alden Whitman, "Created Maxist Esthetics", *New York Times*, Jun.5, 1971.
[2] 参见刘健《作为21世纪同时代人的卢卡奇——纪念卢卡奇逝世50周年系列国际学术会议综述》，《国外理论动态》2021年第4期。

卡奇在马克思主义发展史中的功过是非。

一、问题缘起：被"遗忘"的苏联时期

在卢卡奇思想发展历程中，苏联时期具有显著的异质性。这一时期的卢卡奇似乎远离了《历史与阶级意识》时期的革命话语，转而奋战在美学、文学等学术研究领域。在很多研究者看来，苏联时期的卢卡奇思想具有显著的意识形态特征，因而学术界对其思想的学术价值评价不高。在国内学界的接受和研究史中，苏联时期的卢卡奇以马克思主义文艺理论家的形象被熟知。但熟知非真知，受到文献资源的限制和研究旨趣偏好的影响，学界目前仍然缺乏对苏联时期卢卡奇思想系统的历史梳理、文本的深层次解读以及客观准确的思想史评价。在《历史与阶级意识》出版百年之际，对卢卡奇最好的纪念就是坚定地站在马克思主义的立场，深刻理解卢卡奇苏联时期的真实意图、思想发展脉络以及理论意义，准确把握作为马克思主义学者的卢卡奇在苏联时期对马克思主义方法的运用与发展，超越意识形态纷争，拯救被"遗忘"的苏联时期。

作为卢卡奇思想发展的重要阶段，苏联时期为什么会被"遗忘"？

首先，文本传播与影响的滞后性阻碍了对卢卡奇苏联时期中立客观的学术研究。卢卡奇苏联时期的文本客观上经历了长久的压制，造成了接受史的滞后与曲折，包括语言障碍、时间差、地域区别以及日益加剧的学科分化。卢卡奇复杂曲折的政治生涯以及社会历史的剧烈变动进一步加剧了这种认知的错位与滞后。1945年卢卡奇回到匈牙利之后，其在苏联时期的期刊文章以文集的形式被大量出版。据不完全统计，1945—1955年在柏林和布达佩斯出版的文集超过20种，本应引发研究与讨论的高潮，然而当时正值卢卡奇被大范围批判，这些文本和理论的研究受到立场的强烈影响。同时，这

些战后重新编排出版的文集也经历了体裁的转变——从期刊文章到专题文集——造成了客观的理解时差,导致卢卡奇复杂的思想发展过程被简化为易被误解和攻击的口号。[1] 20世纪90年代,苏联解体、东欧剧变,卢卡奇的理论传播与影响力再次受到限制。因此,受到政治环境和社会历史背景变化的影响,研究者始终无法与真正的卢卡奇对话。

其次,在具体的研究领域中,脱离社会历史语境、断章取义式的结论,成为指责卢卡奇认同、妥协、屈服于"斯大林主义"的证据。第一,现实主义文学理论与"社会主义现实主义"具有高度相似性,因此卢卡奇被指责为是官方文学政策的支持者。有学者认为,卢卡奇"特有的马克思主义特征和关于社会主义现实主义、批判现实主义及先锋派文学的观点,是对斯大林政策所做的完美的理论辩护"。[2] 第二,表现主义论争中对文学艺术新的发展形式、表现形式的抗拒,使得卢卡奇被现代艺术和先锋派的理论家斥责为教条主义。第三,《理性的毁灭》作为卢卡奇苏联时期的哲学史著作,对当时西欧的存在主义、现象学等主流哲学观点进行了毫不留情的批判,首当其冲受到西方学界的指责,这被认为是卢卡奇"自身理性的毁灭"[3]。因此,在文学、美学、哲学等具体研究领域,卢卡奇的文本与理论被动脱离其主观意图以及苏联时期的社会历史语境,被处在不同理论谱系中的研究者曲解。

最后,在整体定位与评价上,西方学界以《历史与阶级意识》及卢卡奇早期思想为主要基点,以单一的视角和标准评价卢卡奇的中晚期。《历史与

---

[1] 卢卡奇在1970年出版的文集《作家与评论家》中自述:在重新翻译编辑文集的过程中,删除了在苏联发表时的相关辩论,以便更有效地与现实问题相关,更体现现实意义。Georg Lukács, *Wrier and Critic and other Essays*, Grosset and Dunlap, 1974, Preface.

[2] [波]科拉科夫斯基:《马克思主义的主要流派》第3卷,侯一麟等译,黑龙江大学出版社2015年版,第238页。

[3] Theodor Adorno, F. Jameson ed., "Reconciliation under Duress", in *Aesthetics and Politics*, Verso, 1977.

阶级意识》客观上开创了西方马克思主义传统，受到学院派知识分子的追捧，青年卢卡奇顺理成章成为学界研究的热点。[1] 以吕西安·戈德曼和他的学生（安德鲁·芬伯格、米歇埃尔·洛维）为代表的研究将卢卡奇早期视为其思想的顶峰，进一步发展了卢卡奇早期的文学社会学，客观上创造了早期卢卡奇的神话。在卢卡奇思想分期上，他们以1923—1926年为界限，将卢卡奇思想分为早期和晚期：从天才般的早期到"余烬燃烧"的晚期；卢卡奇的历史主体从无产阶级转为布尔什维克政党；卢卡奇的身份定位从马克思主义者到列宁主义者；卢卡奇的理论形象从浪漫的反资本主义的左翼知识分子走向"斯大林主义者"。

总体而言，卢卡奇与斯大林主义的"和解"论影响广泛而持久，对共产主义和苏联的潜在偏见使得西方学者无法深入理解卢卡奇的信仰与理论，导致卢卡奇作为马克思主义者理论形象的分裂，同时削弱甚至消解了《历史与阶级意识》之后，卢卡奇作为马克思主义学者的持久理论探索及相应的重要意义。因此，重访卢卡奇苏联时期的首要任务是通过历史考察与文本细读厘清其理论发展的具体过程，把这一时期的文本放在当时的辩论和语境中。以现实境遇、研究重心以及理论的具体发展过程为依据，本文将卢卡奇的苏联时期划分为三个阶段：1930—1931年，卢卡奇在马克思恩格斯研究院重启学术研究，同时积极调整身份和理论定位；1931—1933年，卢卡奇在柏林参与无产阶级文学的领导和实践工作，战斗在文学路线之争的一线；1933年一直到"二战"结束，卢卡奇重返莫斯科致力于系统的文学理论研究和思

---

[1] 对卢卡奇青年时期的研究成果主要有：Michael Löwy, *Georg Lukács: From Romanticism to Bolshevism*, New Left Books, 1979; Andrew Arato and Paul Breines, *The Young Lukács and the Origins of Western Marxism*, Pluto Press, 1979; Lee Congdon, *The Young Lukács*, University of North Carolina Press, 1983; Mary Gluck, *Georg Lukács and His Generation. 1900–1918*, Harvard University Press, 1985。

想史研究，深耕在马克思主义理论研究的多个领域。

二、到莫斯科去：学术研究的重启

回顾第一次莫斯科时期，卢卡奇认为自己有"两个幸运"：一是可以接触马克思的早期著作，二是开启了与 M. 利夫希茨（Mikhail Lifschitz）的终生友谊。这两个幸运促使卢卡奇从政治革命家转变为马克思主义学者，为卢卡奇的哲学研究开拓出新境界，激发了卢卡奇学术研究的高昂热情。青年马克思的著作、信件，列宁的《哲学笔记》等新的文献材料的发现，成为卢卡奇理论转变的决定性力量。基于广泛的文献资源，卢卡奇确定并逐步开启了三个长期研究项目：马克思主义美学理论、青年黑格尔研究和青年马克思研究。

首先，卢卡奇对马克思主义美学和文艺理论的研究贯穿整个苏联时期，并在对早期马克思主义者的美学理论进行历史性研究和无产阶级文学发展的理论与实践中不断完善。在 1967 年《历史与阶级意识》新版序言中，卢卡奇点明了这一阶段的工作重心："利用我关于文学、艺术以及文艺理论的知识，去建造一个马克思主义的美学体系。"[1] 1930 年，卢卡奇在《马克思、恩格斯与拉萨尔关于济金根的争论》中第一次将美学视为马克思主义体系的有机组成部分，提出"马克思主义具有独立的美学"的论点，并认为"接受马克思主义美学的独立性和理论原创性是我朝着理解和实现意识形态的新变化迈出的第一步"。[2] 围绕着卢卡奇和利夫希茨形成了一个小型的学术团队，他们整理马克思和恩格斯未发表的关于文学问题的信件，并进行学术介绍和

---

[1] ［匈］卢卡奇：《历史与阶级意识——关于马克思主义辩证法的研究》，杜章智等译，商务印书馆 1996 年版，第 35 页。

[2] Georg Lukács, *Müvészet és társaldom*, Mageto, 1968, Preface.

解释性评论，出版"美学思想经典"系列丛书，介绍席勒、黑格尔等人的美学作品。这一阶段，卢卡奇完成了对拉萨尔、维舍尔、费尔巴哈和梅林的全面研究，相关文章汇集在1937年以俄语在莫斯科出版的《19世纪的文学理论和马克思主义》中。

其次，卢卡奇对青年黑格尔的研究发端于研究院时期，对青年马克思著作的整理与研究促使他重新思考黑格尔与马克思的关系问题。"一旦我对《历史与阶级意识》整个内容的错误之处获得了一种清晰的、根本的认识，这种寻找就变为一个具体的研究计划，即要对经济学和辩证法之间的哲学联系作出考察。早在三十年代我就第一次试图将这一计划付诸实现。在莫斯科和柏林，我写了关于青年黑格尔的著作的初稿（直到1937年秋，才最后完成）。"[①] 在1948年正式出版的《青年黑格尔》扉页，卢卡奇写道"献给米哈伊尔 – 亚历山德罗维奇 – 利夫希茨——带着尊敬和友谊"，可见利夫希茨不仅是卢卡奇在文学理论研究上的战友，更是对卢卡奇的黑格尔研究产生了强大的思想影响。

最后，对青年马克思的研究一直潜藏在卢卡奇的学术活动之下。自20世纪30年代初接触青年马克思的手稿以来，对青年马克思著作的研究和引用散落在其大量的文学评论文章中，一直到1954年，卢卡奇才以《论青年马克思（1840—1844）的哲学发展》[②] 为研究成果公开发表，详细阐述了青年马克思从激进的青年黑格尔主义到创立辩证唯物主义和历史唯物主义的所有发展路径和阶段。

在实践方面，卢卡奇在1930年9月至1931年12月参与《莫斯科评论》

---

① [匈] 卢卡奇：《历史与阶级意识——关于马克思主义辩证法的研究》，杜章智等译，商务印书馆1996年版，第33页。
② Georg Lukács, "Zur philosophischen Entwicklung des jungen Marx（1840-1844）", *Deutsche Zeischrift für Philosophie*, Vol.2, 1954, pp. 288-343.

的出版工作，负责分析和评价苏联文学作品是否向德国人民传达了一种正在崛起的新世界的苏联形象。这是卢卡奇作为苏联党的理论家开展工作的起点。与早期充满思辨的艺术哲学不同，此时的卢卡奇运用辩证唯物主义的表述，关注文学作品的潜在政治、意识形态影响。作为党的发言人，卢卡奇在这一时期的文学批评作品中强调阶级斗争是无产阶级文学的中心议题，文学应该既代表又加强阶级意识，从而更好地服务于阶级斗争。

在莫斯科的第一次短暂停留对卢卡奇来说意义非凡，哲学、艺术、文学理论都处在一种变化与建构中。卢卡奇在理论研究与党派文学批评实践中，不断调整理论立场，适应新的身份，站在新的起点重启马克思主义理论研究。

三、柏林：无产阶级文学的理论与实践

柏林是当时共产国际在欧洲的总部，也是苏联争取无产阶级文化领导权的主要阵地。1928年10月，德国共产主义作家在柏林成立无产阶级革命作家联盟，围绕着无产阶级作家、理论、文学创作开展广泛讨论，吸收一切可以团结的左派力量。1931年，卢卡奇被派往柏林，并"被德国共产党任命为德国作家协会的共产主义派系领袖，负责指导无产阶级革命作家联盟与前线的知识分子重组工作"[①]，卢卡奇又一次成为政治活动家。卢卡奇在柏林的主要任务是指导德国无产阶级文学的发展。他在无产阶级革命作家协会刊物《左曲线》上发表文章，内容包括对无产阶级作家的评论、文学的倾向性与

---

① David Pike, *German Wriers in Soviet Exile, 1933-1945*, University of North Carolina Press, 1982, p.41.

党性等主题，^①这些文章很多都是 20 世纪 30 年代中期卢卡奇那些备受关注的重点文献的早期版本。在实践方面，他负责了柏林左翼团体的领导工作，组织了由左翼资产阶级、社会民主党和共产党作家参加的联合阵线运动，在马克思工人学院开展包括马克思主义文学理论、马克思主义批评的基本原则、美学概念等内容的讲座。

无产阶级文学理论与文学批评实践是卢卡奇在柏林时期的主要工作。在以《倾向性还是党性？》为代表的柏林时期作品中，卢卡奇首先表达了关于无产阶级文学的核心观点："对现实的正确的辩证描述和文学描写是以作家的党性为前提的。"^②这里的"党性"不是某种抽象的、主观主义的和任意的东西，而是历史进步承担者阶级的党性。卢卡奇认为，作为资产阶级艺术理论，美学与文学的"倾向性"只是对革命发展的主观因素和主观愿望的抽象描写，掩盖了社会历史进程的辩证发展。其次，卢卡奇进一步点明了他的文学研究的政治性与革命性。柏林时期，卢卡奇思考的核心问题是如何才能创作出伟大的无产阶级艺术作品？他的回答是必须在文学中运用辩证唯物主义，必须在对现实的再现中体现社会进程的基本动力，只有这样的文学作品才能促进无产阶级从"自在阶级"发展为"自为阶级"，使他们参与正在进行的阶级斗争，完成世界历史赋予他们的历史使命。最后，基于这些论述，我们清楚地看到卢卡奇 20 世纪 30 年代初期的文学理论研究与《历史与阶级意识》在路线上的延续性与一致性，即进一步清除第二国际理论家对马克思主义理论，特别是马克思主义美学理论的曲解。"当第二国际的意识形态遗产在我们的理论和实践的各个点上受到基本的修正时，我们在文学理论和实践中也必须尖锐地注意，我们不再带着第二国际传下来的资产阶级包袱，这

---

① Alfred Klein, *Georg Lukács in Berlin: Literaturtheorie und Literaturpolitik der Jahre 1930/32*, Aufbau-Verlag, 1990.
② Georg Lukács, "Tendenz oder Parteilichkeit?", *Die Linkskure*, Vol.6, 1932, ss.13-21.

只能阻碍我们前进的步伐。"[1] 卢卡奇在柏林时期的无产阶级文学理论工作尽管在性质上属于党的事业，但卢卡奇绝不仅仅是党的宣传者和政策的传声筒，而是以马克思主义学者的专业精神和学术素养，在理论研究与宣传策略中寻找平衡，坚定地表达无产阶级文学党性立场的同时，在对无产阶级作家的评论中进一步修正和发展无产阶级文学理论。

另外，卢卡奇的青年黑格尔研究也取得初步进展。1931年，纪念黑格尔诞辰100周年的活动在柏林进行，卢卡奇接到任务，要为黑格尔百年纪念写一篇专题论文，为此他开始了对这一问题的思考，研读《耶拿实在哲学》。1932年，卢卡奇在法兰克福发表了关于黑格尔对詹姆斯·斯图尔特爵士的《政治经济学原理探究》的长篇评论的演讲。"在黑格尔的著作中追溯斯图尔特的经济术语，卢卡奇做出了一个杰出的尝试，以证明黑格尔，仅次于马克思，是唯一一个以清晰和活力分析经济领域与政治、宗教和文化生活相关的德国哲学家。"[2] 为了纠正对黑格尔的学术误解，卢卡奇还准备了"黑格尔—马克思—列宁"系列讲座，计划在莫斯科的马克思主义学院举行。这一阶段的准备工作与初步进展为卢卡奇的青年黑格尔研究奠定了坚实基础。

柏林时期，卢卡奇经历了法西斯主义的兴起。直面资产阶级知识分子和无产阶级作家群体，不仅有助于他在20世纪30年代中后期对时代问题的判断和研究，也进一步拓展了卢卡奇理论研究的边界：开展以文学史和哲学史为重点的资产阶级意识形态批判。

---

[1] Georg Lukács, "Tendenz oder Parteilichkeit?", *Die Linkskure*, Vol.6, 1932, ss.13-21.
[2] Arpad Kadarkay, *Georg Lukács: Life, Thought and Politics*, Basil Blackwell, 1991, p.344.

四、重返莫斯科：对马克思主义理论的多维探索

1933年，希特勒上台，作为共产党员的卢卡奇无法在柏林继续工作，他选择重返莫斯科，在苏联共产主义学院的哲学文学与历史研究所继续理论研究，同时在《国际文学》和《文学评论》上撰稿，参与当时关于文学美学理论的讨论。这是卢卡奇苏联时期最受瞩目、理论影响最广泛的思想阶段，他不仅开辟了马克思主义研究的新领域，还在时代问题的提出、思考与回答中，分别推进了马克思主义美学和文艺理论、资产阶级意识形态批判以及青年黑格尔的研究。

第一，马克思主义美学与文艺理论发展成熟。研究院时期，卢卡奇在对马克思主义美学遗产的梳理中打下了坚实的理论基础。1932年，"拉普"的解散让卢卡奇看到了马克思主义哲学研究的新前景，即"社会主义文学、马克思主义文学理论以及不受官僚主义阻碍的文学批评"①。他对社会主义文学提出了新的希望：继承哲学和文化遗产中的进步传统，包括德国古典哲学、马克思主义哲学以及资产阶级文学遗产。在《艺术与客观真理》《叙述与描写》《论艺术形象的智慧风貌》《问题在于现实主义》《作为文学理论家和文学批评家的弗里德里希·恩格斯》等文本中，通过对马克思恩格斯美学理论的研究，系统阐发自己的现实主义理论，并成为影响深远的马克思主义文艺理论家。卢卡奇把现实主义从文学形式提升到世界观和认识论的层面，"无论是资产阶级还是无产阶级庸俗马克思主义的理论，都未曾强调过现实主义同自然主义之间的区别。然而，对于辩证的反映论，从而对于一种符合马克思主义精神的美学理论来说，强调两者之间的区别正是问题的核心所在"②。

---

① ［匈］卢卡奇：《卢卡奇自传》，杜章智等编译，社会科学文献出版社1986年版，第130页。
② ［匈］卢卡奇：《历史与阶级意识——关于马克思主义辩证法的研究》，杜章智等译，商务印书馆1996年版，第35页。

在大量的文学评论文章中,卢卡奇持续捍卫马克思主义美学的基本观点:马克思主义的美学、马克思主义的文学和艺术史是历史唯物主义的一部分,是辩证唯物主义的应用。

在唯物史观和马克思主义美学理论的指引下,卢卡奇的文学史研究也从理论走向现实运用,《历史小说》和《两百年德国文学史》成为马克思主义文学史研究的典范。在《历史小说》中,卢卡奇建构了一条从瓦尔特·司各特到巴尔扎克的历史小说线索,旨在说明历史小说的起源、发展与衰落始终与近代社会的巨大变革密切相关,其不同的形式问题只是这些社会历史变革的艺术反映。与此同时,卢卡奇对德国文学史的重新梳理,则是为了辨别两百年来德国文学史中的"进步"和"反动"之间的对立,从而对反动的浪漫主义文学做一种理论上的清算。① 在这种具有明确主体性的文学史重构中,卢卡奇探究文学流派和文学理论流变的社会历史基础,是将历史唯物主义应用于文学史的有益尝试,进一步拓展了马克思主义方法的实践领域。

第二,对资产阶级及其意识形态的系统批判。20世纪30年代,在反法西斯主义背景下,卢卡奇认为德国古典哲学和德国文学是对资本主义社会矛盾的集中呈现,进而对德国资产阶级知识分子、资产阶级意识形态以及德国哲学进行了深入的思想史研究。

首先,对资产阶级知识分子及其意识形态开展批判。1933年,卢卡奇在国际作家大会上以"我走向马克思的道路"为题首先进行了自我反思与批判。同年,实现了信仰飞跃(salto vitale)和世界观改造的卢卡奇,对仍然处于"绝望"状态的资产阶级知识分子进行了独特且辛辣的诊断:"从伟大的阶级斗争的历史中,我们清楚地知道,表面上的反对派的拖延战术在

---

① Georg Lukács, *German Realists of the Nineteenth Century*, Feremy Gaines and Paul Keast trans., MIT Press, 1993, p.vii.

维护资本主义制度方面起着多么重要的作用。"[1] 卢卡奇认为这些表面上的反对派在怯懦与犹豫中无法做出真正的行动。其次，对表现主义的批判。尽管《问题在于现实主义》（1938）成为备受瞩目的表现主义论争的核心文本，但《表现主义兴衰》（1934）更加清晰直接地表达了卢卡奇批判表现主义的理论目的。表现主义不仅仅作为一种文学形式或艺术潮流，更多的是作为帝国主义时期德国资产阶级知识分子的意识形态引起卢卡奇的关注。从卢卡奇的视角来看，一方面，表现主义隐含的主观主义，忽视社会发展和历史变革的决定性力量，反而稳定了资本主义，从而无法真正抵抗法西斯主义；另一方面，表现主义以反资产阶级的名义模糊了阶级之间的界限，因而否认阶级斗争的现实，他们在客观上倾向于继续依赖并依附于资产阶级。这种反动的阶级立场投射到文学艺术创作中，也必将产生反动的文学艺术。[2] 因此，卢卡奇更多的是从意识形态而不是文学形式层面批判表现主义，这一逻辑也延续到了30年代后期的表现主义论争。最后，对法西斯主义哲学和德国哲学中的非理性主义的批判。在卢卡奇看来，法西斯主义的首要威胁在于对社会主义进行毁灭性的战争，因此反法西斯和支持社会主义对卢卡奇来说是一体的。1933年，卢卡奇写下了《法西斯主义哲学是如何在德国出现的？》[3]，在对德国哲学的历史考察中，指责非理性主义哲学是法西斯主义的先驱。这些思考经过整合与深化，最终以《理性的毁灭》为名在"二战"后发表。在当代语境中，这本著作由于非黑即白的阵营划分和教条主义受到研究者的轻视

---

[1] Georg Lukács, *Grand Hotel Abgrund*, *Revolutionäres Denken-Georg Lukács*, von Frank Benseler Hrsg., Darmstadt-Neuwied, 1984, s.181.

[2] Georg Lukács, "Gross und Verfall des Expressionismus", *Internationale Literatur*, Vol. 4, 1934, ss.153-173.

[3] Georg Lukács, *Wie ist die faschistische Philosophie in Deutschland entstanden?* von L.Sziklai Hrsg., Akadémiai, 1982.

甚至指责。然而在卢卡奇苏联时期的整体思考中,《理性的毁灭》是其意识形态领域重要的、必要的斗争成果,也是整个苏联时期卢卡奇资产阶级意识形态批判的集大成著作。

第三,完成青年黑格尔研究。作为20世纪30年代初确定的长期研究项目,卢卡奇的《青年黑格尔与资本主义社会问题》于1938年完稿。1942年,卢卡奇以此获得苏联科学院的博士学位,并于1948年在苏黎世正式发表。1956年,当这本著作终于在他的祖国出版时,却因为匈牙利的反修正主义运动而遭遇了一致的批判。在这部著作中,卢卡奇试图将青年黑格尔塑造为一个马克思主义者,呈现一个与官方定位完全不同的青年黑格尔形象,同时希望在青年黑格尔中寻找资产阶级民主革命的优秀遗产,对黑格尔的辩证法进行历史唯物主义的再阐释,并对自己在《历史与阶级意识》以及《布鲁姆提纲》中的政治路线做出辩护。①《青年黑格尔》成功开创了马克思主义的思想史研究方法,成为公认的卢卡奇苏联时期理论成就最高的著作。

1939年8月23日,《苏德互不侵犯条约》的签订终止了作家们的"反法西斯"活动。苏联和德国的关系极度恶化,《文学评论》停刊,卢卡奇在苏联的境遇开始变得越发艰难。在战争的背景下,卢卡奇集中对德国哲学和历史进行反思并转向久违的匈牙利本土问题的思考。1941年、1942年之交,卢卡奇在《德国如何成为反动意识形态的中心?》②中重新回到德国古典哲学及其历史发展,整体性反思法西斯主义哲学和反动意识形态的形成。歌德与浮士德、法西斯与黑格尔、法西斯与尼采成为卢卡奇这一时期的关键词,他在历史与理论中追寻民主和人文主义的传统如何在德国历史发展中逐渐消

---

① 参见张亮《以青年马克思为参照系透视〈精神现象学〉——卢卡奇〈青年黑格尔〉解读》,《现代哲学》2007年第3期。
② Georg Lukács, *Wie ist Deutschland zum Zentrum der reaktionären Ideologie geworden?* von L.Sziklai Hrsg., Akadémiai, 1982.

失。20世纪40年代初，卢卡奇重新关注他的祖国匈牙利最新的文学发展和文化现象，讨论匈牙利关于国家利益的选择。1944年，卢卡奇以匈牙利语出版《知识分子的责任》[1]，他的理论目的是在哲学与现实之间找到德国和匈牙利的未来，找到真正的社会主义的未来。

在卢卡奇看来，马克思主义与资产阶级哲学的鲜明对立就在于，马克思主义从不脱离具体的历史过程，因而是一种唯一的、统一的历史科学。因此，卢卡奇苏联时期的理论探索也是基于这样一种宏大的历史全景展开，也就是说对文学、历史、哲学的研究都服务于整体的社会历史进程，对苏联、德国和匈牙利问题的思考都旨在促进社会主义事业的发展。或许卢卡奇关于马克思主义理论和社会主义发展的许多具体理论和观点已经不具有真理性，但他掌握的理论创新道路却是普遍的，依旧值得并需要我们去发掘和继承。

五、对卢卡奇苏联时期的简要再评价

尽管远离20世纪20年代的政治活动，苏联时期的卢卡奇并没有隐藏在学术的象牙塔中，而是战斗在意识形态纷争和社会主义建设事业的最前线，在抵制将马克思主义庸俗化的斗争中发挥积极作用。卢卡奇以唯物史观为指导建构马克思主义美学理论，与种种非理性主义思潮作斗争，开拓了马克思主义的研究领域，扩大了马克思主义的世界影响。就其学术价值和思想影响而言，卢卡奇的苏联时期尚未被充分研究，因此其间的成就无法与《历史与阶级意识》和《社会存在本体论》比肩。但卢卡奇对时代问题的敏锐把握、对马克思主义理论的有益探索、对社会主义事业的坚定信仰，依然是其宏大思想图景中的重要组成部分。

---

[1] Georg Lukács, *Irástudók felelőssége*, Idegennyelvü Irodalmi Kiadó, Moszkva, 1944.

首先，卢卡奇对苏联的选择是基于理论与实践的自觉认同。在共产主义运动背景下，卢卡奇到苏联去绝不是被迫，而是作为一名马克思主义者和共产党员对作为社会主义国家的苏联的坚定选择。20世纪20年代后期，卢卡奇思想中的伦理色彩逐渐淡去，他逐渐认识到需要依靠组织和政党的现实行动来实现哲学与政治的统一。在《合法性与非法性》中，卢卡奇意识到，俄国无产阶级革命的胜利不是因为幸运和幻想，而是立足于长期的现实的斗争中对资本主义国家本质更加深刻的认识，"他们的行动是建立在真正现实的基础上，而不是建立在幻想的基础上"[1]。这也是卢卡奇选择社会主义的苏联而不是资本主义的其他国家的原因，革命的自我意识和对自己力量和尊严的认识只有在无产阶级革命斗争的前线才得以可能。1928年，《布鲁姆提纲》的失败让卢卡奇认识到党内斗争的残酷，他接受了欧洲革命处于低潮的现实，既然无法继续做革命者，那就选择自己认同和向往的地方转型成为革命的学者。这种主动选择，契合卢卡奇理论和实践的双重要求。1933年，卢卡奇又一次选择苏联的直接动因是法西斯主义的崛起，更加深层的原因则是卢卡奇对资本主义、资产阶级知识分子以及资产阶级意识形态的彻底绝望。卢卡奇多次的自我批判是绝对真诚的，因为他在苏联时期的实践和理论证明了自己对早期"左的伦理学和右的认识论"[2]的持续性反思和斗争。

其次，正确理解苏联时期的关键在于把握卢卡奇立场与身份的转变。卢卡奇苏联时期的理论活动是在共产主义哲学家和党的理论家这样一种双重身份下开展的，因此这一时期卢卡奇的思想不能作为一种学院派的思辨哲学来看待，而要聚焦于它的社会功能。经历过革命浪潮的卢卡奇深刻地意识到，茶杯中的理论风暴在实践的汪洋大海面前相形见绌，知识精英的理论需要与

---

[1] ［匈］卢卡奇：《历史与阶级意识——关于马克思主义辩证法的研究》，杜章智等译，商务印书馆1992年版，第343—359页。

[2] ［匈］卢卡奇：《卢卡奇早期文选》，张亮、吴勇立译，南京大学出版社2004年版，第xiii页。

人民大众的理论需要注定截然不同。以表现主义论争为例，看似是文艺理论的争论实则关涉到意识形态斗争和社会主义实践的根本问题。表现主义的支持者们强调作者的主体性和形式的先锋，因此注定只能与少部分知识精英产生共鸣，进而阻碍无产阶级阶级意识的形成。卢卡奇以现实主义为核心的马克思主义文艺理论，旨在展现整个社会历史及其内在矛盾宽阔而深刻的发展变化，将人民放在历史的主体位置，最终的落脚点在于社会主义事业。文以载道，诗以言志，对于卢卡奇而言，他的"道"与"志"始终在于，要站在共产主义立场，通过现实主义唤醒无产阶级的革命主体意识。如果说资本主义阵营的左派知识分子称自己是"为了无产阶级"，那么卢卡奇则始终身体力行地"在无产阶级中"。同样，在《理性的毁灭》中，卢卡奇对非理性主义的种种批判的基本前提是：任何哲学都不是无辜的，思想一定会作用于现实。卢卡奇谴责的并不是思想家本人及其思想水平，而是其思想中的非理性倾向和妥协让步因素及其带来的毁灭性影响。卢卡奇强调，他并不是要写一部哲学史的教科书，而是要揭开资产阶级意识形态的迷雾，看到哲学史上那些不为理性斗争的知识分子如何成为法西斯主义和资本主义的帮凶，看到马克思主义和历史唯物主义的真理性，站在党的理论家的角度，期望所有的知识分子都可以实现马克思主义的信仰飞跃。

最后，重访卢卡奇苏联时期的核心意义在于正确认识和评估卢卡奇对马克思主义的积极探索。国内学界部分学者接受了西方学者的历史叙事，将卢卡奇看作西方马克思主义的开创者，部分学者始终坚持卢卡奇作为坚定的马克思主义者与西方马克思主义者有着本质不同。[1] 对卢卡奇苏联时期思想更

---

[1] 参见马驰《卢卡奇是"西方马克思主义"的鼻祖吗》，《学术月刊》1996 年第 8 期；侯惠勤《危险的误导：卢卡奇〈历史与阶级意识〉为何被捧为马克思主义创新的经典？》，《马克思主义研究》2017 年第 5 期；张亮《作为马克思主义"思想家"的卢卡奇——纪念卢卡奇逝世 50 周年》，《马克思主义理论教学与研究》2021 年第 2 期。

加深入细致的整体性考察会使这一问题更加明晰。在共产主义运动的整体视角之下，卢卡奇苏联时期的理论发展显示出三重主要线索：一是马克思主义美学理论的研究与实践。马克思和恩格斯关于美学、文学的论述为卢卡奇的马克思主义美学体系建构提供了基础的理论支撑，柏林时期的无产阶级文学斗争实践让卢卡奇更加深刻地理解文学与现实政治的关系，与表现主义理论家的论争促使卢卡奇进一步厘清了伟大的现实主义理论，在从无产阶级斗争文学到社会主义文艺的建设发展过程中，卢卡奇对马克思主义美学的研究呈现出从理论到实践再到理论升级的辩证发展过程。二是对马克思与黑格尔关系的持续思考。卢卡奇在20世纪30年代初接触青年马克思的著作，开始意识到自己早期的方法论缺陷，但他没有直接开始青年马克思的研究，而是重新评估20年代对马克思的黑格尔主义解释，并在《青年黑格尔》中以"劳动"概念为基点，试图把黑格尔的辩证法从唯心主义和形而上学中拯救出来，直到50年代出版的《论青年马克思（1840—1844）的哲学发展》系统研究了青年马克思克服黑格尔唯心主义辩证法的各个阶段，呈现出从青年马克思到青年黑格尔再回到青年马克思的理论道路。在这个过程中，卢卡奇持续探讨马克思与黑格尔之间方法论的连续性。三是对资产阶级意识形态的整体批判。自卢卡奇从资产阶级知识分子转向一个坚定的共产主义理论家，他对于资产阶级意识形态的批判就没有停止过。在文化斗争的前线，卢卡奇将资产阶级知识分子的软弱性诊断为"陷入普遍绝望无法实现信仰飞跃"[1]。法西斯主义对资产阶级哲学遗产的篡改更是激起了这位理论家的斗争意志，在马克思主义的立场下，苏联时期的卢卡奇从文学、艺术、思想史等多个角度开展对资产阶级意识形态的批判。卢卡奇留给我们的思想遗产是：毫不妥

---

[1] Georg Lukács, "Grand Hotel Abgrund", *Revolutionäres Denken-Georg Lukács*, von Frank Benseler Hrsg., Darmstadt-Neuwied, 1984, s.180.

协、绝不退让地坚守好理论阵地是坚持和发展马克思主义的必要前提之一。苏联时期的三重理论线索互相交织、相互影响，尽管在表象上与其早期思想异质，但与《历史与阶级意识》具有方法上的一致性，即是在反对将马克思主义"庸俗化"的过程中，坚持、运用和发展马克思主义的方法，探索一条更符合马克思主义本质的理论道路。

面对卢卡奇这样一位备受争议的马克思主义学者，如何对待其思想中的非主流阶段是一个重要的思想史问题。不仅要问"是不是马克思主义"，更要问"有没有马克思主义"，进而积极地肯定与吸收。① 国内学界围绕卢卡奇各个思想阶段的全面研究正在展开，在未来的研究中，首先应该以德语版《卢卡奇全集》②、最新出版的三卷本《卢卡奇研究指南》③ 以及即将出版的多卷本《卢卡奇文集》④ 为文献资源，系统梳理卢卡奇苏联时期的理论发展脉络，打破单一学术尺度之下片面的卢卡奇理论形象；其次，澄清和反驳部分学者对卢卡奇苏联时期的碎片式理解，真正进入卢卡奇的思想深处，与其进行积极的交流对话，更加客观、准确地评价卢卡奇苏联时期马克思主义理论研究和探索的整体性、时代性与局限性，进而批判性地吸收以卢卡奇为代表的经典西方马克思主义理论资源中的一切有益部分；最后，立足中国特色社会主义实践，重新认识和评估卢卡奇掌握的马克思主义"真知识"、对马克思主义进行理论和实践创新的"真本领"以及对共产主义矢志不渝的"真信

---

① 参见梁树发《马克思主义发展史研究的几个方法问题》，《马克思主义研究》2012 年第 12 期。
② 《卢卡奇全集》德文版计划出版 18 卷，在德国 Luchterh（Neuwied & Bedin）and Aisthesis（Bielefeld）两家出版社的接续努力下，除第三卷第 2 分卷外，其他卷次均已出版。
③ 参见张亮主编《卢卡奇研究指南》，江苏人民出版社 2022 年版。
④ 参见张亮《关于多卷本〈卢卡奇文集〉编译的若干思考》，《广西大学学报（哲学社会科学版）》2020 年第 5 期。

仰",进一步明晰卢卡奇思想中仍然具有现实效力的理论成果,为中国学界推进马克思主义理论创新和发展提供有益借鉴。

（本文系南京大学新时代文科卓越研究计划中长期研究专项"多卷本《卢卡奇文集》的编译与研究"的阶段性成果）

（原载《世界哲学》2023年第1期）

文学与共同体建制
——从后马克思主义理论家对巴特比的解读谈起

周 静

四川大学文学与新闻学院

《抄写员巴特比——一个华尔街的故事》是美国作家梅尔维尔发表于1853年的短篇小说。巴特比这一人物形象不仅以资本主义反抗者的面貌屹立于文学史之上，而且在2011年的"占领华尔街"（Occupy Wall Street）社会抗议运动中成为抗议者的精神领袖。在晚期资本主义阶段，全球化和福利社会成为资本主义国家普遍性的文化事实，大规模的工人运动已经销声匿迹，取而代之的是散点式的文化身份运动，如女权运动、酷儿运动、"黑人的命也是命"（Black Lives Matter）运动等，但这些局部的文化运动止步于具体而微的社会抵抗，无法动摇资本主义社会的整体根基。后马克思主义理论家开始重新思考巴特比这类资本主义体系的被排斥者是否能够被整合为整一的共同体，从而使经典马克思主义的阶级斗争理论在当代重新焕发生命力。

英文语境中的"共同体"（community）有"社区""团体""共同体"等多个义项，其中"共同体"意为"有共同利益的个体联合成为的集体"。奈格里和哈特则将"帝国三部曲"的最后一部命名为"Commonwealth"（中译名《大同世界》），该词强调的是政治意义上独立的共同体，同时兼有"联邦共同体"的义项。共同体的形态繁多，根据不同标准可以划分为经济共同体、民族共同体、地缘共同体、宗教共同体等不同形态。尽管共同体的形态纷繁，共同体内部的个体之间往往也存在差异，但共同体的本质就在于其内部成员共享相同的利益，差异性的个体为了谋求某方面共同的利益而联合起来。

后马克思主义理论家试图探索革命主体与共同体的关系，寻找抵抗资本主义制度的方案。以爱德曼、阿甘本为代表的后马克思主义理论家将巴特比视为游走于共同体边缘的绝对他者，通过抵制被共同体收编的一切可能以实现彻底的反抗，消解共同体在阶级斗争中的主体地位。而以奈格里、哈特和齐泽克为代表的理论家则坚持共同体在反资本主义斗争中的决定性作用，将巴特比视为历史主体的未完成状态。巴特比的彻底被动性不仅是对资本主义异化劳动的拒绝，也是对于一切具体之物的拒绝。这种绝对性的拒绝迎合了大众对于权威的憎恨，标志事件的断裂和解放性政治的开端，然而只有自觉地联合共同体才能实现反抗资本主义的历史任务。关于共同体的解构性思想体现出对于人类中心主义和极权主义的高度警惕，主张以多元、差异和潜能性的个体反对资本主义体系，用个体政治身份取代统一的政治共同体的建构，削弱了革命的力度。关于共同体的建构性路径则体现出经典马克思主义的思脉，奈格里、哈特和齐泽克对共同体的信任以及再政治化的意图，与标准的当代激进左翼观点形成鲜明的差异，但整一的共同体在容纳当代多样性的文化事实上并没有提供足够的空间。在这两极路径之外，朗西埃的"感性共同体"提供了一种平衡个体与总体、建构与解构的方案，通过书写扰乱共同体既定的感性分配秩序，在感性体制更新的过程中对主体进行政治化，建构一个流动的、平等的、众声喧哗的共同体。

一、差异与潜能：解构共同体

作为 19 世纪反抗资本主义的经典文学形象，巴特比在 21 世纪仍然引发了现实文本的生成。在 2011 年，美国"占领华尔街"社会抗议运动中的政治活动家们发现了抄写员巴特比和被压迫的劳动者之间的某种对应关系，巴特比的被动被视为反抗资本主义的典范姿态。"I would prefer not to"成为风靡一时的运动口号，巴特比的形象被印在帆布袋、陶瓷杯上，巴特比被建构为反对资本主义的象征性符号，成为反抗者争相模仿的对象。他们相信，巴特比从根本上解构了契约关系的权力，体现了形成一种新的劳资关系和社会共同体的希望，预示了新的革命性共同体的形成。

但爱德曼称这种期待是一种误读，巴特比所展现的是"对人类社会的全面抵制，拒绝被社会秩序整合的意愿"[①]。他是无法被意识形态收编的"他者"或"非同一性"，也是朗西埃所谓的"无分之分"。一个没有社会位置的他者永远无法被整合到共同体之中。政治活动家们在模仿中背叛了巴特比，他们将巴特比塑造为革命领袖，正是试图将巴特比正常化，使其扮演一个可定义、可归类的社会角色，体现了一种人类中心主义的思维。

爱德曼对这种人类中心主义的思维方式展开了激烈的批判，他将其视为部分马克思主义者对酷儿理论进行批判的理论依据。在现实生活中，同性恋者、跨性别者等酷儿们往往被异性恋视为社会生活中不正常、不稳定的"他者"；在自然界，植物、动物又被人类视为被动的无思维、无感觉的低级生物，这种主体和客体的二元对立格局使支配的权力关系固定化，主体要么排斥和消灭他者的存在，要么将他者整合进自己的体系，将差异转换为同一。

---

① Edelman Lee, "Occupy Wall Street, 'Bartleby' Against the Humanities", *History of the Present*, No.3, 2013, p.110.

而爱德曼认为我们应当尊重巴特比和酷儿这类社会中的边缘他者，放弃同一和整合的欲望，尊重他者的他异性（alterity）。

阿甘本从潜能的角度肯定了巴特比，认为巴特比质疑了存在对于无的优先性。真正的潜能同时是一种非潜能，潜能是一种对能力的保有和自持。巴特比重复的抄写工作与尼采的"永恒复归"存在一种内在对应关系。巴特比拒绝抄写的选择是"能不"而非"不能"，他拥有的不是正向意欲的能力，而是"在绝对不意欲的情况下有了能力（或没有能力）"[1]，由此摧毁了能力和意志之间的关联性，通过"不作"保留了生命的无限潜能。阿甘本将巴特比的"I would prefer not to"视为潜能的句式，结尾的"to"有一种回指的特征，"这个回指被绝对化到了失去所有指称的地步"[2]，它指向的不是现实而是前面的语项。这一句式可以无限地生成："I would prefer not to prefer not to prefer……"

阿甘本将生命的本质认为是无行动地保有的纯粹潜能，是对抗资本主义"禁止"共同体的本质形式。由于在场关系的瓦解，捕获存在的"装置"遭遇失效的困境，这种不能实现的潜能无法被资本主义耗尽，从而保存了生命的本真状态。巴特比处于纯粹的潜能性空间中，这一空间介于有能力存在和虚无之间，标示一个偶然性的实验场所，即在存在和不存在、有和无之间的无限的可能性。生命出于"无"才保留了在世的可能，巴特比在监狱死亡之时正是生命本质意义诞生的时刻。因此，无属性、非本质就是共同体的生命所共享的本质，无国籍难民是阿甘本理想的新型共同体先锋，他们打破了传统的种族、文化和政治等划分共同体的标准，以"撤退中"（Being-in-

---

[1] ［意］乔吉奥·阿甘本:《巴特比，或论偶然》，王立秋等译，漓江出版社2017年版，第181页。

[2] ［意］乔吉奥·阿甘本:《巴特比，或论偶然》，王立秋等译，漓江出版社2017年版，第182页。

exodus）的姿态呈现出生命经验的自由涌现。流动的生命潜能无法被现实化，因此阿甘本的共同体构想始终处于来临中的状态，以形而上的感知形式高悬于现实之上。

爱德曼和阿甘本基于激进的平等原则，刺破以种族、文化、政治为面纱的资本主义社会共同体幻象，解构共同体的本质主义模式，以生命的感知方式取代固化的、权力性的共同体建构标准，试图探索一种既能保留个体潜能又能弥合后现代社会离散状况的共同体路径。但无论是爱德曼对于人类中心主义的批判，还是阿甘本对于资本主义生命政治的批判，都仍然停留在想象性解决的形而上层面，未能给出一种能够转化为现实的可行性方案。

二、抵抗与再生：重建共同体

以德勒兹、阿甘本为代表的后现代主义者多以去中心化、碎片化的姿态围剿资本主义的权力中心，然而奈格里和哈特在《帝国——全球化的政治秩序》中犀利地指出，当下统治社会的资本布展逻辑已经从现代性的中心化转变为去中心化，后现代主义者所标榜的激进姿态和差异性政治恰恰暗合了资本的生命政治运作逻辑，后现代理论对于差异和个性的追求也沦为资本新的增长点，革命的话语反而成为资本主义的同谋。因此，哈特和奈格里将标榜内在性、差异和个性的后现代理论评价为"将刀剑挥向旧敌人的影子"[1]。

奈格里和哈特从建构性路径出发，主张"真正具有革命性的实践必须提及生产"[2]。他们语境中的生产不仅仅指向劳动产品的生产，同时也指向主体

---

[1] ［美］迈克尔·哈特、［意］安东尼奥·奈格里：《帝国——全球化的政治秩序》，杨建国、范一亭译，江苏人民出版社2005年版，第143页。
[2] ［美］迈克尔·哈特、［意］安东尼奥·奈格里：《帝国——全球化的政治秩序》，杨建国、范一亭译，江苏人民出版社2005年版，第155页。

的生产。在奈格里和哈特看来，巴特比对资本主义异化劳动的拒绝具有一定的政治内涵，象征解放性政治的开始，体现了被统治阶级对"自愿的奴役"的拒绝。然而他们也进一步指出："但它也仅仅是个开端。拒绝本身是空洞的。"① 巴特比对于工作和生产的拒绝不具有持续性和普遍性的意义，只能局限于部分的时空范畴内，无法从根本上颠覆无国界的帝国体制。此外，劳动是人的本质力量对象化的重要途经，放弃生产的消极抵抗方式与人类的本质相矛盾，只会走向社会自杀的局面。

从主体方面看，巴特比没有生产出可持续的、集体性的革命主体，而颠覆资本主义绝不能止步于个体的拒绝，真正的社会抵抗应诉诸革命性的、自觉的、世界性的历史共同体的生成，即"诸众"（multitude）。作为奈格里和哈特理想的革命性共同体形态，诸众既不局限于马克思政治经济学语境中的无产阶级，也不同于具有国别局限性的人民概念，而是全球资本主义和赛博空间制造出的全新主体，肩负着帝国时代下阶级斗争的使命。诸众既是参与全球化的生产主体和创造主体，又是反对资本主义全球化布展形式的潜在抵抗力量。诸众是由工人、学生、家庭妇女等一切被剥削的劳动力所构成的动态网络，在共同性之下保持着个体的多元异质性。革命共同体发生了从无产阶级到诸众的变化，这一变化正是为了回应资本主义进行空间布展的新形势——无中心、无疆域的社会全方位统治。为了反抗整一性的资本主义，我们需要的是整一性的历史共同体而不是个别的、具体的他者。"惟一贯穿于所有地域和时代，能称得起纯粹差异的'共同之名'的是'穷人'。"② 他们所指称的"穷人"，也就是一切被资本主义剥削的劳动者，即诸众。"诸众基

---

① ［美］迈克尔·哈特、［意］安东尼奥·奈格里：《帝国——全球化的政治秩序》，杨建国、范一亭译，江苏人民出版社2005年版，第199页。
② ［美］迈克尔·哈特、［意］安东尼奥·奈格里：《帝国——全球化的政治秩序》，杨建国、范一亭译，江苏人民出版社2005年版，第156页。

于共同性的扩张和在生产中的自我改造为诸众在政治领域中的自治明确了最终方向"①，诸众必须生产出一个对抗帝国的共同体才能获得解放。

齐泽克对《帝国——全球化的政治秩序》中关于巴特比的论述进行了反思："巴特尔比的'我宁愿不'并非后来要在耐心的积极劳作——即对现存社会世界予以'确定的否定'——中被克服的'抽象的否定'的起点，而是始元（arche），是支撑整个运动的潜在原则。"②齐泽克不赞成奈格里和哈特所倡导的以诸众反抗帝国的路径，而是转向一种全新的巴特比式的"减法政治"（subtractive politics）。齐泽克总结了两种传统的资本主义抵抗政治学范式：一是消除他者，以中心化的阶级斗争反抗资本主义，这种经典马克思主义的斗争范式被奈格里和哈特继承与发展；二是以尊重文化差异为宗旨的多元自由主义，即后现代主义者普遍采取的路径，将总体性的资本主义体系问题转化为零星的个体文化问题从而消解了反抗的力度。

在齐泽克看来，这两种后政治范式在当下语境中都走向了失效，传统的抵抗政治和多元自由主义均未消解资本主义的基本结构。奈格里和哈特所倡导的抵抗政治仅仅是从内容上对资本主义进行了第一次否定，并没有从根本上取消资本主义所赖以生存的象征性空间结构。真正的元选择并非从二者选其一，而是不做选择。齐泽克援引了康德对"否定"和"非确定判断"的区分，非确定判断打开了肯定和否定之外的第三空间，生成了一个无限的领域，"I would prefer not to"表达的是不依赖任何事物的欲望而非对意愿的否定，他的欲望是一片空白，即"无"。抵抗政治寄生于它所反抗的对象之上，而减法政治凭借其纯粹的撤退姿态使出现暴力的位置保持开放，巴特比的反

---

① ［美］迈克尔·哈特、［意］安东尼奥·奈格里：《帝国——全球化的政治秩序》，杨建国、范一亭译，江苏人民出版社2005年版，第127页。
② ［斯洛文尼亚］斯拉沃热·齐泽克：《视差之见》，季广茂译，浙江大学出版社2014年版，第598页。

抗是没有任何暴力性的反抗,他以"无为"的暴力反抗了资本主义的符号性和体系性暴力,开辟了霸权立场和反霸权立场之外的新空间,从而摆脱了"否定—反抗—再否定"的循环,完成了对资本主义秩序的釜底抽薪。

齐泽克将巴特比的撤退姿势与构建新共同体秩序之间的关系表述为"视差之异",巴特比的拒绝不是新共同体要否定的对象,而是新的共同体的建设根基,共同体的建构正是为巴特比的抽象否定性赋形的过程。"不要把'我宁愿不'表达出来的退却化约为'对帝国说不'的态度,而要首先把它化约为我所谓的抵抗之游荡的全部财富,化约为所有形式的抵抗,只要这些抵抗能够帮助体制通过确保我们对它的参与再生产自身。"[1]对资本主义制度的抵抗实际上为制度提供了再生产的资源,这正是当下意识形态运作的模式。当我们转移到视差分裂的另一面,巴特比式的被动就会走向介入的集体性社会行动。巴特比式的革命主体不止步于"身份政治"的范畴之内,也不局限于改变具体的社会条件,而是走向一种团结普遍的"被排斥者"的暴力革命。但这一联合共同体并不具有单一的普遍性,而是由行动、身份各异的主体组成的复杂爆裂式联合体,"爆裂式联合体在本质上是一种由于短暂的相互利益而缔结契约形成的政治联盟"[2],齐泽克对于爆裂式共同体的设想,为后马克思主义理论提供了一种新的再政治化的可能。

三、歧义与游击：感性共同体

后马克思主义理论家对于巴特比所象征的革命主体的理论阐释可以归结

---

[1] [斯洛文尼亚]斯拉沃热·齐泽克：《视差之见》,季广茂译,浙江大学出版社2014年版,第600页。

[2] 廉洁：《无产者联合何以可能：从马克思到当代激进左翼》,《山东社会科学》2022年第5期。

为两种路径：建构性路径与解构性路径，这两种路径反映出他们对于建构社会共同体形式和主体化形式的差异性想象。建构性路径面临的问题在于，后现代的主体身份处于加速流动之中，一个绝对的他者和固定的共同体往往并不存在。根据主体的不同标签，同一主体可以从属于多个共同体：种族共同体、国家共同体、经济共同体等。解构性路径则试图解构共同体概念，挖掘后现代主体所蕴含的个体性潜能，以差异、流动和多元对抗权力中心。然而正如奈格里、哈特和齐泽克共同指出的：解构性路径的多元文化主义立场将总体性的体系问题转化为零星的、个体的文化问题，从而削弱了自身理论的批判性。在他们看来，巴特比这类绝对他者无法在资本主义社会中获得一个确定的位置，也拒绝被传统的政治共同体的秩序整合。这一路径必然走向社会解体的消极局面。

后马克思主义理论所提供的两种路径都体现出各自的局限性，这让我们不禁陷入思考：如何在共同体中保持独特性与普遍性的平衡，共同体的建构应当以什么为纽带？朗西埃的"感性共同体"提供了一个有价值的方案。面对工人阶级内部严重分化、全球意识形态高度整一的形势，革命共同体的建构标准也应当随之调整。在朗西埃看来，共同体只是偶然形成之物，不存在一个稳定的共有根基，任何将共同体建制化、固定化的意图都将走向失败。因此，政治主体的出现只能是暂时的，必须在"事件"出现后便解体，否则新的秩序会开启新一轮的治安体制的部署。

因此，以经济、政治和民族等传统标准划分共同体既固化了共同体的组成，又窄化了革命主体的范围。为了建构兼具普遍性和差异性的共同体，朗西埃从"感性的分配"（le partage du sensible）这一角度来阐释共同体的生成过程。"治安"（la police）决定了"感性的分配"，即"对空间和时间的分配与再分配，对地位和身份、言语和噪声、可见物和不可见物的再分配"。①个体对外在世界进行感知的潜能是平等的，但这一潜能的实现却受制于现实的等级秩序，正是这种不平等的社会秩序限定了我们可听、可做、可说、可看的感知内容和范围，也规定了我们参与社会生活的限度。

巴特比的感性活动就处于被体制压抑和剥夺的状态，他被安排在逼仄的角落进行抄写工作，他的工位与代理人的座位之间以屏风相隔，来到办公室的客人甚至不会注意到他的存在。巴特比的感知从一开始就以一种怪异的格局被分配，他可以听见来自雇主的命令，却无法看见外边的世界，也无法被外界看见。他的感知活动是根据生产活动的原则被分配的，他所能感知的范围，就是他身为一名抄写员所需要的活动范围，而工作范围之外的感官是被禁止调用的，因为这无益于提高他的工作效率。

既然"治安"指涉的是何物能够出现以及它如何呈现给主体的感觉，那么朗西埃理想的"政治"（la politique）便是更新共同体的感知方式和让不可感知之物浮出地表，重构感知的过程也是建构政治主体的过程。文学作为艺术王冠上的明珠，无疑是重建感性分配关系的重要试炼场和民主的生成机器，为了实现朗西埃心中理想的政治，必须发挥文学的政治所具有的颠覆既定等级秩序的功能。

文学的政治性根植于"文学性"（littérarité），即书写的不规则形态。作为"话语的正当秩序的不规则形态"②，书写打乱了既定的存在模式、言说模式和行为模式。尽管语言被人类社会普遍地使用，却从一开始就已经被不同位置和不同理性之间的差距渗透，规范的语言秩序与高/低等级和排除/纳入的关系结构存在对应关系。由此，话语中被安置的感受性分配与其主体实

---

① ［法］雅克·朗西埃：《文学的政治》，张新木译，南京大学出版社 2014 年版，第 4 页。
② ［法］雅克·朗西埃：《词语的肉身：书写的政治》，朱康、朱羽、黄锐杰译，西北大学出版社 2015 年版，第 153 页。

现的感知之间存在着一定的偏差（tort），这种偏差决定了政治的本质是歧义与歧感。由此，朗西埃主张："政治是透过错误而出现……错误是在说话身体之分配的核心，引入了不可共量性（incommensurable）。这个不可共量性不仅打乱了利害间的平衡，也预先破坏了根据宇宙的比例以及共同体的根基而建立的城邦计划。"[1]

言语产生于个体的肉身，能够自由进入场所并安排其自身功能；言语被说出之后便构造出一个独特的、自由的空间，"这一空间把自身叠加于躯体在共同体之中的展布，并重新组织了词语和事物、话语秩序和情境秩序之间的关系"[2]。通过这种方式，书写本身是被既定等级秩序分配的产物，但它同时又将躯体分配进一个有序共同体中并扰乱其现有的感性分配格局。书写致力于不断地突破既定的写作陈规和感性分配形式，激活了感知主体的民主化诉求，塑造出革命的共同体。"政治主体化的通道不是想象性的认同，而是'文学性'的解离。"[3]

朗西埃将书写塑造的政治主体称为"孤儿"，无人教导孤儿应该做什么，他们没有来处，也不知去向何方。审美的孤儿们如同分子一般，在自由的审美感知运动中超越了自己的阶级，不必遵循共同体约定俗成的规章制度，也无须依据模仿原则和地位逻辑去限定自己的生活。文学的本质是冷漠的、民主的，任何人都可以凭借其能力自由地获得，主体间的差别被抹除。在遵循审美体制的作品中，文学仅仅依赖于自身，成为一种民主的展示。"这种作

---

[1] ［法］雅克·朗西埃：《歧义：政治与哲学》，刘纪蕙、林淑芬、陈克伦等译，西北大学出版社 2015 年版，第 34 页。
[2] ［法］雅克·朗西埃：《词语的肉身：书写的政治》，朱康、朱羽、黄锐杰译，西北大学出版社 2015 年版，第 152 页。
[3] Jacques Rancière, *The Politics of Aesthetics: The Distribution of the Sensible*, trans. Gabriel Rockhill, London, New York: Continuum, 2011, pp.39-40.

品没有任何观点，它不传递任何讯息，它既不关心民主，也不关心反民主，正是由于它的冷漠，这些作品才成为'平等主义'的作品。"① 它悬置了所有倾向和等级制，扰乱了现有的感性分配的时空秩序，邀请那些边缘者、底层者、被驱逐者进入超越自身阶级的艺术殿堂，迎接友爱的人性的未来。

民主的文学实现了主体在分子层面的绝对平等，意识与物质、主体与客体、主动与被动等经典的二元对立项被消解了。民主不再作为政治制度存在，而是作为"感性场所的再分配"存在。"无分之分"在转移自己被分配的身体位置时，也改变了共同体中其他成员的位置，由此消解了少数与多数、有分之分与无分之分之间的区别。"共同体"与"他者"之间实际上是一个相互生成的关系。文学的政治"把人类诸个体在社会中的平等，引向一种更伟大的平等——一种比贫民和工人要求的平等更为真实、更为深刻的本体论的平等。这种平等仅在分子的层级上进行统治"②。自由的分子运动使得共同体的边界不断变动，各类主体和事物自由地流动，审美主体平等地共享感知的时空，感知共同体也得以持续地变动和更新。

结语

后马克思主义理论家们由巴特比这一人物形象出发，从建构性和解构性的双重路径思考晚期资本主义社会语境下应当如何激活主体政治潜能、抵抗资本主义的生命政治的重要议题。面对工人阶级的内部分化以及数字资本主义的发展，经典的马克思主义阶级斗争理论遭遇了重要挑战：无产阶级联合革命是否还是人类解放的唯一路径，原子化的个体如何才能被重新整合为具

---

① ［法］雅克·朗西埃：《美学中的不满》，蓝江、李三达译，南京大学出版社 2019 年版，第 43 页。
② ［法］雅克·朗西埃：《文学的政治》，张新木译，南京大学出版社 2014 年版，第 223 页。

有革命性的共同体，建立联合共同体的主体是否还是无产阶级？

在马克思所处的 18 世纪，共同面临的窘迫的经济状况成为维系无产阶级凝聚力的重要支撑，而当代福利社会语境下的工人阶级呈现出了体力工作者和脑力工作者的分化，他们在政治地位、经济条件、文化背景上都呈现出多重差异，难以凝聚为持续性的革命共同体。因此，后马克思主义理论家在革命的路径上产生了分化：以爱德曼和阿甘本为代表的理论家不再将无产阶级联合共同体视为反抗资本主义体制的主体，爱德曼转向建构差异性的文化身份主体，阿甘本则反对归属和身份的概念，将希望寄托在无身份、无归属的赤裸生命之上，将共同体定义为"可共名却各异其是的"潜能性存在，这两种方式都以诗意的文化批判消解了整一性共同体的革命力量。解构性路径展现出后马克思主义者对于本质主义、极权主义的高度警惕，同时也暴露出对于无产阶级的信任危机，因此更多地停留在观念的层面，难以现实化为具体的社群关系。

以齐泽克、奈格里和哈特为代表的后马克思主义者则坚持了经典马克思主义阶级斗争理论的核心要领，试图扩大革命共同体的主体范畴，将革命主体从工人阶级拓展到资本主义体系的所有被排斥者和被压迫者，但是要将差异性的被排斥者从分裂涣散的状态整合成自为的革命共同体，一方面需要赋予共同体联合的纽带；另一方面也不能忽视共同体内部的差异和矛盾，尊重个体的生命经验。这一再政治化的宏大意图往往忽略了个体差异性的生命经验，无力面临碎片化的、流动的社会现实。

后马克思主义理论需要寻找新的维系共同体的纽带，这一纽带不再局限于经济政治学方面，而是拓展到感性文化上。朗西埃的"感性共同体"提供了新的方案，共同体的划分标准不再是固定的社会阶级、性别或者身份归属，而是永远作为流动的民主事件发生。朗西埃并不试图赋予共同体以标准化的基础和体制，反而将政治视为扰乱共同体既定基础的活动。审美体制的

"扰乱"使得原本在感知坐标中没有参与之分的"无分之分"得以介入。朗西埃的"歧义共同体"不是一个固化的、平滑的、均质的共同体，而是流动的、众声喧哗的、差异性的共同体。感性共同体由歧义性的个体构成，而这些"共名而各其所是"的个体又是由共通的感性秩序所维系的。象征秩序的革命引发了现实秩序的重新分配，文学成为民主秩序的试炼场和政治主体的生产机器，将巴特比这类"无分之分"与固有的身份发生决裂，生产出新的民主的歧义共同体。但这一共同体并不持久，当新的可感物的分配秩序确立，政治便会开启新一轮的民主共同体建构，由此既回避了本质主义和极权主义的危险，又发挥出多元文化主义所不具备的集体能量。

后马克思主义理论家关于共同体的理论话语，呈现出众声喧哗、立场碰撞、语境交叠的特点，反映出当代西方激进左翼内部的思想分野，为反思我国社会的共同体问题提供了思想资源。

（原载《宜宾学院学报》2023 年第 7 期）